Wulf D. Hund

Wie die Deutschen weiß wurden

Kleine (Heimat)Geschichte des Rassismus

Mit 10 farbigen Abbildungen

J. B. Metzler Verlag

Der Autor

Wulf D. Hund (* 1946) ist entpflichteter Professor für Soziologie
an der Universität Hamburg. Sein Forschungsschwerpunkt liegt seit Mitte
der 1990er Jahre auf dem Gebiet der Rassismus-Forschung.

Bibliografische Information der Deutschen Nationalbibliothek
Die Deutsche Nationalbibliothek verzeichnet diese Publikation
in der Deutschen Nationalbibliografie; detaillierte bibliografische Daten sind im Internet über http://dnb.d-nb.de
abrufbar.

ISBN 978-3-476-04499-0
ISBN 978-3-476-04500-3 (eBook)
DOI 10.1007/ 978-3-476-04500-3

J.B. Metzler ist Teil von Springer Nature
Die eingetragene Gesellschaft ist Springer-Verlag GmbH Deutschland
www.metzlerverlag.de
info@metzlerverlag.de

Einbandgestaltung: Finken & Bumiller, Stuttgart (unter Verwendung
des Gemäldes »Henriette Karoline von Hessen-Darmstadt
mit Diener« von Antoine Pesne, um 1750, © Hessische Hausstiftung,
Schlossmuseum Darmstadt)
Satz: Tobias Wantzen, Bremen

J.B. Metzler, Stuttgart
© Springer-Verlag GmbH Deutschland 2017

»Die meisten alten Eintheilungen der Menschengattung sind [...] schon längst verworfen.
Noahs Söhne; die vier Welttheile; die vier Farben,
weiß, schwarz, gelb, kupferroth, – wer denkt noch
heut zu Tage an diese veralteten Moden?«

Georg Forster, 1789

Inhaltsverzeichnis

I
Einleitung

Abb. 1: ›Destroy this mad brute‹.
Plakat nach einem Entwurf von Harry Ryle Hopps (1917)

W enn es nach der modernen rassistischen Geschichtsauffassung ginge, wären die ›Deutschen‹ immer schon weiß gewesen. Wahrscheinlich stellten sie sogar die ursprünglichen, in jedem Fall aber die eigentlichen Weißen dar.

Das meinte jedenfalls der germanomane Historienmaler Wilhelm Lindenschmit. Er überreichte 1846 die Ergebnisse seiner Überlegungen den Teilnehmern der Frankfurter Germanistenversammlung und ihrem Vorsitzenden Jacob Grimm. Demnach hieß Deutschland »das Land Albis, ehe es noch Germania hiess, und albis bedeutete auch im Altd[eutschen] weiss«. Im Übrigen gäbe es bis heute nur eine Antwort auf die Suche nach der »Körperform der weissen Race« bei »unvermischten Menschen«: »Der deutsche Mensch allein ist der wirkliche weisse Mann«.[1]

Ein Jahrhundert und drei Kriege später war diese rassische Selbsteinschätzung gründlich in Misskredit geraten. Schon im deutschfranzösischen Krieg hatte sie erheblich gelitten. Während der Belagerung von Paris bombardierten die Deutschen auch den botanischen Garten und das Naturkundemuseum. Dort arbeitete Armand de Quatrefage als Professor für Anthropologie. Für ihn lagen die Ursachen solcher Barbarei in der ›race prusienne‹. Zwar galten ihm die übrigen Deutschen als Germanen. In den Preußen aber sah er eine primitive finnisch-slawische Mischrasse aus grauer Vorzeit. Die nach dem Krieg ausgerechnet in Versailles erfolgte deutsche Nationalstaatsbildung galt ihm deswegen als ein beklagenswerter »erreur anthropologique«.

Diese Unterstellung regte den deutschen Ethnologen Adolf Bastian derart auf, dass er zu einer groben Erwiderung ansetzte. Seiner Meinung nach waren die Slawen vor der deutschen Ostkolonisation zurückgewichen, welche die »schwächere Rasse nach dem Gesetz des Stärkeren, dem Struggle for existence« verdrängte. So soll es auch den baltischen Preußen ergangen sein: »Gleich den Indianern verschwanden die Preussen wie der Schnee vor der am Horizont emporsteigenden Sonne der Geschichte«. Die siegreichen Deutschen hätten anschließend zwar den Namen der Besiegten angenommen, mit ihnen rassisch jedoch nichts gemein.[2]

Auch im Verlauf des Ersten Weltkrieges wurden die Deutschen

als Barbaren dargestellt und ihre Ursprünge sogar noch weiter nach Osten verlegt. In der *Times* reimte Rudyard Kipling, dem die Literatur Gedichte und Kinderbücher wie *Die Bürde des weißen Mannes* oder *Das Dschungelbuch* verdankt und der 1907 den Nobelpreis für Literatur erhalten hatte: »For all we have and are | For all our children's fate, | Stand up and meet the war. | The Hun is at the gate«. Nach Kriegsende forderte das Editorial der *Daily Mail*: »The Huns Must Pay«.[3] Die Zeitung benutzte einen Ausdruck, für den der deutsche Kaiser mit seiner ›Hunnenrede‹ die Vorlage gegeben und den die angelsächsische Welt im Verlauf des Krieges verstärkt aufgegriffen hatte.

Über diese Asiatisierung ging ein Plakat der Armee der Vereinigten Staaten noch deutlich hinaus und machte einen Deutschen zum Affen (siehe Abbildung 1).[4] Als Gorilla dargestellt, ist er an seiner Pickelhaube mit der Aufschrift ›Militarism‹ und an seinem wilhelminischen Schnurrbart leicht als Preuße zu erkennen. Außerdem trägt er eine blutverschmierte Keule mit der deutschen Aufschrift ›Kultur‹ in der Hand. Das zerstörte Europa hat er auf der anderen Seite des Atlantiks hinter sich gelassen. Vor ihm liegt, wie die Ortsbezeichnung auf dem Ufer zeigt, an dem er gerade an Land geht, ›America‹. Dessen allegorischer Verkörperung, einer hilflosen, halb entblößten ›Columbia‹, hat er sich schon bemächtigt. Die Überschrift des Plakats fordert die Vernichtung dieses wilden Viehs und die Unterschrift ruft zur Einschreibung in die US-Armee auf.

Aus weißer amerikanischer Perspektive war die Affenkarikatur gleichzeitig atavistisch und rassistisch. Sie markierte die Deutschen als tierisch, barbarisch, monströs und schwarz.[5] Der Vergleich von Afrikanern mit Affen war eine nicht nur in den Vereinigten Staaten grassierende Trope der Herabminderung. Sie fand jetzt auf die Deutschen Anwendung.

Auch im Zweiten Weltkrieg wurden die Deutschen als Hunnen bezeichnet. In einem der Berichte für den US-amerikanischen Geheimdienst von Angehörigen der Frankfurter Schule hieß es: »Die Moskauer Erklärung bezieht sich auf die neuerliche und erhöhte Gefahr, dass ›Hitlerei und deutsche Hunnen‹ [...] immer mehr unbarmherzige Grausamkeiten begehen könnten«.[6]

Die Darstellung der Deutschen als Gorillas tauchte ebenfalls wieder auf. 1939 wurde sie sogar von der deutschen Kriegspropaganda genutzt. Sie bildete die amerikanische Gorillakarikatur aus dem Ersten Weltkrieg ab, bezeichnete sie als »niederträchtiges Hetzplakat« und drohte: »Ein zweites Mal nicht!!!«. Während des Krieges gegen die Sowjetunion zeigte im blockierten Leningrad 1941–1942 ein großes Plakat mit den Schriftzügen »Tötet das deutsche Monster« einen Soldaten als Gorilla. Er trug einen Stahlhelm mit Hakenkreuz, schleppte eine ohnmächtige Frau mit sich und schritt dabei über Kinderleichen.

Gleichzeitig gab der deutsche Faschismus Anlass zur Durchsetzung eines neuen Wortes: Rassismus. Es war zwar schon älter, wurde aber jetzt von französischen, englischen, amerikanischen und kritischen deutschen Autorinnen und Autoren benutzt, um eine aus ihrer Sicht verwerfliche Anwendung des Rassenbegriffs zurückzuweisen. Der sei, ließ Ruth Benedict die Deutschen in ihrer 1947 übersetzten Studie zur ›Rassenfrage‹ wissen, ein legitimer Gegenstand wissenschaftlicher Diskussion. Rassismus dagegen wäre eine Ideologie, entstanden durch die Anwendung von Rassenvorstellungen auf »innereuropäische Konflikte«. Die Deutschen hätten sie nach der Jahrhundertwende zum »nationalistischen Glauben« entwickelt und die Nazis zur »Basis der nationalen Politik« gemacht. »Wir von der weißen, wir von der nordischen Rasse«, hieß es im Vorwort vom März 1945, kämpfen »Schulter an Schulter mit allen Rassen« gegen die »Nazipropaganda« und die selbsternannte deutsche »Herrenrasse«.[7]

Benedicts Überlegungen waren gleich mehrfach problematisch. Sie versuchten, die Geschichte des europäischen Kolonialismus vom Vorwurf des Rassismus freizuhalten. Das sollte unter der Hand auch Siedlergesellschaften wie die USA entlasten. Gleichzeitig verkürzten sie die Geschichte der ›innereuropäischen Konflikte‹, zu der in Deutschland Antisemitismus und Antislawismus gezählt werden müssen. Beide hatten eine weit zurückreichende Tradition und bedienten sich lange Zeit kultureller Argumente.

Das änderte sich auch nicht wesentlich, nachdem die Menschheit in Rassen eingeteilt worden war. Denn die Juden wie die Slawen gehörten, das mussten selbst fanatische Rassentheoretiker einräumen, zur ›weißen Rasse‹. Die Deutschen konnten sich daher zwar für deren herausragenden Vertreter halten und das in den unterschiedlichen Formen des arischen Mythos, der Germanenideologie und des nordischen Gedankens zum Ausdruck bringen. Ihr Rassenbewusstsein musste aber gleichwohl von Anfang an damit zurechtkommen, dass es nicht nur an ihrer östlichen Grenze, sondern auch mitten unter ihnen ›andere‹ (angeblich minderwertige oder bösartige) ›Weiße‹ gab.

Weißsein war für die Deutschen mithin ein durchaus prekärer Zustand. Verantwortlich dafür zeichnete vor allem ihr jahrhundertealter Antisemitismus. Den Juden gegenüber konnten noch nicht einmal die gewöhnlichen Muster rassistischer Überheblichkeit in Anschlag gebracht werden. Denn sie waren maßgeblich an der Entwicklung der deutschen Kultur beteiligt und viele von ihnen nahmen zur Zeit der Reichseinigung, die Deutschland zum Nationalstaat machte, gehobene und respektable gesellschaftliche Positionen ein. Die Antisemiten sprachen deswegen sogar vom »Sieg des Judenthums über das Germanenthum«.[8]

Doch deutsches Weißsein war nicht nur ambivalent. Es hatte in einem langwierigen und komplizierten Prozess allererst erzeugt werden müssen. Denn von Natur aus gibt es weder Rassen noch Weiße. Die sind ideologische Kopfgeburten der europäischen Expansion und mit Hilfe kolonialer Gewalt zur Welt gekommen, ehe sie im 18. Jahrhundert von der Aufklärung systematisiert und zu wissenschaftlichen Kategorien gemacht wurden.

In ihrer *History of White People* beantwortet Nell Irvin Painter, Professorin für Geschichtswissenschaft an der Princeton University, die Frage, ob es in der Antike ›Weiße‹ gab, mit einem klaren ›Nein‹. Nicht, dass die Menschen damals Unterschiede ihres Teints nicht wahrgenommen hätten – die begründeten nur keine gruppenbezogenen Unterschiede mit wertenden Abstufungen. Das änderte sich auch nicht, als die Römer ihren Machtbereich bis an den Rhein ausdehnten und an dessen Ufern auf ›Germanen‹ trafen. Sie wurden, wie die unterworfenen Gallier und Kelten, nicht rassisch, sondern kulturell gesehen und für »dumm und unzivilisiert«, aber nicht etwa für ›weiß‹ gehalten.[9]

Die Frage, wie die Deutschen ›weiß‹ wurden, ist deswegen alles andere als tautologisch. Erstens waren sie das nicht schon immer – schon weil die bloße Wahrnehmung von Hautfarben für den größten Teil ihrer Geschichte keine spezifische Differenz begründete, mit der sie sich vom Rest der Welt hätten absetzen können. Zweitens bedienten sie sich zur rassistischen Ausgrenzung anderer auch dann nicht der Hautfarben, als deren Unterschiede in ihre kulturellen Überlegungen Eingang gefunden hatten – sondern unterschieden sich vielmehr als Christen von Heiden, als Rechtgläubige von Ketzern oder als Erwählte von Verworfenen. Drittens führte die Wahrnehmung von Hautfarben über Jahrhunderte zu keinem Schema, das mit diesen Abgrenzungsmechanismen kompatibel gewesen wäre – vor allem, weil die Deutschen wie alle Europäer im Verlauf der Erweiterung ihres geographischen Horizonts und ihrer ethnologischen Kenntnisse weiße Haut auch in Asien und Amerika sahen. Und viertens waren sie schließlich zwar an der Konstruktion der vielfarbigen Rassennomenklatur prominent beteiligt – aber die führte nicht zu einem einheitlichen Schema (weil weder die gleiche Zahl Farben gesehen wurde noch die Hautfarben als ausreichendes Kriterium der Rasseneinteilung galten); und sie ging zudem mit einer inneren Differenzierung der ›weißen Rasse‹ einher, die teils phänotypisch und teils kulturell argumentierte.

Der Frage, warum sich Deutsche wie Wilhelm Lindenschmit dennoch für die eigentlichen Weißen halten wollten und warum ihnen das trotzdem kein ungetrübtes weißes Selbstbewusstsein vermittelte, kann daher nur historisch nachgegangen werden. Die Antwort muss sich mit dem verwickelten Prozess beschäftigen, in dem die Deutschen ›weiß‹ wurden und gleichzeitig ältere Formen des Rassismus in dieses neue Selbstbild integrierten. Damit beschäftige ich mich in den folgenden Kapiteln.

Im Kapitel *Vorspiel auf dem Theater* zeige ich am Beispiel einer Fürstenhochzeit aus dem 17. Jahrhundert, dass die Vorstellung, weiß zu sein, zu diesem Zeitpunkt zwar existierte, aber weder ein allgemeines Einteilungskriterium der Menschheit war noch den zentralen Bezugspunkt der rassistischen Diskriminierung anderer bildete.

Im Kapitel *Die Farben der Sünde* mache ich am Beispiel des Antisemitismus deutlich, dass rassistische Diskriminierung eine lange Tradition hat, in der zugeschriebene Hautfarben zwar eine Rolle spielten, aber keine natürlichen, sondern metaphysische Eigenschaften ausdrückten und religiös konnotiert waren.

Im Kapitel *Schwarze Ritter und Heilige Schwarze* beschäftige ich mich mit dem Auftauchen von Afrikanern im Bewusstsein der Deutschen, das diese nicht als einheitliche Gruppe begriff, sondern sie vielmehr nach ihrer Stellung in religiösen Auseinandersetzungen unterschiedlich beurteilte und teils als Feinde, teils als Freunde verstand.

Im Kapitel ›Schwarzes Volk‹ und ›Faules Gesindel‹ setze ich mich damit auseinander, dass die Farbe Schwarz schon früh nicht nur zur Abgrenzung nach außen, sondern auch zur inneren sozialen Differenzierung benutzt und dabei zum künstlichen Erkennungsmerkmal abweichenden Verhaltens erklärt wurde.

Im Kapitel *Rassen© made in Germany* behandle ich den Rassismus der Aufklärung und die damit einhergehende wissenschaftliche Sanktionierung einer Einteilung der Menschheit in verschiedenfarbige Rassen, die ältere Formen der rassistischen Diskriminierung aber nicht außer Kraft setzte und daher kein ungeteiltes weißes Selbstverständnis zum Ausdruck brachte.

Im Kapitel ›Völkerschau‹ mit ›Kolonialwaren‹ erkläre ich, wie die Vorstellung, weiß zu sein, popularisiert und allen sozialen Gruppen und Klassen zugebilligt wurde, die sich auf diese Weise zusammengehörig fühlen konnten, indem sie sich als Volksgemeinschaft von anderen abgrenzten, zu denen aber nicht nur ›Farbige‹, sondern auch ›Weiße‹ gehörten.

Im Kapitel ›Gelbe Gefahr‹ und ›Schwarze Schmach‹ untersuche ich, weshalb die Eigenschaft des Weißseins schon während ihrer allgemeinen Verbreitung in eine Krise geriet und warum die Deutschen meinten, dass die für sie besonders dramatisch ausfallen und ihr Weißsein ernsthaft bedrohen würde.

Im Kapitel ›Herrenvolk‹ und ›Untermenschen‹ gehe ich der Tatsache nach, dass sich der deutsche Rassismus in der Zeit seiner brutalsten staatlichen Ausprägung praktisch überwiegend auf Angehörige der sogenannten weißen Rasse bezog und frage sowohl nach den damit verbundenen Mechanismen der Ausgrenzung wie nach dem Charakter eines derart verstandenen Weißseins.

Im Kapitel *Vom ›Persilschein‹ zum ›Weißen Riesen‹* verdeutliche ich abschließend, warum sich die Deutschen, obwohl sie nach dem Zweiten Weltkrieg für den Rest der ›weißen Rasse‹ moralisch diskreditiert waren, schnell wieder weißwaschen konnten, welche Rolle dabei die ›rote Gefahr‹ spielte und wie sich Rassismus heute immer noch all jener Elemente bedient, die im Verlauf seiner Geschichte entwickelt worden sind.

Diese Abfolge hört sich geradliniger an, als sie ist. Tatsächlich verbindet sie historische mit systematischen Perspektiven. Die Argumentation eilt daher zeitlich immer wieder einmal voraus, um der Entwicklung einer spezifischen Form des Rassismus zu folgen, und greift dann im nächsten Kapitel bei der Behandlung eines anderen Sachverhalts wieder historisch zurück. Themen, die mit verschiedenen Weisen rassistischer Diskriminierung verbunden sind, werden mehrfach aus jeweils unterschiedlicher Perspektive angesprochen. Und der Begriff ›Rassismus‹ wird erst nach und nach entfaltet: Schließlich ist er ja auch erst zu Beginn des 20. Jahrhunderts analytisch beschrieben worden und setzte sich nicht vor der Mitte des 20. Jahrhunderts als Bezeichnung durch. Neugierige und Ungeduldige finden die entsprechenden Ausführungen von W. E. Burghardt Du Bois, Sigmund Freud und Max Weber zum Sachverhalt im letzten Abschnitt von Kapitel VII (unter der Überschrift »Lohn des Weißseins«) und Hinweise zur Verbreitung der Kategorie im letzten Abschnitt von Kapitel IX (unter der Überschrift »Rassismus«).

Anstelle der historischen Darstellung eine Definition zu setzen, hätte wenig Sinn gemacht. Rassismus wird in der aktuellen Diskussion extrem unterschiedlich verstanden. Es gibt Konzepte, die darauf bestehen, ihn an den Begriff ›Rasse‹ zu binden und andere, die ihn als kulturelle Erscheinung begreifen, die im Verlauf ihrer Geschichte unterschiedliche Muster der Diskriminierung (von ›Barbaren‹, ›Unreinen‹, ›Ungläubigen‹, ›Wilden‹ oder eben ›Farbigen‹) ausgebildet hat. Das Pochen auf den Rassenbegriff heißt dabei nicht unbedingt, dass der Beginn des Rassismus auf das 18. Jahrhundert datiert oder in Europa verortet wird. Eine Reihe von Konzepten geht vielmehr davon aus, es hätte dem Rassedenken vergleichbare körperbezogene Ideologien sogar schon in der Antike und auch auf anderen Kontinenten gegeben. Auch hinsichtlich der Frage, ob Rassismus ein ideologischer oder ein struktureller Zusammenhang wäre, weichen seine Beschreibungen erheblich voneinander ab.[10]

Dass ich mich in einer Darstellung, die weit hinter die Konstitution der ›deutschen Nation‹ und die Begründung ›deutscher Kultur‹ zurückreicht, heuristischer Begriffe des ›Deutschseins‹ und der ›Heimat‹ bediene, versteht sich von selbst. ›Heimat‹ bezeichnet ohnehin einen historischen Ort, an dem der Rassismus länger heimisch war, als die Deutschen (und es heute in angeblichen ›Heimatparteien‹ immer noch ist). Tatsächlich aber, so ließe sich mit dem letzten Satz aus Ernst Blochs *Prinzip Hoffnung* sagen, kann dieser Ort erst zu dem werden, was »allen in die Kindheit scheint und worin noch niemand war: Heimat«, wenn neben Ausbeutung, Entfremdung und Unterdrückung auch der Rassismus überwunden wurde. ›Deutschsein‹ wird angesichts der Themenstellung ohnehin ausgewählt einseitig behandelt. Schließlich ist sie ja gerade jenen Mechanismen kollektiver Identifikation gewidmet, die das ›Eigene‹ als gut und wünschenswert erscheinen lassen, indem sie ›Fremde‹ definieren, abwehren und herabmindern. Demgegenüber kann als Hoffnung gelten, wie Theodor W. Adorno auf die Frage ›Was ist deutsch‹ geantwortet hat: »Das Wahre und Bessere in jedem Volk ist [...], was dem Kollektivsubjekt nicht sich einfügt, womöglich ihm widersteht«.[11]

II

Vorspiel auf dem Theater

Weis[s]e Braut
mit Kammermohr

Abb. 2: Henriette Karoline von Hessen-Darmstadt mit Diener.
Gemälde von Antoine Pesne (um 1750)

Als Erdmuthe Sophie von Sachsen 1662 den Markgrafen Christian Ernst von Brandenburg Bayreuth heiratete, widmete der Dichter Sigmund von Birken dem Paar ein Ballett. In ihm wurde die ästhetische Weißheit der Braut mit ihrer gelehrten Weisheit verschwistert. Allerlei dunkle Gesellen wie Köhler oder Schornsteinfeger trugen dazu bei, solch doppelte Weis[s]heit gehörig zu betonen.

Auch »Indianer mit Bogen und Pfeilen« gehörten zur Ausstattung des Tanzstückes. Sie erklärten: »Wir Schwarzen / wir verehrn das Land der weissen Leute. | Man sagt: die Weißheit selbst sey eingezogen hier / | Sophien schönste Zier. | Wir Moren tretten auf / ihr Ehr zu geben heute«. Zu diesem Zweck brächten sie »Gold, Perlen, Edelstein von Orient« – und Elefantenzähne aus Ceylon, auch wenn deren Farbe es nicht mit der elfenbeinernen Haut der Markgräfin aufnehmen könnte.[1]

Wenn die ›Indianer‹ im selben Atemzug fragten: »Ist unser Palmbaum nicht ein Teutsches Sinnbild worden?«, so diente das nicht nur dem Lob des Kolonialismus. Es war gleichzeitig eine Anspielung auf die ›Fruchtbringende Gesellschaft‹, zu deren Symbolen der Palmbaum zählte. Die Vereinigung, der auch der Autor angehörte, hatte sich unter anderem zur Aufgabe gemacht, den Gebrauch der deutschen Sprache zu fördern. Darunter fiel, »daß man die Hochdeutsche Sprache in jhren rechten wesen und standt / ohne einmischung frembder außländischer wort / auffs möglichste und thunlichste erhalte«.[2]

Farbe und Gesinnung

Die Betonung von Hautfarben erfolgte in einem komplexen kulturellen Ambiente. In ihm hatte die rassistische Trennung von Eigenem und Fremdem lange mit Hilfe kultureller Muster stattgefunden. Mittlerweile bediente sie sich aber auch der Gleichsetzung von Weißsein und Weisheit, verband sie mit Vorstellungen von Überlegenheit und legitimierte so Praktiken kolonialer Bereicherung. Dabei konnte auf ein ebenso vielschichtiges wie ideologisches zeitgenössisches Wissen zurückgegriffen werden.

Das zeigte sich schon am gemeinsamen Auftreten von ›Indianern‹, ›Schwarzen‹ und ›Mohren‹. Letztere hatten erst kürzlich eine Verkleidung für das Brautpaar abgegeben. In Bayreuth wurde nämlich nur der Nachklang der eigentlichen Hochzeit, die ›Heimführung‹, zelebriert, die zuvor unter großem Aufwand am Hofe des Brautvaters in Dresden gefeiert worden war. In diesem Zusammenhang hatte auch eine Maskerade stattgefunden, bei der Gastgeber wie Gäste sich als Repräsentanten unterschiedlicher Nationen und Stände kostümierten und die frisch Vermählten als ›Mohrenpaar‹ auftraten.[3]

Sie konnten eine prestigeträchtige Verwandlung durchspielen, die über Assoziationen zu ›Afrika‹ und ›Orient‹ zwei spannungsreiche europäische Erfahrungshorizonte mit dem Fremden vermittelte – die Konfrontation mit dem Islam und das Schwarzwerden der Sklaverei. Dabei erhielt eine seit der Antike tradierte Formel neue Bedeutung. Sie wurde in Dresden ebenfalls in Szene gesetzt und wenig später bei einem Fest, das der sächsische Kurfürst zu Ehren seiner dänischen Gemahlin ausrichtete, auch offen kommentiert. Hier inszenierte man die Maskerade als Schlittenfahrt und in einem der Schlitten posierten zwei Adlige als ›Mohrenpaar‹. Ihr Schlitten hatte einen Schwarzen mit einem Schwamm als Galionsfigur. Sein Haupt wurde von einer Inschrift gekrönt, die behauptete, ein Äthiopier könne nicht weiß gemacht werden: »Impossibile vt albescat Aethiops«.

Solche Anverwandlung hatte herrschaftlichen Charakter. Er stand sowohl mit Kolonialismus und Sklaverei als auch mit dem zeitgenössischen West-Ost-Konflikt in Verbindung. In der Vita des Bayreuther Brautpaares überlagerte sich beides und wurde schließlich auch architektonisch repräsentiert. Erdmuthe Sophie hatte aus Dresden als Geschenk ihres Vaters einen Kammermohren mit nach Bayreuth gebracht. Christian Ernst träumte von der weltpolitischen Bedeutung seiner Residenz.

Der Diener der frisch getrauten Markgräfin ging zur Schule, wurde 1664 auf den Namen Christian Ferdinand getauft, hieß mit

Nachnamen Mohr, brachte es zum Hofpauker, heiratete eine Einheimische, mit der er vier Kinder hatte – und stand mit seiner Familie dafür ein, dass die Deutschen schon zu der Zeit, als sie anfingen, sich als Weiße zu begreifen, keineswegs alle weiß waren.[4] Am Hofe konnte er sich eine akzeptierte Stellung erarbeiten, die jedoch in eine durch Kolonialismus und Exotismus geprägte Abhängigkeit eingelassen war. Er gehörte zur machtpolitischen Ausstattung einer wachsenden Kolonialökonomie. In deren Umfeld gedieh auch die ästhetische Betonung des hellen Teints insbesondere von Prinzessinnen und Fürstinnen, der durch den Kontrast mit der Haut ihrer dunkelhäutigen Pagen besonders hervorgehoben wurde (siehe Abbildung 2).

Maler wie Antoine Pesne machten daraus ein eigenes Sujet. Es trug mit dazu bei, dass er es schließlich zum preußischen Hofmaler und Direktor der Berliner Kunstakademie brachte. Zusammen mit Schwarzen porträtierte er unter anderem Friedrich und Wilhelmine von Preußen als Kinder (um 1714), Friedrich Ludwig von Württemberg mit seiner Gattin Henriette Marie von Brandenburg-Schwendt (um 1716) oder Henriette Karoline von Hessen-Darmstadt (um 1750). Der Hofpauker Christian Ferdinand Mohr ist auf einem Gemälde zu sehen, das die Leichenprozession für die 1670 verstorbene Erdmuthe Sophie darstellt.[5]

Während der Halberstadter Regierungsrat Magnus Gottfried Lichtwer um diese Zeit in seinem Gedicht *Der Mohr und der Weiße* letzteren ausrufen ließ: »Wär ich, wie du, ich ließe mich | Zeit meines Lebens niemals malen«, hatten europäische Künstler ein Genre entwickelt, das zunächst vorzugsweise Frauen der herrschenden Klassen, später auch deren Gemahle und schließlich die gesamten Familien mit ihren Kammermohren zeigte.

Dieses Ambiente vermittelte Prestige, der dabei erzeugte Kontrast diente nicht zuletzt der Hervorhebung schöner Weiblichkeit. Sie sollte vor allem in deren Weiße zum Ausdruck kommen – ganz wie im Singspiel *Sophia*, das Sigmund von Birken ebenfalls zu den Hochzeitsfeierlichkeiten in Bayreuth verfasst hatte. Dort ließ er Albrecht Dürer auftreten und über das ideale Gemälde weiblicher Schönheit sinnieren: zu ihm gehören Wangen wie Lilien (mit einem Hauch von Rosen), ein Hals aus weißem Marmor und Brüste gleich Alabaster-Hügeln.

Der Angetraute der so besungenen Schönen, Christian Ernst, war in seiner Jugend Mündel von Friedrich Wilhelm von Brandenburg gewesen, jenes Großen Kurfürsten, der die Brandenburgisch-Afrikanische Compagnie ins Leben rief, die 1683 an der sogenannten ›Goldküste‹ die Kolonie ›Groß Friedrichsburg‹ gründete, um vom transatlantischen Sklavenhandel zu profitieren.[6] Zu diesem Geschäft gehörte auch der Transport und Verkauf von Kindern und Jugendlichen, denen ein Schicksal als Hofmohrin oder Hofmohr zugedacht war.

Im selben Jahr gehörte Christian Ernst zu den europäischen Fürsten, deren Truppen die Belagerung Wiens durch die Türken beenden halfen. Auch zum Anderssein dieses epochalen Gegners hatte Sigmund von Birken etwas zu sagen. Es ging um des »Gottslästerlichen Mahumets Blut- und Raubgieriges TürkenHeer« und dessen Auseinandersetzung »mit dem ewigen Sohn Gottes Jesu Cristo und seiner Christenheit« – um jenen »Erbfeind«, der aus dem »Tempel Sophien« in »Constantinopel«, jetzt ein »Nest der Barbaren«, eine »Moschea« gemacht hatte. Diesen »WiderChrist« gelte es, »vom Erdboden in die Hölle zu verbannen«.[7]

Im Anschluss an seinen Triumph ließ der Markgraf in Bayreuth einen großen Brunnen bauen, der ihn als Türkenbezwinger verherrlichte und gleichzeitig eine weltpolitische koloniale Perspektive eröffnete. In der Mitte des Brunnenbeckens erhob sich auf einem Podest das Denkmal Christian Ernsts, der in voller Rüstung auf seinem Pferd saß und über einen Türken hinweg ritt. Zu Füßen des Podestes, das unter anderem zahlreiche Waffen, nicht zuletzt Gewehre und Kanonen, zeigte, waren die vier Kontinente Europa, Afrika, Amerika und Asien figürlich symbolisiert: Europa durch eine auf einem Stier reitende Dame, die anderen Erdteile durch Männer auf verschiedenen Reittieren (der Afrikaner auf einem Löwen, der Amerikaner auf einem Greif und der Asiate auf einem Pferd). Dabei war selbst der Asien repräsentierende türkische Reiter nur einigermaßen bekleidet, der Amerikaner wie der Afrikaner hingegen hatten nackte Oberkörper und trugen Pfeil und Bogen als Waffen.[8]

Auch wenn einige dieser Ereignisse zur Zeit der Ballettaufführung in Bayreuth noch bevorstanden, verdeutlichen sie doch den zeitgenössischen Wissenshorizont der Teilnehmer und Zuschauer. Zu ihm gehören auch Beobachtungen von Johann von der Behr, der 1641 Leipzig in Richtung Holland verließ und von dort 1644 zu einer mehrjährigen Reise nach Ostindien aufbrach. Er sah Elemente der in Bayreuth inszenierten Phantasie als Augenzeuge. In Indien, zumindest in Südindien, lebte demnach »ein gantz schwartz und nackend gehend Volck«. Über »Ceilon«, dessen Einwohner er im Übrigen auch »Indianer« und »Neger« nannte, berichtete er, die Insel wäre »mit den Edelen Steinen und schönsten Jubelen gleichsam beseet«. Auch wäre »daselbst eine Perlbanck zu finden«.[9]

Allerdings erwähnte er auch das wehrhafte Königreich Kandy. Dessen Armee wurde zur selben Zeit von Robert Knox beobachtet. Der schilderte, dass die Soldaten »sehr oft wider die Teutschen auskommandiret« würden und dabei mit »Schwertern« und »guten Büchsen« bewaffnet wären.[10] Die »See-Häfen« sah er »von einer gemengten Art Volckes bewohnet / theils Malabaren / theils Mohren / wie auch einigen / so schwartz an Farbe sind / und sich zur Römisch-Catholischen Lehre bekennen«.

Die einheimischen »Cingulayen« schienen ihm »von zweyerley Arten / nemlich wilde und zahme«. Letztere nennt das Original »civilized Inhabitants« und verweist damit auf eine Trennung von ›Wilden‹ und ›Zivilisierten‹ im Inneren der ceylonesischen Gesellschaft. Deren gesitteter Teil kleidete sich »auff die Englische Manier«, führte »artige kurtze Säbel an der Seite« – und kämpfte eben auch mit modernen Feuerwaffen. Dass diese bei der Ausstattung des Bayreuther Triumphbrunnens dem Markgraf vorbehalten blieben, ist ein Zeichen ideologischer Herabminderung, die sich nicht der Hautfarben, sondern kulturellen Dünkels bediente.

Knox beschrieb die ethnische wie soziale Komplexität einer ins Schwerefeld des europäischen Kolonialismus geratenen Gesellschaft mit einer langen Tradition überregionaler Beziehungen. Hautfarbe war dabei gegenüber kulturellen Markern ein eher nebensächliches Kriterium, das außerdem flexibel eingesetzt werden konnte. Mit ihrer Hilfe ließen sich andere ebenso zu einer Gruppe zusammenfassen wie differenzieren. Dass dabei die ›Teutschen‹ der Übersetzung im englischen Original ›Dutch‹[11] heißen, deutet einen noch lange nicht abgeschlossenen Prozess der Identitätsbildung und Nationswerdung an.

Die Markgräfin zu Bayreuth, die auch als Autorin hervortrat, war sich aber immerhin der Abstammung der ›Teutschen‹ sicher. Die überlebende Menschheit stammte von Noahs Söhnen ab – und zwar unter anderem von »Japhet« die »Teutschen«, von Cham die »Mohren« und von »Sem« die »Araber [...] und zuförderst die Juden«. Zur innereuropäischen Rangordnung meinte die Autorin: »In Europa ist das Vornehmste Teutschland / welches das Römische Reich præsentiret«.

In Erdmuthe Sophies Abhandlung gab es auch einen Abschnitt über ›Falsche Kirchen und Religion‹. Der bezog sich neben christlichen Ketzern und Häretikern auf »Heiden«, die »vom leidigen Teuffel [...] verführet« wurden, galt »Jüden« und behandelte der »Türcken Mahometische [...] Greuel«. Neben den Anzeichen des neuen kolonialistischen Rassismus gab es in Bayreuth auch Indizien für religiöse Rassismen mit einer weit zurückreichenden Tradition.

Eine *Geschichte der Juden im Markgrafentum Bayreuth* beginnt mit dem Hinweis, sie setze mit dem »Gegenteil von einem Lebenszeichen« ein. An ihrem Beginn standen »Mordnachrichten aus dem Schreckensjahr 1298«, als dem »Würgeengel des religiösen Fanatismus« auch in Bayreuth Juden zum Opfer fielen. Während der Pestpandemie um 1350 wurden Juden der Brunnenvergiftung bezichtigt und verfolgt. Später gestaltete sich ihre Lage wechselhaft. Als 1441 eine Judengasse für mehrere jüdische Familien entstand, ließen die Christen der Stadt am Chor der Kirche eine Darstellung anbringen, auf der »Juden die Schweine des heil[igen] Antonius ablecken«. Zwar bewahrte sie ihr Markgraf 1451 davor, dass sie sich den »Schandfleck des gelben Ringes anzuheften« hatten und bestätigte 1473 in einem Freibrief ihre Rechte. Zu denen gehörten freilich auch die Pflichten der Schutzgeldzahlung und regelmäßiger Geldschenkungen an das Fürstenhaus.

Trotzdem kam es immer wieder zu Verfolgungen – so 1496 wegen der Beschuldigung der Brunnenvergiftung. Die anschließenden zwei Jahrhunderte erwiesen sich als »Zeit der Unsicherheit und Vogelfreiheit«. Es gab Wucherbeschuldigungen, Geschäftsverbote, gewaltsame Übergriffe und Ausweisungen wie etwa 1561, als »auf die grausamste Weise gegen die Juden verfahren wurde«. Im 17. Jahrhundert verbesserte sich die Lage nur bedingt. Die Polizeiordnung von 1672 erklärte, dass die Juden »der Christen Todfeinde seynd«. Dies hinderte indessen weder Landstände noch Fürst daran, bei ihnen Kredite aufzunehmen. Für das Jahr 1687 ist verzeichnet, dass Markgraf Christian Ernst sich vom Ansbacher und Bayreuther Hofjuden Marx Model dreißigtausend Taler auslieh.

Während im Hinblick auf die Juden kulturelle Kriterien zur Diskriminierung dienten (und Farben in den Chroniken Bayreuths nur im Hinblick auf das Gelb eines künstlichen Stigmas vorkamen), wurde gegenüber den Zigeuner genannten Menschen eine Mischung aus ethnischen und sozialen Argumenten vorgebracht. Sie galten überwiegend als Gauner und Räuber, so dass Christian Ernst 1664 verfügen ließ, dass sie das Land zu verlassen hätten oder mit dem Tode bestraft werden könnten.[12]

Dem gegenüber wurden ›schwarz‹ und ›weiß‹ im zeitgenössischen Wissen zwar als gleichsam natürliche Marker kultureller Differenz und sozialer Unterlegenheit und Überlegenheit verwendet. Allerdings existierte noch keine systematische Nomenklatur zur Erfassung und Einordnung der Menschheit gemäß ihrer Hautfarben. Außerdem war keineswegs ausgemacht, dass sich Hautfarben dazu eigneten, über Geschlecht und Klasse hinwegreichend ganze Bevölkerungen zu charakterisieren.

Empirie und Theorie

Das zeigte sich auch im wissenschaftlichen Umgang mit den Hautfarben als Kriterien für eine Ordnung der Menschheit. Überlegungen des französischen Reisenden François Bernier und des englischen Philosophen John Locke machen das nachhaltig deutlich. Ihre auf Osten und Westen fixierten Perspektiven vermitteln einen Einblick in den europäischen Kolonialismus um die Mitte des 17. Jahrhunderts – auch wenn sie in Richtung Norden und Süden unscharf bleiben. Denn dorthin richteten sich ebenfalls europäische Interessen. Die russische Expansion hatte den Pazifik erreicht, wo 1648 Okhotsk gegründet wurde. Der Holländer Jan van Riebeeck errichtete 1652 am ›Kap der Guten Hoffnung‹ eine Station des niederländischen Kolonialismus und sein Landsmann Abel Tasman erbrachte den Beweis für die Existenz einer ›terra australis‹. Auch wenn deren Ausmaße noch im Dunkeln lagen, richtete die katholische Kirche 1681 schon einmal eine apostolische Präfektur zur Rettung der Seelen des fünften Kontinents ein.[13]

Im Osten und Westen hatten Portugiesen, Spanier, Holländer und Engländer Interessengebiete abgesteckt, gerieten aber immer wieder in Konflikte um alte wie neue Einflusssphären. Dabei etablierte sich im Westen ein transatlantischer Dreieckshandel, der zur allmählichen Afrikanisierung der Sklaverei führte, die sich aber noch keineswegs vollständig durchgesetzt hatte, sondern mit einem transpazifischen Sklavenhandel, der Versklavung indigener Amerikaner und der Ausbeutung europäischer Zwangsarbeiter einherging.[14]

Wo die transatlantische Sklaverei bereits andauerte und zentraler Bestandteil einer profitablen Kolonialwirtschaft geworden war, fand sie Ausdruck in einer nach Hautfarben geordneten sozialen Hierarchie. Das belegt die *Brasilianische Geschichte* des holländischen Humanisten Caspar van Baerle, deren lateinische Ausgabe 1647 in Amsterdam erschien und von der es 1659 eine deutsche Übersetzung gab. Sie beschäftigt sich eingehend mit der Sklaverei und stellt dabei »die Schwartzen [...] aus Africa« und »weisse Leuthe [...] von Europa« einander gegenüber.[15] Beider Verhältnis war für van Baerle durchaus von Unrecht geprägt. »Geldgeitz und die Gewinsucht« hätten »bey den Christen [...] uberhand genommen« und dazu geführt, »den Menschen / der nach Gottes Ebenbild erschaffen / [...] dennoch zu käuffen und zu verkauffen«.

Allerdings verrechnete er derlei moralische Bedenken mit den Gewinnen der Zuckerplantagen, »in welchen die Moren / als leibeigne dazu / wie das Vieh / vor Geld gekauffte / Schlaven / arbeiten müssen / wovon die Kauffleuthe überauß großen Gewin ziehen / in dem sie den Zucker / alle Jahr mit gantzen Schiffen voll in Europam bringen / und sehr viel Geld darauß lösen«. Der Zucker aber könnte »von niemand anders / denn von den Moren unnd Schlaven« produziert werden, »die man mit grosser Menge in Africa [...] einkaufft«. Vor diesem Hintergrund rechtfertigte der Autor die sozialen Verhältnisse als Ausdruck natürlicher Unterschiede: »Diese Menschen seynd gleichsamb von der Natur zu leibeigener Schlaverey / unnd Knechtischer Dienstbarkeit / erschaffen«.

Hier erfolgte der Vergleich von Afrikanern und Europäern in einer durch die Sklaverei geprägten Gegenüberstellung von Hautfarben. Doch dieses Schema war weder verallgemeinert noch exklusiv. Das zeigt sich an einem der frühen Versuche, die Menschheit in ›Rassen‹ zu gliedern. François Bernier schien dafür nicht schlecht vorbereitet. Als Schüler Pierre Gassendis war er in empirischem, erfahrungswissenschaftlichem Denken geschult. Zudem hatte er zahlreiche Reisen unternommen und sich viele Jahre lang in Indien aufgehalten.

Die von Bernier wahrgenommenen Hautfarben im Reich des Großmoguls ließen allerdings keine eindeutige Ordnung zu. Demnach müsste jemand, um als ›Mongole‹ zu gelten, also als jemand, der eigentlich aus der ›Tartarei‹ stammt, lediglich ein ›weißes Gesicht‹ haben und ›Mohammedaner‹ sein (d. h. etwa Perser, Türke, Araber oder Usbeke) – im Unterschied zu den christlichen Europäern, die ›Franken‹ genannt würden und den Hindus, die eine ›braune‹ Hautfarbe hätten und ›Heiden‹ wären.[16] Im Übrigen soll die helle Hautfarbe der Gesellschaft am Hof des Großmoguls als unbedingt bewahrenswert gegolten haben. Deswegen heiratete man bevorzugt Frauen aus Kaschmir, die als besonders schön und hellhäutig galten. So würden die Kinder ›weißer‹ als die Inder und als genuine Mongolen betrachtet – nicht zuletzt, weil Nachkommen mit der ›braunen‹ Hautfarbe der Einheimischen erheblich weniger Ansehen hätten.

Als er 1684 seinen Vorschlag zu einer neuen Einteilung der Menschheit unterbreitete, markierte Bernier die Hautfarbe der Inder als »fort noir«.[17] Trotzdem rechnete er sie zusammen mit der

Bevölkerung von »toute l'Europe«, Nordafrika und Teilen Asiens zur ersten seiner »Especes« oder »Races«. Die beiden anderen großen Rassen hielt er dagegen farblich für einheitlich. Die Menschen großer Teile Afrikas galten ihm als ›schwarz‹, viele Asiaten, darunter Chinesen, Tartaren, Japaner und Filipinos, hielt er für ›weiß‹. Amerikaner hingegen, die ihm ›olivfarbig‹ zu sein schienen, sollten sich sonst wenig von der ersten Rasse unterscheiden und deswegen keine eigene Gruppe darstellen.

Auch wenn die Hautfarbe der Inder als »akzidentell« galt und sich ohne heftige Sonneneinstrahlung soweit aufhellen würde, dass sie »nicht schwärzer als viele Spanier« wären, machte das den Sachverhalt nicht einfacher. Er erlaubte es zwar, zwei der großen Menschenrassen Hautfarben zuzuschreiben. Aber ausgerechnet die »erste Rasse« zeigte sich in dieser Hinsicht uneinheitlich, changierte von ›schwarz‹ über ›gelblichgrün‹ bis ›weiß‹ und war dabei selbst für die Europäer nicht einheitlich, deren hellhäutige Vertreter sich ihren Teint wiederum mit der ›weißen‹ asiatischen Rasse teilen mussten. Hautfarbe war hier offensichtlich weder ein klares Unterscheidungsmerkmal noch war ›Weißsein‹ eine exklusive Eigenschaft. Im Reich des Großmoguls stellte die Hautfarbe der Europäer daher kein Alleinstellungsmerkmal dar und die Deutschen wurden mit Holländern, Engländern, Franzosen und Portugiesen als ›christliche Franken‹ zusammengefasst.

Im Übrigen war ›weiß‹ für Bernier und seine Zeitgenossinnen wie Zeitgenossen nicht nur kein hinreichendes Kriterium der Abgrenzung nach außen. Es war auch kein Indikator, mit dem sich die Europäer selbst undifferenziert zu bezeichnen bereit gewesen wären. Das machte Jean de la Bruyère deutlich, als er die Lage der französischen Bauern beschrieb. Sie schienen ihm wie »wilde Tiere« leben zu müssen, die, »schwarz, fahl und von der Sonne völlig verbrannt«, an die Erde, die sie durchwühlten, gebunden wären, und erst, wenn sie sich aufrichteten, »ein menschliches Gesicht« zu erkennen gäben.[18]

Weil ›Weißsein‹ keine biologische, sondern eine soziale Qualität ist, setzt es den doppelten Bezug voraus, sowohl nach außen abgrenzend als auch nach innen einbeziehend zu wirken. So gesehen, bezeichneten die Farbspiele am Bayreuther Hof zwar ein Element auf dem Weg, auf dem die Deutschen ›weiß‹ wurden. Sie machten aber gleichzeitig deutlich, dass dieser Prozess noch lange nicht abgeschlossen war. Dazu fehlten sowohl theoretische wie praktische Dimensionen.

Weise Weiße

Auf beide zielten die Überlegungen von John Locke zum Thema ›Weißsein‹. Für diesen »ausgesprochen kolonialen Denker«[19] lag es nahe, dass er sich für Berniers Asienreisen interessierte. Während seines Aufenthaltes in Frankreich traf und unterhielt er sich mehrfach mit ihm. Außerdem las er seine Reiseberichte. Das galt auch für die *Historical Relation of Ceylon* von Robert Knox. Dieses Buch erwarb Locke im August 1681 kurz nach Erscheinen für 8 Schillinge. Später erwähnte er es in seiner Übersicht zur zeitgenössischen Reiseliteratur, in der Ceylon mehrfach vorkommt und zahlreiche Hinweise zu Indien enthalten sind.

Trotzdem spielen Asien und der Pazifik keine nennenswerte Rolle in Lockes Beitrag zum modernen Rassismus. Sein Blick war eher nach Westen gerichtet und betrachtete »Amerika« als ein »Muster für die frühesten Zeiten in Asien und Europa«.[20] Nicht etwa, dass es keine zeitgenössischen Versuche der Herabminderung asiatischer Kultur gegeben hätte. Sie waren aber insgesamt zu disparat, um auf einen einheitlichen Nenner gebracht werden zu können.[21] Außerdem sahen die Europäer bei ihrer Beschreibung der Hautfarbe der Asiaten zu einem großen Teil ›weiß‹. So stufte nicht nur Bernier seine gesamte asiatische Rasse als ›weiß‹ ein. Auch in konkreten Beschreibungen wurden Chinesen und Japaner als ›fair‹ oder Vietnamesen als ›weiß wie Europäer‹ bezeichnet.

Gleichwohl trat Locke hinsichtlich des Weißseins entschiedener als Bernier auf. Das lag nicht zuletzt an seinen transatlantisch bestimmten kolonialen Interessen. Sie schlugen sich in Anteilen an der im Sklavenhandel engagierten ›Royal African Company‹ und in der Mitautorschaft an der kolonialen Verfassung für Carolina nieder. Vor diesem Hintergrund wanderte die Trope ›Weißsein‹ in die Philosophie ein.²²

Der große Philosoph der Freiheit maß diese mit zweierlei Maß. Auf der einen Seite stand für ihn fest, dass Sklaverei des Menschen unwürdig sei. Seine berühmten *Two Treatises of Government* beginnen mit dem Bekenntnis: »Die Sklaverei ist ein so verächtlicher, erbärmlicher Zustand des Menschen [...], daß es schwerfällt zu begreifen, wie ein Engländer, geschweige denn ein Gentleman, sie verteidigen kann«. Bei genauem Hinsehen zeigt sich freilich, dass er damit allererst die Freiheit wohlhabender Bürger in aus seiner Sicht zivilisierten Nationen meinte. So konnte er auf der anderen Seite am Sklavenhandel zwischen Afrika und Amerika verdienen. Und er, der einige Jahre lang dem ›Board of Trade and Plantation‹ angehörte, korrigierte mit eigener Hand *The Fundamental Constitutions of Carolina*, eine Kolonialverfassung, in der es hieß, »jeder Freie« solle »absolute Gewalt und Autorität über seine Negersklaven« haben.

Damit verbundene Vorstellungen fanden auch Eingang in Lockes philosophisches Hauptwerk, den *Essay Concerning Human Understanding*. Dazu gehörte selbst die Vermutung, dass »Frauen von Mandrills schwanger wurden«. Seine Leserinnen und Leser wussten, wovon da die Rede war: die erwähnten Affen lebten nach damaligem Verständnis in Guinea, die Frauen sollen demnach Afrikanerinnen gewesen sein. In diese Richtung zielende Legenden über unklare Grenzen zwischen Menschen und Tieren waren zu diesem Zeitpunkt in Europa weit verbreitet.

Im Kontext damit steht ein Beispiel, das Locke wählte, um zu verdeutlichen, auf welche Art und Weise ein Kind die komplexe Idee ›Mensch‹ bilden würde – nämlich wie ein Maler, der verschiedene sichtbare Elemente zusammenfügt. Weil in England »Weiß oder Fleischfarbe« zu diesen Elementen gehörte, könnte das Kind »demonstrieren, daß ein Neger kein Mensch ist«. Auch zur Erläuterung des Verhältnisses abstrakter Ideen fiel Locke dasselbe Beispiel ein. Die Aussagen »ein Mensch ist weiß« und »ein Mensch ist vernünftig« bedeuteten, dass ein Ding, »das die Essenz eines Menschen hat«, auch »die Essenz des Weißseins« bzw. »die Essenz der Vernunft« enthielte.

Locke brachte gegen Ende des 17. Jahrhunderts das in Bayreuth gefeierte angebliche Zusammenfallen von Weißsein und Weisheit in Form erläuternder Beispiele in die Philosophie ein. Er demonstrierte, dass Hautfarbe im europäischen Selbstverständnis einen Stellenwert bekommen hatte, der Überlegenheit signalisierte. Sie bezog sich allerdings überwiegend auf als ›Schwarze‹ bezeichnete andere. Die ›Gelben‹ und ›Roten‹ der entwickelten Rassennomenklatur gab es noch nicht und Weißsein war deswegen keine klar abgegrenzte Eigenschaft.

Zudem gingen die Vorstellungen über die Gründe für Schwarzsein und Weißsein erheblich auseinander und schlossen neben klimatischen zu einem erheblichen Teil noch religiöse Argumente ein. Erstere bezogen sich auf Kälte und Hitze, letztere betrieben eine interessengeleitete Umwertung der biblischen Erzählung von Noahs Fluch. Er verurteilte die Nachkommen seines Sohnes Ham zu ewiger Knechtschaft. Diese Legende machten sich später Rechtfertigungen der Sklaverei (in Judentum, Christentum und Islam) zunutze, die behaupteten, Hams Nachkommen wären zur Strafe schwarz gemacht worden (wovon im Alten Testament kein Wort zu finden ist).[23]

Zudem feierte man in Bayreuth die doppelte Weis[s]heit einer Adligen. Bäuerinnen besang man nicht. Das niedere Volk wurde vielmehr lange verdächtigt, nicht richtig weiß zu sein. Eine Ausnahme machten Schäferinnen und Schäfer – allerdings nur in der bukolischen Dichtung für die höheren Stände, die es liebten, in für sie verfassten Schäferspielen selbst aufzutreten. Auch dazu hat übrigens Sigmund von Birken das seine beigetragen. Der Autor, den die Literaturgeschichte nicht zuletzt der großen »Anzahl seiner Schäfereien« wegen kennt, forderte freilich auch dabei: »Auf! Schäfer / ihr Schläfer / mit preisenden Weisen / | den weißen Beherrscher der Erden zu preisen!«.[24]

Dass er sich bei diesem Aufruf zum Lobe Gottes der andernorts von ihm selbst bedienten Doppeldeutigkeit der ›Weis[s]heit‹ bewusst gewesen wäre, ist eher unwahrscheinlich. Schließlich gab es zeitgenössische Rassismen, die überwiegend ohne Hautfarben auskamen und sich religiöser Verdächtigungen bedienten. Die Diskriminierung der sogenannten Zigeuner verwies zwar auch auf Hautfarbe, die aber als soziale Kategorie benutzt wurde. Antisemitismus wie Antiislamismus richteten sich gegen Menschen, die in der Regel als weiß galten, aber als Feinde des wahren Glaubens eingestuft wurden. Damit gingen regelmäßig Verteufelungen einher, deren Unterstellungen die Betroffenen in diabolischen Gegenwelten ansiedelten.

Der Antisemitismus, der im Rassismus der Deutschen die längste Geschichte hat, war von blutrünstigen Legenden und blutigen Verfolgungen geprägt. Sie stellten schon früh auf die Auslöschung der Diskriminierten ab – dadurch, dass ihnen ihre Kultur genommen wurde oder durch physische Vernichtung. Dabei zeigten sie zentrale Merkmale des Rassismus. Sie bewirkten Inklusion durch Exklusion (indem sie es den Angehörigen einer geschichteten und konfliktgeladenen Gesellschaft erlaubten, sich durch den Ausschluss anderer als zusammengehörig zu betrachten). Sie vermittelten Identität durch sozialen Tod (indem sie die Diskriminierten als undifferenzierte amorphe Masse behandelten, die insgesamt als tiefer stehend galt als die am niedrigsten eingestuften Mitglieder der eigenen Gesellschaft). Und sie betrieben Aufwertung durch Entmenschlichung (indem sie es den ansonsten verachteten Unterschichten der eigenen Gesellschaft ermöglichten, sich dadurch als höherstehend zu begreifen, dass sie andere als minderwertig betrachten konnten). Aber sie bedienten sich nicht des in der modernen Version des Rassismus entwickelten Schemas verschiedenfarbiger Rassen. Gegenüber den von ihnen religiös verfolgten anderen verhielten sich die Deutschen seit langem rassistisch, ohne dabei ›weiß‹ zu sein oder dadurch ›weiß‹ zu werden. Hautfarben gehören nur in einer bestimmten Epoche seiner Entwicklung zum Rassismus.

III

Die Farben der Sünde

Antisemitismus
seit den Kreuzzügen

Abb. 3: Jesus in Gethsemane. *Chichester Psalter (Mitte 13. Jh.)*

I m Mai 1933 wurden während der Bücherverbrennungen zum Abschluss studentischer ›Aktionen wider den undeutschen Geist‹ auch die Schriften von Lion Feuchtwanger ins Feuer geworfen. Das betraf vor allem seinen Erfolgsroman *Jud Süß*, der sich mit der Figur eines Hofjuden befasst, den die Nazis später zur Hauptfigur eines ihrer infamen antisemitischen Filme machen sollten. Womöglich waren auch Exemplare seiner Dissertation unter den verbrannten Papieren. Mit ihr war der Sohn einer orthodoxen jüdischen Familie 1907 an der Universität München zum Doktor der Philosophie promoviert worden. Angesichts der antisemitischen Stimmung an den deutschen Universitäten gab er anschließend seine wissenschaftlichen Ambitionen auf und widmete sich der Schriftstellerei.

In seiner Doktorarbeit hatte sich Feuchtwanger mit dem Fragment gebliebenen Roman *Der Rabbi von Bacherach* von Heinrich Heine beschäftigt. Die Werke des Autors, der einst gedichtet hatte »Denk' ich an Deutschland in der Nacht | Dann bin ich um den Schlaf gebracht«, wurden ebenfalls Opfer der Flammen. Dazu gehörte auch das Theaterstück *Almansor*, das vor dem Hintergrund der Vertreibung der Muslime aus Spanien am Ende der Reconquista eine Liebestragödie in Szene setzt. In ihr erinnert sich der titelgebende Charakter, wie er angesichts von Zwangstaufen und Koranverbrennungen von seinem vermeintlichen Vater (die Familienverhältnisse sind einigermaßen verworren) nach Marokko in Sicherheit gebracht worden ist. Sein Gesprächspartner wirft ein: »Das war ein Vorspiel nur, dort wo man Bücher | Verbrennt, verbrennt man auch am Ende Menschen«.[1]

Der Geschichte des Rabbis von Bacharach (der Autor schrieb den Ortsnamen nach einer seiner Quellen mit ›e‹) hatte sich Heine 1824 zugewandt. Er las dazu ausgiebig Literatur. Einem Freund schrieb er, er betreibe »Chronikenstudium und ganz besonders viel historia judaica. Letztere wegen Berührung mit dem Rabbi, und vielleicht auch wegen inneren Bedürfnisses. Ganz eigene Gefühle bewegen mich wenn ich jene traurige Analen durchblättre; eine Fülle der Belehrung und des Schmerzes«. Die Ursachen solchen Schmerzes sieht das erste Kapitel des Romans weit in die Geschichte zurückreichen: »Die große Judenverfolgung begann mit den Kreuzzügen und wüthete am grimmigsten um die Mitte des vierzehnten Jahrhunderts, am Ende der großen Pest, die, wie jedes andre öffentliche Unglück, durch die Juden entstanden seyn sollte, indem man behauptete, sie hätten den Zorn Gottes herabgeflucht und mit Hülfe der Aussätzigen die Brunnen vergiftet«.[2]

Die Geschichte des ›Rabbi‹ spielt im 15. Jahrhundert, rekapituliert aber eine zweihundert Jahre ältere Ritualmordbeschuldigung. Damals, im April 1287, wurde in Bacharach am Rhein die Leiche eines Jungen gefunden. Dass die Bürger dort erst einige Jahre zuvor ein Massaker an den Juden der Gemeinde verübt hatten, verhinderte die erneute Konstruktion einer Ritualmordbeschuldigung nicht. Ihr gemäß sollte der Knabe im nahegelegenen Oberwesel geschändet und seine Leiche anschließend in den Rhein geworfen worden sein. Von dort aus gesehen lag Bacharach zwar flussaufwärts. So galt es eben als ein Wunder, dass der tote Körper diesen Weg genommen hatte. Im Mai gab es zunächst Pogrome in Oberwesel und dem benachbarten Boppard, die dann auf zahlreiche Gemeinden entlang der Mosel und des Rheins übergriffen, bei denen mindestens sechshundert Jüdinnen und Juden getötet wurden.[3]

Schwarze und rote Juden

D ie Ritualmordlegende wurde anschließend durch die Jahrhunderte tradiert. 1840 führte sie während der Damaskusaffäre zu zahlreichen Pogromen im Nahen Osten und einer intensiven antisemitischen Berichterstattung in der europäischen Presse. Das veranlasste Heine, die Arbeit an seinem liegengelassenen Text neu aufzunehmen. Auch jetzt konnte er den Roman nicht vollenden und entschloss sich deswegen, ihn als Fragment zu veröffentlichen. Im Hinblick auf den Ritualmordvorwurf verwies er dabei auf »das läppische [...] Mährchen«, nach dem »die Juden [...] an ihrem Paschafeste Christenkinder schlachteten, um das Blut derselben bey ihrem nächtlichen Gottesdienste zu gebrauchen«. Dieser Legende, fügte er hinzu, sei regelmäßig durch Verbreitung von Gerüchten nachgeholfen worden und gelegentlich auch dadurch, dass die Verfolger »einen blutigen Kinderleichnam in das verfemte Haus eines Juden heimlich hineinschwärzten«.[4]

Diese Formulierung, die sich aus ›hinein[legen]‹ und ›[an] schwärzen‹ zusammensetzt, hat einen durch und durch moralischen Kontext. Er ergibt sich aus einer seit der Antike tradierten Verbindung der Farbe Schwarz mit Bosheit, Sünde oder Traurigkeit. Um die Wende vom 13. zum 14. Jahrhundert schrieb Hugo von Trimberg: »Swenne uns daz hâr beginnet wîzen, | Sô sölte wir tac und naht uns flîzen | Daz dennoch unser sêle wîz würde, | Ûf der lît swarzer sünden bürde«. Er bezog sich auf eine göttliche Fügung. Sie ließe das Haar der Menschen im Alter weiß werden, damit sie anfingen, an die Verfassung ihrer Seele zu denken und sich befleißigten, diese, auf der schwarze Sünde laste, wieder weiß zu machen.[5]

Zur selben Zeit dient ›schwarz‹ auch zur Bezeichnung dunkler Hautfarbe. In dem Maße, in dem diese im Verlauf der späteren europäischen Expansion und einer damit verbundenen Versklavung von Afrikanern zunehmend negativ besetzt wurde, nahm auch der Versuch zu, sie mit den Juden in Verbindung zu bringen und diese gewissermaßen auch äußerlich anzuschwärzen. Dabei war die verbale Konstruktion ›swerzen‹ ebenfalls bereits seit dem frühen 13. Jahrhundert benutzt worden, um den Vorgang des Schlechtmachens zu bezeichnen.

Der Versuch, das mit der Entwicklung der Rassentheorie auch körperlich auf die Juden zu übertragen, war aber regelmäßig zum Scheitern verurteilt. Zu der Zeit, als Heine sich die Fügung ›hineinschwärzen‹ ausdachte, zeigte sich das an der Bemerkung eines Philosophen, der mit ihm zu den linken Hegelianern gehört hatte, ehe er sich zum konservativen Publizisten und Antisemiten entwickelte. Wenn die »Leibesbeschaffenheit, die der Jude in allen Zeiten, Klimaten und Ländern unverändert behalten hat«, in Betracht gezogen würde, so versicherte Bruno Bauer den Leserinnen und Lesern der *Neuen Preußischen Zeitung,* »so sehen wir im Juden einen weißen Neger vor uns«.

Tatsächlich gab es zeitgenössische Hinweise auf die »schwarzen Juden im Innern Afrika's« oder »auf Malabar«, wo es »zwei Gattungen Juden« geben sollte, »deren eine schwarz und die andere weiss oder vielmehr sehr schwarzbraun war«. Aber die Antisemiten nutzten sie nicht zur Synchronisierung der ›Rasse der Juden‹ mit der an Hautfarben orientierten Rassentheorie. Den Grund dafür verriet unfreiwillig ein Korrespondent der *Zeitung für die elegante Welt*. Er meinte, man würde in der Welt außer auf weiße auch »auf gelbe, braune, schwarze Juden stoßen« – aber alle hätten die gleiche »Denkungsart«, »Schacherbegierde« und »anmaßliche Frechheit«.[6]

›Juden‹ mussten sich immer und überall gleich sein. Das auf körperliche Erkennbarkeit setzende Rassedenken konnte das nur in ein Oxymoron fassen. Dessen Charakter hatte um weniges zuvor der antipreußische Historiker August Friedrich Gfrörer angedeutet. Er ging zwar davon aus, »daß die Juden in ihrem jetzigen Zustande [...] uns zugleich lästig und verderblich« wären. Das führte er aber darauf zurück, dass sie durch eine »grausame Gesetzgebung« unterdrückt und wie »Sklaven« behandelt worden wären. Deswegen plädierte er für die rechtliche Gleichstellung der Juden und forderte: »Hören wir auf, die Juden als weiße Neger zu behandeln«.[7]

Der Autor wandte sich mit dieser Formulierung nicht etwa gegen jede Form rassistischer Diskriminierung. Das zeigte sich, als er sie in anderem Kontext benutzte und daran erinnerte, dass ihr Fürst »viele tausend Hessen im vorigen Jahrhundert wie weiße Neger an Holland und England verkauft hat«. Gfrörer machte ganz offensichtlich einen Unterschied zwischen Schwarzen und Weißen, rechnete aber die Juden (wie die Hessen) zur damals so genannten weißen Rasse. Das aus seiner Sicht paradoxe Sprachspiel vermischte und verwischte unterschiedliche Muster rassistischer Diskriminierung.

Im Verlauf ihrer Entwicklung war Schwärze von einem kulturellen zu einem biologischen Stigma gemacht worden. Ursprünglich fungierte sie als eine der Farben der Sünde. Wo sie mit dunkler Haut einherging, war sie nicht naturalistisch, sondern spiritualistisch. Drastisch verdeutlicht das eine Miniatur im Chichester Psalter aus der Mitte des 13. Jahrhunderts.[8] Sie zeigt den Judaskuss und die Gefangennahme Jesu in Gethsemane in einer Szene, die sich aus der Zusammenschau der Evangelien von Johannes und Markus bis ins Detail erschließt (siehe Abbildung 3).

Die abgebildeten Männer sind allesamt Juden. Aber drei von ihnen haben helle, die anderen dunkle Haut. Zentral gruppiert sind Jesus und Judas im Moment des verräterischen Kusses. Sie werden von einer bedrohlichen Gruppe mit Waffen, den Häschern, umringt. Im linken unteren Teil des Bildes ist ein Mann dabei, einem der Verfolger mit seinem Schwert das Ohr abzuschlagen. Es handelt sich um Petrus, dessen Zugehörigkeit zu Jesus durch seinen Heiligenschein wie durch seine helle Haut verbürgt wird. Sein Opfer ist Malchus, wie die anderen dunkelhäutigen Gestalten ein Diener der pharisäischen Hohenpriester.

Das wird durch die Schriftrolle in Jesus rechter Hand zusätzlich ins Wort gesetzt. Sie zitiert einen Satz aus der Vulgata: »mitte gladium in vaginam« – »Stecke dein Schwert in die Scheide« (Johannes 18, 11). Die Häscher sind nicht nur durch die der Abbildung zugrunde liegenden biblischen Texte, sondern zusätzlich bildlich durch ihre Kopfbedeckungen – phrygische Mützen und konische Hüte – als Juden kenntlich gemacht. Bei einem der Hüte ist die verbreitete kugelförmige Spitze zu sehen, den der lateinische Name der Kopfbedeckung (*pileum cornutum*, gehörnte Mütze) mit dem Teufel in Verbindung brachte. Ein anderer Hut wird gleich von der Fratze eines Dämons gekrönt.

Auffallend sind die unterschiedlichen Hautfarben der Akteure. Ganz offensichtlich sind sie keine rassischen Signets. Die unterschiedlichen Tönungen der Haut signalisieren die Stellung zum christlichen Glauben. Die Häscher verfolgen den Sohn Gottes und sind dabei, ihn gefangen zu nehmen und den Römern auszuliefern. Ihre Hautfarbe zeichnet sie als Verworfene. Petrus versucht, sich dem Unvermeidlichen zu widersetzen, wird aber von Jesus in die Schranken verwiesen. Beide haben die helle Hautfarbe und den Heiligenschein der Auserwähltheit. Judas vollzieht seinen Verrat an Jesus. Ihre ehemalige Verbundenheit kommt noch in einer gemeinsamen Farbgebung zum Ausdruck. Doch hat Judas seinen Heiligenschein schon eingebüßt. Und er hat (wie einer der Häscher) rote Haare.[9]

Das signalisierte im zeitgenössischen Diskurs heimtückische Falschheit. Sie verband Judas zusätzlich mit der Fama von den ›roten Juden‹, die insbesondere in Deutschland verbreitet war, wo »Juden in christlichen Illustrationen oft mit rotem Haar und in roten Kleidern porträtiert wurden«. Die Legende erzählte von den verlorenen Stämmen Israels, die am Rande der Welt auf die Apokalypse warteten, um dann im Gefolge des Antichrist mit Gog und Magog hervorzubrechen, die Juden der Diaspora zu versammeln und Elend über die Christenheit zu bringen. Angesichts der in der Zeit zwischen den Kreuzzügen, der großen Pest und der Reformation immer wieder auflebenden Endzeiterwartung wurden die ›roten Juden‹ sowohl mit ihren realen Glaubensgenossen als auch mit konkreten Gefährdungen in Verbindung gebracht: das galt für die Verdächtigung, sie hätten durch Brunnenvergiftung die Pest verbreitet, für ihre Gleichsetzung mit den Tataren oder den Verdacht, sie könnten als Türken wiedergekehrt sein.

In einer weit verbreiteten Flugschrift der Reformationszeit tauchten sogar die Farben rot und schwarz zusammen auf und wurden mit Afrika in Verbindung gebracht. Sie berichtet davon, ein gewaltiges Heer von »Schwartz auch rodt Juden« wäre »auß den hindersten Wüsten oder unnden bey Affrica herauß kommen«, um »jr alt unnd Vätterlich erblandt« zurückzufordern. Sie kämen aus einem Kontinent, in dem auch »Schwartz Moren seindt«.[10] Gleichwohl wurde hier kein rassisches Merkmal beschrieben. Vielmehr werden die Juden mit mehreren Farben der Sünde und Verworfenheit verbunden.

Stigmatisierung gegen ›Mimikry‹

Der fehlenden Unterscheidungskraft der Hautfarben ist zu diesem Zeitpunkt schon lange durch künstliche Zeichen abgeholfen worden. Bei der stigmatisierenden Kennzeichnung spielten die Farben rot und gelb eine herausragende Rolle. Ihre Geschichte reicht weit zurück und über religiöse Grenzen hinaus. Schon 634 forderte der Kalif des arabischen Reiches die Sichtbarmachung von Christen und Juden durch blaue und gelbe Gürtel und Kopfbinden. Im Christentum nahmen Kennzeichnungsverordnungen nach dem vierten lateranischen Konzil von 1215 deutlich zu. Dabei wurden häufig gelbe oder rote Flecken und konische Hüte in denselben Farben vorgeschrieben. Ab dem 16. Jahrhundert setzte sich das Stigma des gelben Flecks immer mehr durch.[11]

Die schwarz-rot-gelbe Trikolore der antisemitischen Farbgebung signalisierte einen Unterdrückungszusammenhang, der alle Zeichen des Rassismus trug, ohne mit Rassen verbunden zu sein. In Deutschland begann er vor den Kreuzzügen und war nach der Shoa nicht vorbei. Dabei nahm der antisemitische Rassismus zwar im 19. Jahrhundert auch Elemente des Rassedenkens auf, konnte sie aber nie widerspruchsfrei mit seinen auf Herabminderung und Ausschluss zielenden Intentionen verbinden.

Die Antisemiten klagten fortwährend über die mangelnde Sichtbarkeit der angeblichen jüdischen Rasse. Brächte man »wahllos etwa 1000 Juden einer deutschen Großstadt zusammen«, meinte einer der aggressivsten und einflussreichsten Antisemiten des Kaiserreichs und der Weimarer Republik, Theodor Fritsch, dann stünden »hochgewachsene und niedriggewachsene, schlanke und untersetzte, breitgesichtige und schmalgesichtige, dunkelhaarige und blonde Menschen nebeneinander«. Solch Mangel an Unterscheidbarkeit hielt den Autor allerdings nicht davon ab, zu behaupten, »wir sehen ohne weiteres, daß der Mehrzahl dieser Juden zweifellos etwas Gemeinsames eignet, freilich etwas, was sich nicht leicht beschreiben läßt«. Das gelte zumal, weil »die seelische Eigenart der Juden stärker hervortritt als ihre körperliche, so daß man die Juden geradezu eine seelische Rasse nennen könnte«. Sie auf Anhieb zu erkennen, wäre deswegen »wohl eine Frage der Begabung, sagen wir des Instinktes«.[12]

Der renommierte Sozialökonom, Wirtschaftshistoriker und Mitbegründer der akademischen Soziologie in Deutschland, Werner Sombart, behauptete, zumindest für die Ursachen solcher Erkennungsprobleme eine Erklärung zu haben. Er führte sie auf »die wunderbare Fähigkeit des jüdischen Stammes« zurück, »sich äußeren Bedingungen anzupassen«. Sie ging seiner Meinung nach erstaunlich weit. Denn es »gelingt ihm selbst, seiner ausgesprochenen Körperlichkeit [...] das Aussehen zu geben, das er ihr geben möchte« – »durch ›Farbanpassung‹ oder andere Arten von Mimicry«. Dadurch ist »der Jude [...] oft nur schwer vom Nichtjuden zu unterscheiden«.[13]

Die Körpermetaphorik des modernen Rassismus ließ sich hier nur dadurch aufrechterhalten, dass sie der willkürlichen Gestaltbarkeit durch den bloßen Willen untergeordnet wurde. Wo der zur Rasse erklärte andere seine Rassenzugehörigkeit durch Mimikry verschleiern konnte, war die Logik der Rassenkonstruktion nur scheinbar außer Kraft gesetzt – denn sie zielte tatsächlich immer schon auf angebliche innere Differenzen.

Gleichwohl signalisierte mangelnde visuelle Identifizierbarkeit ein Dilemma. Das zeigte sich noch 1934 während der Diskussion um die nationalsozialistische Rassengesetzgebung. In ihrem Verlauf war sich der Reichsjustizminister zwar völlig sicher, dass »alle Andersfarbigen« von »fremder Rasse« wären und es »bei Andersfarbigen« nicht zur »Täuschung« kommen könnte. Im Unterschied dazu seien Juden allerdings nicht ohne weiteres erkennbar. Daher könne eine Orientierung an »rassenbiologischen Gesichtspunkten hier nicht die Richtschnur sein«. Vielmehr müsse auf den »Stammbaum« zurückgegriffen werden. Als »Wunschbild« malte er sich deswegen aus, dass »der fremdrassige Mann nicht wie früher ein Abzeichen auf dem Ärmel, sondern [...] einen sichtbaren Stempel auf der Stirn zu tragen hat«.[14]

Als Katholik war der Minister mit Bibel und Antisemitismus vertraut genug, um die Geschichte vom Kainsmal zu kennen. Von Gott als Schutz gedacht, wünschte er es sich als Stigma der Entrechtung. Die seit dem Mittelalter überlieferten künstlichen Zeichen schienen ihm dafür unzureichend. Nicht nur, dass, um sie anzubringen, schon bekannt sein musste, wer Jude war, ließen sie sich auch leicht ablegen. Da aber auf die Hautfarbe in diesem Fall kein Verlass war, imaginierte er (mit bürokratischer Phantasie) ein Zeichen, das, gleich einem Brandmal, weder zu entfernen noch zu verdecken wäre.

Das war nicht ohne Vorbild. Schon 1221 hatte Friedrich II. in Sizilien verfügt, dass Juden sich erkennbar kleiden müssten. Bei Zuwiderhandlung drohte ihnen der Verlust ihres Vermögens oder, falls sie arm waren, ein Brandzeichen auf der Stirn. Der rassistische nationalsozialistische Staat griff schließlich auf ein altes Stigma zurück und zwang seine jüdische Bevölkerung, einen ›Judenstern‹ zu tragen.

Trotz aller wissenschaftlichen Anstrengungen zur anthropologischen Konstruktion eines erkennbaren jüdischen Typus wurde außerdem weiter auf traditionelle Muster antisemitischer Diskriminierung gesetzt. Dazu gehörte auch die Legende vom Ritualmord. Im Jahre 1943 schrieb Heinrich Himmler, ›Reichsführer SS‹ und ›Reichskommissar für die Festigung des deutschen Volkstums‹, an den Chef des ›Reichssicherheitshauptamtes‹, Ernst Kaltenbrunner: »Von dem Buch ›Die jüdischen Ritualmorde‹ habe ich eine größere Anzahl bestellt und lasse sie bis zum Standartenführer verteilen. Ich übersende Ihnen mehrere 100 Stück, damit sie diese an ihre Einsatzkommandos, vor allem die Männer, die mit der Judenfrage zu tun haben, verteilen können«.[15]

Der religiöse Rassismus und mit ihm verbundene Beschuldigungen hatten sich bis in den modernen Antisemitismus erhalten, der vergeblich versuchte, Juden als eigene ›Rasse‹ darzustellen. Selbst der Organisator des nationalsozialistischen Propagandaapparats verzichtete nicht auf diese eschatologische Dimension der Judenfeindschaft. Für Joseph Goebbels war »Christus« der »Gegenpol zum Judentum« und »der erste Judengegner von Format«. Ihm gegenüber galten die Juden geradezu als »Unrasse«. In die Beschreibung ihres verderblichen Wirkens wurde religiöse Rhetorik eingebunden: »Wer den Teufel nicht hassen kann, der kann auch Gott nicht lieben. Wer sein Volk liebt, der muß die Vernichter seines Volkes [...] aus tiefster Seele hassen«. Mitte der zwanziger Jahre hatte Goebbels in seinem Tagebuch sogar notiert: »Der Jude ist wohl der Antichrist der Weltgeschichte«.[16]

Im religiösen Rassismus des Mittelalters und der frühen Neuzeit war das eine im Christentum allgemein verbreitete Auffassung. In der Geschichte des Antisemitismus in Deutschland zeigte sie sich unter anderem während des ersten Kreuzzugs 1096, den Judenverfolgungen von 1298 und 1336 bis 1338 sowie im Rahmen der großen Pest von 1348.

In allen Fällen war der Rassismus eine soziale Bewegung, die unterschiedliche Teile der Gesellschaft umfasste. Vor allem gehörten ihr auch untere soziale Schichten an. Die Volksmassen teilten die rassistische Ideologie des christlichen Antisemitismus und vereinten sich trotz ihrer unterschiedlichen sozialen Herkunft zu gemeinsamen Aktionen. Dabei überwarfen sie sich unter Umständen sogar mit der Obrigkeit. Das macht den rebellischen Zug ihrer Handlungen deutlich. Sie entfalteten freilich kein revolutionäres Potential. Vielmehr führte ihre Ausrichtung gerade zur Verwischung sozialer Konflikte, weil sie auf angebliche äußere Feinde zielte.

Der erste Kreuzzug bekam seinen Namen erst später, zeitgenössisch hieß er ›Expedition‹, ›Kriegszug‹ oder ›Wallfahrt‹ nach Jerusalem. Die fand in einer krisenhaften Zeit statt, geprägt durch das kirchliche Schisma zwischen Rom und Konstantinopel, den Investiturstreit zwischen Kirche und König und die Verdopplung der Kirchenherrschaft in Papst und Gegenpapst. Die Lebensverhältnisse der unteren sozialen Schichten waren ständig vom anarchischen Fehdewesen der Feudalherren gefährdet, gegen das die Kirche mit Aufrufen zum Gottesfrieden vorzugehen suchte. Von außen wähnte sich die gespaltene Christenheit gleichzeitig im Westen von den Sarazenen und im Osten von den Seldschuken bedroht.

Ein Aufruf zur Befreiung der ›Heiligen Stadt‹ von einem gemeinsamen Feind konnte da durchaus funktional anmuten. Dabei spielte keine Rolle, dass es den zu dieser Zeit nicht gab, sondern Jerusalem zwischen schiitischen und sunnitischen Dynastien umkämpft war. Rassismus vereinheitlicht seine Opfer. Zu Feinden Gottes erklärt, konnten sie undifferenziert als Bedrohung begriffen werden.

Das schloss die Juden ein. Im Rückblick beschrieb Guibert von Nogent die Haltung von Teilen der Kreuzfahrer: »Wir wollen die Feinde Gottes im Osten bekämpfen. Das ist eine verfehlte Mühe, da wir schon hier vor unseren Augen die Juden haben, die doch die ärgsten Feinde Gottes sind«.[17] Diese Einstellung griff vor allem bei Menschen um sich, an die der Aufruf zum Kreuzzug überhaupt nicht gerichtet worden war. In Deutschland schlossen sie sich 1096 zu unorganisierten Volkshaufen zusammen und attackierten (keineswegs immer nur Richtung Jerusalem ziehend) jüdische Gemeinden. Die meisten derer, die in ihnen mitzogen, stammten aus unteren sozialen Schichten und hatten den Aufruf zur Befreiung Jerusalems als Heilsbotschaft verstanden, die auch für sie gelten sollte. Mit Unterstützung von Teilen der städtischen Bevölkerung fielen sie über die Juden her und löschten ganze Gemeinden aus.

Im Verlauf der folgenden Jahrhunderte kam es immer wieder zu antisemitischen Pogromen. Dabei spielten religiöse Blutbeschuldigungen und politische Verschwörungstheorien eine zentrale Rolle. Die Unterstellung eines Ritualmords in Oberwesel, die später Heine Anlass für einen Roman geben würde, führte 1287 zu einer Reihe von Pogromen mit mörderischen Folgen. Nur um weniges später verbreitete sich 1298 in Franken das Gerücht einer Hostienschändung. Den anschließenden Massakern fielen tausende Mitglieder jüdischer Gemeinden zum Opfer. Einge Jahrzehnte danach forderten antisemitische Volksbewegungen in Unterfranken, am Mittelrhein und im Elsass zwischen 1336 und 1338 ebenfalls tausende Opfer. Ihre Zahl wurde zwischen 1348 und 1350 während der Judenverfolgungen im Kontext der Pest, die mit der Beschuldigung der Brunnenvergiftung einhergingen, noch übertroffen.

In Konstanz führte das Gerücht von Brunnenvergiftungen durch Juden dazu, dass diese zunächst inhaftiert und dreihundertdreißig von ihnen im Frühjahr 1349 vor den Toren der Stadt verbrannt wurden. Einige entgingen zunächst dem Tod durch die Taufe. Einer derjenigen, die zur Annahme des Christentums gezwungen worden waren, steckte anschließend sein Haus an und verbrannte sich mit seiner Familie selbst, weil er als Jude sterben wollte. Die übrigen wurden trotz der Taufe im Herbst des Jahres ermordet.

›Foetor Judaicus‹

Bei all diesen Aktionen spielte das Aussehen der Juden keine Rolle. Sie richteten sich gegen ihren Glauben und legitimierten sich durch religiösen Rassismus. Dessen Farbenlehre ist symbolisch und bezieht sich auf erwählte oder verworfene Seelen. An den Körpern letzterer beklagt er eher die mangelnde Kenntlichkeit ihrer Verdammnis. Deren Unsichtbarkeit versucht er, durch unterschiedliche Stigmata abzuhelfen. Das heißt freilich nicht, dass er sich nicht um körperbezogene Argumente bemüht hätte. Die waren aber nicht am Gesichtssinn, sondern am Geruchssinn orientiert.

Unter Berufung auf ihn griff der moderne Rassismus nach der Entstehung der Rassentheorie auf eine alte Unterstellung zurück. Das verriet unter der Hand der großherzoglich-sächsische Hofrat und Oberbibliothekar Friedrich Wilhelm Riemer, der Goethe viele Jahre als Sekretär gedient hatte. Er bezeichnete 1841 die Juden als intolerante und vaterlandslose Nation mit einer »schmarotzerpflanzenähnlichen Existenz«, die im Zuge der Emanzipation »äußerlich so den Christen assimiliert, ja manchmal zum Verwechseln gleich« erschien, dass sie »wie Doppelgänger« wirkten. Tatsächlich wäre aber das »Princip aus dem die ganze Nation hervorgegangen« sei »indelebel«, unauslöschlich, und nicht zu entfernen – »also denke man nicht Mohren weiß zu waschen, auch durch die christliche Taufe nicht, wie man etwa im Mittelalter den foetor judaicus dadurch zu tilgen glaubte«.[18]

Die Gleichsetzung der Emanzipation mit einer (vergeblichen) ›Mohrenwäsche‹ machte deutlich, dass die Rassentheorie dem Antisemitismus einige Probleme bereitete, weil sie die Juden der weißen Rasse zuschlug. Der traditionelle Antisemitismus ging allerdings als kulturelle Devianz in die neue Konstruktion ein. Bei Immanuel Kant zeigte sich das darin, dass er die Juden als Orientalen kennzeichnete, indem er sie »die Palästinenser unter uns« nannte. Gleichzeitig disqualifizierte er ihre Religion und forderte sie zur kulturellen Selbstauslöschung auf, die er »Euthanasie des Judenthums« nannte.

Johann Gottlieb Fichte setzte auf eine nicht minder martialische Lösung dessen, was nicht nur ihm und seinen Zeitgenossen als Judenfrage galt. Sein ›Antisemitismus der Vernunft‹ charakterisierte die Juden politisch als Staat im Staate. Sie könnten deswegen keine Bürgerrechte erhalten und müssten deportiert werden. Denn der einzige Weg, sie zu Bürgern zu machen, bestünde darin, »in einer Nacht ihnen allen die Köpfe abzuschneiden, und andere aufzusetzen, in denen auch nicht eine jüdische Idee sei«.[19]

Die unverhohlene Gewaltsamkeit der antisemitischen Metapho-
rik wurde von zwei romantischen Sammlern deutscher Volkslieder,
Achim von Arnim und Clemens Brentano, noch überboten. Beide
waren Mitglieder der christlichen ›Deutschen Tischgesellschaft‹
(der auch Fichte angehörte), die satzungsgemäß keine Juden auf-
nahm (auch nicht, wenn sie sich hatten taufen lassen). Der eine
von ihnen hatte mit einem Gedicht über die Loreley, das mit dem
Vers »Zu Bacharach am Rheine« begann, dem Ort mit einer falschen
Topographie auch gleich eine romantische Aura besorgt, die seine
unheilige Geschichte ausblendete.

Dabei war Brentano die Ritualmordlegende nicht fremd. Sie
wurde von ihm und Arnim in Form des Liedes über ›Die Juden von
Passau‹ in *Des Knaben Wunderhorn* aufgenommen. In ihm stechen Juden auf Hostien ein, um sie zu schänden. Anschließend heißt es:
»Bald sahen sie herausfließen, | Das Blut ganz mild und reich, | Ge-
stalt sich sehen ließe, | Eim jungen Kindlein gleich«. Am Ende wer-
den sie gestraft: diejenigen, die sich haben taufen lassen, durch das
Schwert, »[d]ie andern sind verbrennet«.[20]

Eine der widerlichsten Reden der Tischgesellschaft widmete
Arnim 1811 dem Thema ›Über die Kennzeichen des Judentums‹.[21]
Ausgehend von »heimlichen Juden« und ihrer »Kunst, sich zu ver-
stecken«, klagte er, dass die einst »von den Regierungen weise an-
geordneten Kleiderauszeichnungen leider verschwunden sind«. Dadurch seien die Juden den »Christen« derart »nahegerückt«, »daß es
ihnen leicht wird, sich in allen Orten einzuschleichen«.

Auch »der spezifische Judengeruch« wäre kein hinreichendes
Zeichen zur Identifikation – jedenfalls nicht ohne »hinlängliche Versuche an Juden«, »denen die Haut abgezogen ist«. Dem Bemühen
darum, wie »sich ein Kennzeichen für die Judenschaft [...] sicher
entdecken ließe«, bliebe deswegen einstweilen nur der Weg der
»Chemisten«. Für diese »Analyse« empfahl er, einen Juden zu »zer-
stoßen«, im Mörser zu »zerreibe[n]« und anschließend mit »Ätz-
lauge [...] bis zum Durchglühen zu« »erhitzen«.

Als Resultat der Analyse fände man einen »kleinen Teil Glaubens, der aber nicht abzuwägen wäre«, »50 Teile böse Lust aller Art«,
»2 Teile altes Gold«, »10 Teile altes Silber«, »20 Teile altes Kupfer

und alte Kleider«, »5 Teile falsche Wechsel«, »3 Teile falsche Neu-
igkeiten«, »1½ Teile Rache gegen die Christen«, »1 T[eil] Eitelkeit«, »4 Teile Christenblut durch sündliche Mischung gewonnen«,
»3 Teile Gewürm und Wurmgespieß« sowie »½ Teile Seele«. Der
bewusst als Mordgeschichte angelegte Versuch einer chemischen
Analyse jüdischer Eigenschaften wies keine anthropologischen Be-
sonderheiten nach, sondern bediente sich der tradierten Strate-
gie metaphysischer Entmenschlichung: ein Nachweis von Religion
wäre mangels Masse nicht möglich und nur die 0,5 Prozent see-
lischer Substanz beließen die Juden eben noch im Rahmen der
Menschheit.

Auch die Haut war bestenfalls Organ jenes eingebildeten Ge-
ruchs, der seit der Zeit der Kirchenväter durch die antisemitischen
Phantasien des Christentums waberte, sei es als Odem des Teufels,
als Miasma der Unreinheit oder Ausdünstung der Ernährung, wahr-
nehmbar höchstens durch die Nase, das Sinnesorgan der Idiosynkrasie, nicht aber durch jenes des Realitätssinns, das Auge. Das derart wahrgenommene Stigma war kein sichtbares Merkmal, sondern
eine böswillige olfaktorische Erfindung.

Sie lässt sich historisch weit zurückverfolgen. Im 13. Jahrhundert
verbreitete der Zisterziensermönch Caesarius von Heisterbach das
Stereotyp vom Judengeruch in seinen *Wundergeschichten* und Bert-
hold von Regensburg benutzte es in seinen *Predigten*. Im 15. Jahrhundert berichtete der Schweizer Dominikaner Felix Fabri von einer
Reise nach Jerusalem über den schlechten Geruch von Muslimen
und Juden. Gleichzeitig betonte er, in den Bädern der Sarazenen
wären Juden wegen ihres Gestanks nicht geduldet, Christen, frei
von üblem Geruch, aber zugelassen.[22]

Zu Beginn des 18. Jahrhunderts lieferte der Konvertit Paul Wilhelm Hirsch den Antisemiten zusätzliche Argumente. Er stützte die
Behauptung, dass jüdische Männer menstruierten und erklärte, das
bei seinem Vater regelmäßig beobachtet zu haben. Das erklärte seiner Meinung nach den ›foetor judaicus‹, den man schon riechen
könnte, ehe man den Juden sah.[23] Auch wenn später Arthur Schopenhauer die Wendung vom »jüdischen Gestank« im Wesentlichen
philosophisch benutzte,[24] blendete er die körperliche Dimension

keineswegs aus. Gott hätte, notierte er, »voraussehend, daß sein auserwähltes Volk in alle Welt zerstreut werden würde«, »dessen Mitgliedern einen specifischen Geruch« gegeben, »daran er sie überall erkennen und herausfinden könne: den foetor Judaicus«.

In dieser ordinären Version fand der schließlich in das Rassedenken des Faschismus Eingang. Hans F. K. Günther (ein Philologe und Rassenkundler, der sich schon früh in der völkischen Bewegung engagiert hatte und bereits 1930 auf Initiative des nationalsozialistischen Staatsministers für Inneres und Volksbildung in Thüringen einen Lehrstuhl für Sozialanthropologie an der Universität Jena bekam), widmete der ›geruchlichen Eigenart‹ der Juden ein ganzes Unterkapitel in seiner *Rassenkunde des jüdischen Volkes*.

Der Autor behauptete, der »ererbte« und der »erworbene« Geruch müssten unterschieden werden. Nur ersterer käme als »Rassengeruch« in Betracht. Anschließend sammelte er Berichte über einen »auffälligen Geruch der Juden«, den er aber überwiegend »durch Unreinlichkeit oder durch Knoblauchgenuß«, also sozial veranlasst sah. Obwohl er meinte, selbst schon den »Rassengeruch« von Juden wahrgenommen zu haben, ging er doch davon aus, dass die »Rassenphysiologie« das Problem mit Hilfe »chemischer Analysen« erst noch lösen müsste.[25]

Für seinen ›Führer‹ hatte sich das Problem schon früher gelöst. Allerdings wollte er Juden als Jugendlicher nicht erkannt haben und »hielt sie sogar für Deutsche«. Auch als er nach Wien kam, sah er die vielen dort lebenden Juden zunächst nicht. Er musste sich erst mit antisemitischen Schriften beschäftigen, damit ihm die Augen geöffnet wurden. Dann aber nahm er sie »sogar bei geschlossenem Auge« wahr – nämlich am »Geruche dieser Kaftanträger«. Wie seine gehässige Sprache zeigte, verübelte der Autor den Juden besonders, dass er sie zunächst nicht ›sehen‹ konnte.

Darin wusste er sich einig mit dem von ihm verehrten Richard Wagner. Der meinte allerdings, die Juden an ihrer Sprache und ihrem Gesang erkennen zu können. Seine Abneigung dagegen bekundete er in einschlägigen Publikationen. Und er bot ihr mit den *Bayreuther Blättern* ein ideologisches Organ zur kulturellen Verbreitung des Antisemitismus. Deren Redakteur Hans von Wolzogen zweifelte nicht am Gegensatz zwischen dem »Hügel von Walhall-Bayreuth« und dem »Goldhaufen von Nibelheim-Wallstreet«. Für seinen Meister, der sich selbst als »deutscheste[r] Mensch« sah, hatte der Antisemitismus ein klares Ziel: den »Untergang« des Judentums. Den stellte er sich durchaus nicht nur symbolisch vor. So machte er gelegentlich, wie seine Frau Cosima ihrem Tagebuch anvertraute, den »heftigen Scherz«, »es sollten alle Juden in einer Aufführung des ›Nathan‹ verbrennen«.[26]

IV

Schwarze Ritter und Heilige Schwarze

Ethnische Ökumene gegen Ungläubige

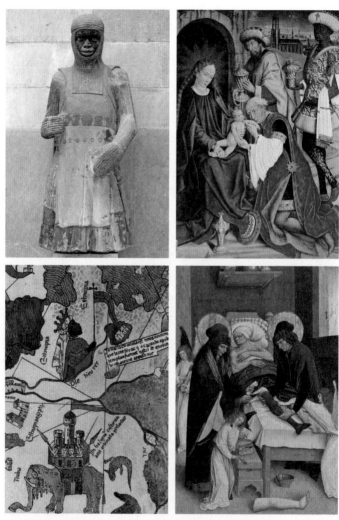

Abb. 4: Statue des Heiligen Mauritius. *Magdeburger Dom (Mitte 13. Jh.)*
Anbetung der Könige. *Gemälde von Friedrich Herlin d. Ä. Nördlingen (1462)*
Priester Johannes in Äthiopien. *Ausschnitt der Genueser Weltkarte (1457)*
Legende vom Mohrenbein. *Anonymes Tafelgemälde. Ditzingen (frühes 16. Jh.)*

Nur wenige Jahre, nachdem der ehemalige Kammerdiener und spätere Hofpauker Christian Ferdinand Mohr in Bayreuth an der Beerdigung der Markgräfin Erdmuthe Sophie teilgenommen hatte, wurde dort am Markt die Apotheke zum Mohren eröffnet. Ihr bürgerlicher Inhaber wollte zumindest begrifflich am Prestige teilhaben, das durch die Hofmohren vermittelt wurde. Zudem hatte sein Beruf zwei Schutzpatrone, die Heiligen Cosmas und Damian, die einer wundersamen Beinverpflanzung wegen berühmt waren.[1]

Was sich dabei genau zugetragen hat, wird allerdings im Verlauf der Jahrhunderte mit einer bedeutsamen Abweichung erzählt. Die ursprüngliche Legende will wissen, dass ein Mann mit erkranktem Bein die beiden Ärzte um Hilfe bat. Sie bitten ihn in die Kirche, wo er, gemäß der antiken Tradition der Enkoimesis, in einen Heilschlaf verfällt. In dieser Zeit transplantieren ihm Cosmas und Damian auf Geheiß des Erzengels Raphael das gesunde Bein eines jüngst Verstorbenen (der dafür das kranke Bein erhält, seines aber am Tag der Auferstehung zurückbekommen soll).

Während in dieser Legende keine Hautfarben erwähnt wurden, änderte sich das im 13. Jahrhundert in der *Legenda Aurea* des Dominikaners Jacobus de Voragine, die vor allem über die Lebensgeschichten von Heiligen berichtet. Cosmas und Damian vollbringen ihr Wunder jetzt, indem sie das Bein des kranken Mannes durch das eines kürzlich verstorbenen Schwarzen ersetzen (siehe Abbildung 4, unten rechts). In der lateinischen Version wird er »Aethiops« genannt und das Bein, nachdem sein Grab geöffnet wurde, vom toten »corpus Mauri« genommen; eine deutsche Übersetzung aus dem 15. Jahrhundert spricht von einem »schwarczen moren«.[2]

Dialektik der Farbe

In der aktuellen Rassismusdiskussion wird das als Beispiel für ›medizinische Apartheid‹ oder eine »Jahrhunderte lange Misshandlung schwarzer Körper« genommen. Bestimmte Darstellungen des Themas werden auch in Verbindung mit der transatlantischen Sklaverei gebracht und in die Maxime gefasst: »Die Opferung eines Afrikaners bedeutet einen geretteten Europäer«.[3]

Das ist auch die Botschaft des Gedichtes *Miracle of the Black Leg* von Natasha Trethewey. Die Autorin war mehrere Jahre lang Poeta Laureata von Mississippi, fungierte gleich zweimal als Poeta Laureata der Vereinigten Staaten, erhielt den Pulitzer Preis für Dichtung und arbeitet als Professorin für Englisch und Kreatives Schreiben an der Emory University in Georgia. Für ihr Gedicht hat sie sich mit den Quellen zur Legende vom ›schwarzen‹ oder ›Mohrenbein‹ beschäftigt.

Ihre Interpretation wird allerdings von einer späten Darstellung des Themas bestimmt. Es handelt sich um eine Holzschnitzerei von Isidro Villoldo für einen Altar im Convento de San Franciso in Valladolid aus der Mitte des 16. Jahrhunderts. Im Unterschied zu sämtlichen frühen und den meisten zeitgenössischen Illustrationen der Legende ist auf diesem Schnitzwerk der Mann, dem das zu transplantierende Bein amputiert wird, lebendig. In einem brutalen rassistischen Szenario wird der schwarze Körper für weiße Zwecke vernutzt. Die Gewalt der transatlantischen Sklaverei hat sich in der Heiligenlegende niedergeschlagen. Die beiden Ärzte sind keine Wunderheiler, sondern exekutieren als Medizin, was in der Ökonomie der Plantagenwirtschaft Alltag ist: die Dehumanisierung schwarzer Menschen.

Auf Villoldos Relief ruht der Patient in einer Art Trance auf seinem Bett, während ihm das schwarze Bein angesetzt wird; dessen ursprünglicher Besitzer liegt davor auf dem Boden und greift mit schmerzerfülltem Gesicht nach seinem Beinstumpf. Bei der literarischen Fassung dieser Szene durch die Dichterin kam es zwischen der ersten und der überarbeiteten Version des Textes zu einer bedeutsamen Veränderung. Ursprünglich sah sie »each man reaching to touch his right leg«, später hieß es: »each man reaching to touch his left leg«.

Auf der Schnitzerei selbst wird das linke Bein transplantiert. Aber hier nur eine einfache Verwechslung zu sehen, wäre verkürzt. Tatsächlich macht sich die Autorin zum Spiegel der Geschichte vom Beinwunder; oder richtiger: sie wird zum Spiegel – »a mirror of suffering«, wie es in einer ihrer Strophen heißt. Hätte sie diese Position bewusst gewählt, wäre nämlich nicht zu erklären, warum die spiegelbildliche Verkehrung von links und rechts nachträglich korrigiert worden ist.[4]

Die im kollektiven Wissen aufbewahrte Brutalität der Sklaverei, die neben der sozialen auch die körperliche Integrität ihrer Opfer außer Acht ließ, macht sich beim Anblick des rassistischen Schnitzwerkes als epochenübergreifender Phantomschmerz geltend. Die Dichterin blickt nicht auf, sondern in das Bild. Spiegelverkehrt sieht sie eine Leidensgeschichte, die bis in die Gegenwart reicht. Die Folgen von Entrechtung und Misshandlung sind nicht getilgt und wirken fort.

Durch diesen Zusammenhang werden für die Autorin aber auch die Anfänge der Legende von der wundersamen Transplantation überlagert. Die scheint ihr daher unweigerlich auf ihr mörderisches Ende zuzulaufen. Dadurch werden jedoch geschichtliche Veränderungen des Motivs ausgeblendet. Verstellt wird auch die Frage, warum das transplantierte Bein überhaupt schwarz gemacht und einem Äthiopier zugeschrieben worden ist. Das geschah nämlich erst im 13. Jahrhundert, nachdem die Legende lange Zeit ohne Erwähnung von Hautfarben erzählt worden war. Die Entwicklung, in deren Verlauf die Sklaverei in Europa zusehends ›schwarz‹ wurde, stand noch aus. Der Handel mit weißen Sklaven von der Krim wurde erst durch die Schließung der Dardanellen nach der Eroberung Konstantinopels durch die Osmanen unterbunden und der transatlantische Sklavenhandel existierte noch nicht einmal der Idee nach. Das Umfeld, in dem sehr viel später die Schnitzerei entstand, auf die Trethewey die Legende fokussiert, war noch nicht vorhanden.[5]

Der Verstorbene, von dem das Bein stammte, wurde ursprünglich weder rassisch noch religiös diskriminiert. Vielmehr war er auf einem christlichen Friedhof beigesetzt worden und deswegen offensichtlich kein Heide. Das war für den zeitgenössischen Diskurs nicht nebensächlich. Denn die Hautfarben Schwarz und Weiß waren Teil einer machtpolitischen Auseinandersetzung zwischen Christentum und Islam. In ihr wurden Afrikaner sowohl als Feinde als auch als Verbündete imaginiert.

Das wird schon früh auf den beiden Predellas eines Altargemäldes von Matteo di Pacino aus der zweiten Hälfte des 14. Jahrhunderts demonstriert. Das Hauptbild zeigt Cosmas und Damian, die linke Predella das Beinwunder und die rechte Predella den Märtyrertod der beiden Heiligen durch Enthauptung.[6] Beide Szenen versinnbildlichen gegensätzliche Motive.

Zum einen wird in aneinandergereihten Bildern die Geschichte der Transplantation erzählt: zu sehen ist der geheilte Weiße mit seinem neuen schwarzen Bein, der Transport des Beines durch die Heiligen und der geöffnete Sarg, in dem der verstorbene Schwarze liegt, dem das kranke weiße Bein transplantiert worden ist. Zum anderen wird die Hinrichtung der Heiligen gezeigt. Einem wurde bereits der Kopf abgeschlagen, der andere wartet auf sein Ende. Hinter dieser Szene stehen bewaffnete Soldaten. Sie halten große Schilde, auf denen sich stilisierte Häupter finden.

Die Bewaffneten sind der Legende nach Römer. Ihre Schilde aber zeigen emblematische Köpfe von Afrikanern aus dem zeitgenössischen Bildprogramm. Es hatte sich seit dem späten 11. Jahrhundert zunächst vor allem in Deutschland ausgebreitet und dazu geführt, dass sich nach den großen Adeligen deren Vasallen und schließlich Bürger und Städte Wappen zulegten. Auf ihnen spielte auch das Emblem eines schwarzen Kopfes eine Rolle. Das im Duktus der Zeit ›Mohrenkopf‹ genannte Zeichen war mit einer Entwicklung verbunden, in der Afrikaner in Texten und als konkrete Figuren auch auf Bildern auftauchten: der Heilige Mauritius, der Schwarze unter den Heiligen Drei Königen, der Priesterkönig Johannes oder die Königin von Saba und eine schwarze Madonna.

Die sich nachgerade als Mode ausbreitende Sitte, einen schwarzen Kopf im Wappen oder als Signet auf dem Helm zu führen, ist als positive Wertung dieses Zeichens gedeutet worden: »Solche Haltung konnte nur einer wohlgesonnenen Einstellung gegenüber Schwarzen und ihrer Farbe entsprungen sein«.[7] Freilich entwickelte sich diese innerhalb einer »kulturellen Dialektik der Farbe«, zu der auch die Verbindung von Sünde, Häresie, Heidentum und Unglaube gehörte.

Als di Pacino sein Bild malte, wurden diese negativen Eigenschaften vor allem Juden und Muslimen zugeschrieben. Das zeigt sich auf der zweiten Predella, auf der die schwarzen Köpfe nicht als Zeichen des Guten, sondern des Bösen fungieren. Statt Wappenzeichen des (eigenen) Christentums sind sie Symbol des (fremden) Heidentums. Trotzdem wäre es voreilig, daraus zu schließen, dass deswegen auch die linke Predella diese Botschaft vermitteln sollte – zeigt sie mit der Transplantation doch gerade die Vereinbarkeit und Zusammengehörigkeit von Schwarz und Weiß (im Zeichen des Christentums).

Hintergründe wie Ursachen dieses Spannungsverhältnisses werden im Vergleich zweier Epen deutscher Zunge schlagartig deutlich – dem *Rolandslied* des Pfaffen Konrad und dem *Parzival* von Wolfram von Eschenbach. Beide sind Bearbeitungen altfranzösischer Vorlagen, das eine aus der zweiten Hälfte des 12. Jahrhunderts, das andere aus dem frühen 13. Jahrhundert.

Teufelskinder und Gotteswunder

D as *Rolandslied* ist eine schamlose Geschichtklitterung. Deren historischer Hintergrund waren innermuslimische Streitigkeiten in Spanien, während derer Karl der Große von einer der Parteien um Hilfe ersucht wurde und (im 8. Jahrhundert) mit einem Heer über die Pyrenäen zog. Auf dem Rückweg überfielen (christliche) Basken die Nachhut der Franken und vernichteten sie. Das *Rolandslied* inszenierte (gut dreihundert Jahre später) diesen Kampf als Auseinandersetzung zwischen Christen und Muslimen und als heroischen Abwehrkampf gegen das Heidentum.

Dabei ging der Pfaffe Konrad hinsichtlich der negativen Charakterisierung der ›Sarazenen‹ noch einen Schritt weiter als seine Vorlage. Waren diese dort schon schwärzer als Tinte, so erklärte Konrad, »sie wâren swarz unt ubel getân« und brachte ihre Schwärze sowohl mit Afrika als auch mit dem Teufel in Verbindung. Die muslimischen Gegner kamen unter anderem »vone Kartâgeine« und »ûz Ethiopiâ« und wurden insgesamt als »tiuveles kint«, »tiuveles geswarme« oder »tiuveles kunter« bezeichnet: Kinder, Schwärme und Ungeheuer des Teufels.[8]

Allerdings soll sich der besungene Karl der Große nicht nur als Kämpfer gegen die muslimischen Heiden, sondern auch gegen die »kuonen Sahsen« und die »alswarzen Ungeren« hervorgetan haben. Dieser Verweis auf tapfere Sachsen und völlig schwarze Ungarn zeigt, dass die Farbe Schwarz nicht als Hautfarbe fixiert war. Sie konnte auch einfach Heidentum charakterisieren, das aber wiederum nicht unbedingt farblich angezeigt werden musste.

In dieser Gemengelage war Schwarz in erster Linie immer noch die Farbe der Sünde. Sie konnte deswegen auch auf Heiden insgesamt wie auf Muslime unterschiedlichster Herkunft angewandt werden. Aber sie bezog ebenfalls körperliche Elemente ein, auch wenn »Môres« im Text nur einmal vorkommen und nicht klar ist, ob damit ›Mauren‹ oder ›Mohren‹ gemeint sind. Jedenfalls hielt der Pfaffe Konrad die ethnische und die moralische Dimension von Schwarz nicht auseinander, sondern vermengte sie bewusst.

Dieser Botschaft erteilte wenige Jahrzehnte später Wolfram von Eschenbach eine klare Absage: moralische Schwärze kann jede und jeden völlig unabhängig von der Hautfarbe betreffen. Sie geht auch nicht mit einer spezifischen Religion einher. Heidnische Schwarze können genauso fraulich, ritterlich, schön und tugendhaft sein wie christliche Weiße; Charakter und Hautfarbe haben nichts miteinander zu tun; Weißsein und Schwarzsein sind keine sich ausschließenden Kriterien und schon gar keine unterschiedlichen menschlichen Qualitäten.

Um diese Auffassung zu verdeutlichen, betrieb der Autor des Parzival einigen Aufwand. Er begnügte sich nicht mit der freien Bearbeitung seiner Vorlage, sondern bettete diese in eine eigens entwickelte Rahmengeschichte ein. Genealogisch gesehen diente sie dazu, Parzival einen halb weißen und halb schwarzen Bruder aus dem nichtchristlichen, heidnischen Kulturkreis zu verschaffen, welcher zu jener Zeit gleichzeitig als Bedrohung empfunden und als Wunschbild gesehen wurde.

Dabei war das Wissen des spätmittelalterlichen Orientalismus nicht nur durch Kriegsberichterstattung geprägt, sondern wurde auch durch zahlreiche Erzählungen von Pilgern ins Heilige Land vermittelt. Trotz der mit den Kreuzzügen einhergehenden zunehmenden Verteufelung der Muslime gab es entgegengesetzte Einschätzungen. Sie erreichten in der Zeit des Dritten Kreuzzugs, also kurz ehe Wolfram mit der Niederschrift des *Parzivals* begann, einen Höhepunkt. Saladins Truppen hatten die christliche Herrschaft über Jerusalem beendet. Der Versuch einer Rückeroberung scheiterte, so dass sich Richard Löwenherz mit Saladin 1192 auf einen Waffenstillstand einigte, der den freien Zugang christlicher Pilger nach Jerusalem einschloss. Schon zeitgenössische Quellen beschrieben Saladins Ritterlichkeit und Großzügigkeit (die im Verlauf der Zeit immer weiter ausgeschmückt werden sollte und ihm schließlich im Rahmen der Aufklärung in Deutschland eine herausragende Rolle in Gotthold Ephraim Lessings *Nathan der Weise* einbrachte).[9]

Das hinderte indessen nicht seine Darstellung als Heide. Auf einer Illustration aus dem 14. Jahrhundert ist ein Lanzenkampf zu Pferde zwischen Richard und einem dunkelhäutigen Saladin zu sehen, der ein Schild führt, das einen Kopf von genau der Art zeigt, wie er wenig später auf di Pacinos Predella auftauchen sollte. Doch Saladins Haut wird dunkelblau dargestellt, der Kopf auf dem Schild ist schwarz. Die Farben der Seele und der Haut werden gleichzeitig auseinandergehalten und vermittelt.[10]

Im Übrigen war Wolframs Orient nicht einfach ein geographischer Raum. Bei seiner Beschreibung mischte er realistische mit fiktionalen Elementen zu einem zwischen Asien und Afrika oszillierenden Ambiente. Dort kommt Parzivals älterer Bruder zur Welt: Feirefiz, der »gesprenkelte Sohn einer schwarzen muslimischen Mutter und eines weißen christlichen Vaters«. Die dazu gehörende Liebesgeschichte wurde von Wolfram ausführlich um die Topoi Hautfarbe und Religion inszeniert. Feirefiz' (und später Parzivals) Vater Gahmuret, ein Königssohn, der auf der Suche nach ritterlichen Abenteuern in den Orient reist, trifft dort die Königin Belakane. Ihre Untertanen sind »finster sô diu naht«, »Mœre und Mœrinne« von »rabens varwe«. Auch Belakane ist von »swarzer varwe«. Eine »swarze Mœrinne«. Außerdem wird betont, dass »si wære ein heidenin«, doch auch ungetauft mit allen weiblichen Tugenden ausgestattet und von einer Sittsamkeit, welche die Taufe aufwog: »ir kiusche was ein reiner touf«.

Es kommt wie geplant. Beide verlieben sich ineinander und die Beschreibung ihrer ersten Nacht nutzt die Gelegenheit, um Hautfarbe und Liebe zu integrieren: »entwâpent mit swarzer hant | wart er von der künegîn«, »dô phlac diu küneginne | einer werden süezer minne, | und Gahmuret ir herzen trût. | ungelîch was doch ir zweier hût« – die Ungleichheit der Haut ist kein Hindernis für süße Minne zwischen der Königin und ihrem Geliebten. Trotzdem verlässt der Ritter seine Liebste wieder. Seine Ritterschaft treibt ihn zu neuen Abenteuern (so wie anschließend auch bei seiner zweiten Frau, die Parzival gebiert – die beiden Brüder sind Kinder alleinerziehender Mütter).[11]

Anschließend nutzte der Dichter die von ihm geschaffene farbliche Dialektik ganz bewusst, und ließ Gahmuret nachgerade didaktisch Belakane als schwarze Sonne besingen. Ihre Hautfarbe hat ihn nicht vertrieben, sondern erwärmt: »nu wænt manc ungewisser man | daz mich ir swerze jagte dane: | die sah ich für die sunnen ane«. Angesichts dieser Bekräftigung der Liebe zu Belakane ist sogar behauptet worden, dass »Wolfram antirassistische Worte in Gahmurets Mund legt«.

Diese Auffassung wird durch die Figur des Feirefiz gestützt. Er kommt zur Welt, nachdem Belakane schon von Gahmuret verlassen worden ist. Auch diese Schilderung zeigt, dass es Wolfram dezidiert auf die Betonung der Hautfarben wie darauf abgesehen hatte, ihre Verträglichkeit und Zusammengehörigkeit zu unterstreichen: »diu frouwe an rehter zît genas | eins suns, der zweier varwe was, | an dem got wunders wart einein: | wîz und swarzer varwe er schein«.

Deutlicher konnte nicht betont werden, dass hier nicht der Teufel, sondern Gott seine Hand im Spiel hatte – ganz so, wie er zum Gelingen der schwarz-weißen Operation von Cosmas und Damian beitrug. Doch beließ es Wolfram nicht bei dieser Lektion, sondern verstärkte seine Botschaft im abschließenden Teil der Rahmenhandlung noch einmal entschieden. Nachdem sich Leserinnen und Leser durch Parzivals langen Bildungsroman gearbeitet und dabei auch sein klägliches Versagen erlebt haben, sich angesichts des

Grals richtig zu verhalten und diesen zu gewinnen, taucht Feirefiz am Ende des Epos wieder auf. Ohne von seinem Bruder zu wissen, besiegt er diesen ihm Zweikampf und verschont sein Leben. Anschließend erkennt ihn Parzival in einer geradezu postmodernen Szene daran, dass Feirefiz aussieht »als ein geschriben permint, | swarz und blanc her unde dâ«.

Die Haut von Feirefiz, an dem Gott Wunder getan hat, ist als beschriebenes Pergament ein »Schriftstück Gottes«,[12] das von der Verwandtschaft und Zusammengehörigkeit schwarzer und weißer Menschen erzählt. Das kommt schließlich darin zum Ausdruck, dass Parzival eine zweite Chance bekommt, Gralskönig zu werden, und für seine Reise Feirefiz als Begleiter wählt. Der kann den Gral zwar erst sehen, nachdem er getauft wurde; aber er konnte sich ihm schon ungetauft nähern und bezeugt so seine Auserwähltheit auch als Heide. Seine Taufe erfolgt anschließend nicht im Zeichen eines religiösen Fundamentalismus, sondern aus Liebe zu einer Christin und wird geradezu als Minnedienst inszeniert.

Der getaufte Feirefiz freit die Gralshüterin und zieht mit ihr gen Osten, wo sie »in Indyân« beider Sohn zur Welt bringt: »priester Jôhan man den hiez«. Diese zusätzliche Volte Wolframs verknüpfte nicht nur die Geschichte Parzivals mit der von Feirefiz, sondern beide auch noch mit der des Priesterkönigs Johannes. Dessen imaginierte Figur gehörte seit seinem fingierten Brief (aus dem Jahr 1165) an den Kaiser von Byzanz zum Repertoire europäisch-christlicher Machtphantasien. Das christlich-orientalische Reich des Priesterkönigs, das sich über die ›drei Indien‹, das heißt nach damaligem Verständnis Äthiopien, Mesopotamien und Vorderindien erstreckte, war ein ideales Territorium, um sich dort einen christlichen Herrscher und Verbündeten gegen die Muslime vorzustellen.[13]

Die bildlichen Darstellungen von Johannes variierten und obwohl sich die Informationslage über das Christentum in Äthiopien mit der Zeit langsam verbesserte, blieb die Figur des erfundenen Priesterkönigs erhalten. Zu Beginn des 14. Jahrhunderts hatte ihn Giovanni di Carignano als Herrscher über »Christiani Nigri« vorgestellt. Auf europäischen Weltkarten tauchte er entsprechend als schwarzer Herrscher auf (siehe Abbildung 4, unten links).

Vom König zum Pagen

Die Erfindung des Priesterkönigs Johannes wurde in unmittelbarer zeitlicher Nähe zu der von Feirefiz von einem Hautfarbenwechsel in Magdeburg begleitet. Dort gab es schon im 10. Jahrhundert ein Kloster des Heiligen Mauritius. Der Dom der Stadt verwahrte Reliquien des Heiligen, seine Lanze gehörte zu den Reichskleinodien und die Stadt besaß das Mauritius-Banner. Nachdem 1207 eine Feuersbrunst große Teile der Stadt und des Domes zerstört hatte, erweiterte der Erzbischof 1220 die Reliquiensammlung durch den Ankauf der Hirnschale von Mauritius. Weil der Papst auch noch einen Ablass für diejenigen gewährte, die zu den Reliquien pilgerten und für den Wiederaufbau des Domes spendeten, kam dieser gut voran.

1231 besuchte Friedrich II. (der in Rom 1220 vor dem Mauritius-Altar des Petersdoms zum Kaiser gekrönt worden war) Magdeburg mit großem Gefolge. Um 1240 wurde dann eine neue, lebensgroß in Stein gemeißelte Statue des Heiligen aufgestellt. Im Unterschied zu ihren Vorgängern zeigte sie einen dunkelhäutigen Afrikaner (siehe Abbildung 4, oben links). Mauritius, der lange als Weißer gesehen, in der *Kaiserchronik* von 1160 aber erstmals als Anführer einer Schar von »swarze[n] Môren« erwähnt wurde, erschien als schwarzer Heiliger und Ritter.[14]

Diesem Auftritt ist in der Literatur erhebliche Aufmerksamkeit gewidmet worden.[15] Bei allen unterschiedlichen Argumenten und Schwerpunktsetzungen gibt es dabei zahlreiche Hinweise auf zwei spannungsreiche Tatbestände. Zum einen gilt die Statue des schwarzen Heiligen überwiegend als Beispiel für »eine Ikonographie, in der Afrikaner in positivem Licht gesehen werden« und zählt zu den »uneingeschränkt positive[n] Darstellungen von Afrikanern«, die einer »Proklamation der Gleichheit schwarzer Afrikaner« gleichkomme.[16]

Zum anderen wird die Frage nach dem Grund für das Erscheinen eines schwarzen Heiligen an diesem Ort und zu dieser Zeit häufig mit einem politischen Argument verbunden: er wäre »wirkungsvolles Symbol eines imperialen Strebens nach universeller christlicher Herrschaft« und »politisches Symbol imperialer Macht« gewesen –

und nicht zuletzt »ein Symbol der deutschen Kreuzzüge gegen die Slawen«, als das Mauritius »an die Spitze der Kreuzzugsbewegung gegen die Elbvölker« gestellt wurde.[17]

Die Figur des schwarzen Heiligen war offenbar mit regionalen wie globalen Perspektiven verbunden. Beide waren nicht frei von religiösen rassistischen Elementen – aber die bezogen sich nicht auf Schwarze, sondern auf Muslime und Slawen. Sie wurden als Heiden begriffen, was Legitimation für ihre Bekämpfung generierte. Dass dabei gegenüber den Slawen keine Hautfarbe in Anschlag gebracht werden konnte, tat der Kreuzzugsrhetorik keinen Abbruch.

Vom Wendenkreuzzug, an dem sich der Erzbischof von Magdeburg selbst beteiligte, bis zu den Eroberungen des Deutschen Ritterordens, der im Heiligen Land gegründet worden war, wurde die slawische Bevölkerung jenseits der Elbe in mehreren Wellen der Ostexpansion unterworfen und zunehmend durch Siedler verdrängt. Im Verlauf dieser Entwicklung schaffte es der schwarze Mauritius bis ins Baltikum. Er wurde Schutzpatron der kaufmännischen Brüderschaft der *Schwarzhäupter,* die einen ›Mohrenkopf‹ im Wappen führten.

Die positive Darstellung des schwarzen Heiligen Mauritius muss im Zusammenhang mit einem weiteren Farbwechsel in den politischen Mythen des Christentums betrachtet werden: dem Auftreten eines Schwarzen unter den Heiligen Drei Königen. Es hat in der deutschen Malerei zahlreiche Spuren hinterlassen – so auch in der St. Georgskirche in Nördlingen auf dem Flügel eines Altarbildes Friedrich Herlins von 1462 (siehe Abbildung 4, oben rechts).

In den frühen Darstellungen der Könige gibt es keinen Schwarzen. Aber bereits im 12. Jahrhundert betete Elisabeth von Schönau zu »Rex Baltasar, qui niger«, während Johannes von Hildesheim im 14. Jahrhundert erklärte, König »Caspar« wäre »ein Mohr« gewesen.[18] Ab dieser Zeit wurde einer der Könige in der Malerei mit dunkler Haut dargestellt. Sein Status als Heiliger und König war ebenso wenig umstritten, wie seine Anwesenheit an der Wiege des Gottessohnes. Er war integraler Bestandteil einer (christlichen) Ökumene. Deren hegemonialer Anspruch äußerte sich denen gegenüber, die seine angeblich frohe Botschaft ausschlugen, durchaus auch in rassistischen Praktiken. Aber das war kein Rassismus von ›Weißen‹ gegen ›Schwarze‹, sondern von ›Erwählten‹ gegen ›Verworfene‹.

Im Hinblick auf die Statue in Magdeburg wie auf ein sehr viel späteres Gemälde des Heiligen Mauritius von Matthias Grünewald (und anderer Darstellungen) ist vermutet worden, die Künstler müssten mit Modellen gearbeitet und deswegen direkten Umgang mit Schwarzen gehabt haben. Doch in den dreihundert Jahren zwischen beiden Darstellungen hatten sich die Verhältnisse erheblich verändert. Während Grünewald an seinem Bild malte, porträtierte Albrecht Dürer die ›Mohrin Katharina‹, eine Sklavin des portugiesischen Gesandten in den Niederlanden.

Um ein weniges zuvor hatte der italienische Geschichtsschreiber Giovanni Pontano geäußert: »Äthiopier, die von dunkler Hautfarbe sind, dienen in allen Nationen als Sklaven«. Damals hatte sich Isabella D'Este aus Mantua, ›la prima donna del mondo‹, eine afrikanische Sklavin bestellt, die, um ihre eigene Schönheit zu unterstreichen, »più negra che possibile«, so schwarz wie möglich sein sollte. Der flämische Humanist Nicholas Cleynarts fühlte sich angesichts der vielen Schwarzen in portugiesischen Städten wie in der Hölle. Und obwohl er ihnen Latein beigebracht hatte, verglich er seine beiden Sklaven mit Affen. Zur selben Zeit profitierten die großen Augsburger Handelshäuser der Fugger und Welser vom Sklavenhandel und der sich ausbreitenden Plantagenökonomie. Letztere versuchten sich in Südamerika sogar als Kolonisatoren.[19]

Aus dieser Zeit stammen auch die Figuren von Isidro Villoldos holzgeschnitzter Version der Transplantation durch Cosmas und Damian, auf die sich Natasha Trethewey in ihrem Gedicht *Miracle of the Black Leg* bezieht. Die damit verbundene rassistische Ideologie steht außer Frage, lässt sich aber nicht auf die Ursprünge der Geschichte vom Mohrenbein zurückprojizieren. Die Entwicklung des europäischen Kolonialismus und der damit einhergehenden zunehmenden Herabminderung und Verachtung der Menschen anderer Kontinente war in den früheren Bildern von Afrikanern nicht als Telos enthalten. Vielmehr zeugen die zeitnahen farblichen Verwandlungen der Familie Parzivals, des Heiligen Mauritius, des Priesters Johannes, von einem der Heiligen Drei Könige genauso wie das Beinwunder von Cosmas und Damian von der virtuellen Integration schwarzer Afrikaner in die ›universitas christiana‹.

Es gab deswegen zwar Vorstellungen einer christlichen Suprematie, aber es gab keinen weißen Suprematismus. Nicht nur die Deutschen unterschieden Hautfarben nach schwarz und weiß, aber die waren keine rassistischen Signets. Soweit sie bei der Diskriminierung anderer zum Einsatz kamen, bewegten sie sich im Farbspektrum der Sünde. Gleichzeitig wurden solche Bestrebungen von der Erfindung schwarzer Heiliger und Könige konterkariert, die als machtvolle Beschützer der Christenheit galten. Sich angesichts ihrer als weiß zu sehen war akzidentiell, denn die wesentliche Gemeinsamkeit lag im Glauben. Inwendig gab es keine Unterschiede. Die Farben der Haut und die Farben der Sünde waren nicht deckungsgleich. Schwarze Haut war kein Zeichen einer verworfenen Seele und äußeres Weißsein kein Garant für Tugendhaftigkeit oder den richtigen Glauben.

In der Gesellschaft schwarzer Repräsentanten des Christentums sahen die Deutschen weiß, ohne weiß zu sein. Die Wahrnehmung von Hautfarben schließt nicht automatisch rassistische Konstruktionen von Schwarzen und Weißen ein. Die Benennung von Differenz führt nicht ohne weiteres zur Herabminderung der anderen und nicht von selbst zur Bildung einer damit verbundenen Hierarchie.

Das änderte sich im Verlauf zunehmender Kontakte christlicher Europäer mit subsaharischen Afrikanern und im Zusammenhang mit dem damit verbundenen Sklavenhandel. Die Farben Schwarz und Weiß hatten sich zwar noch nicht aus dem Farbspektrum der Sünde gelöst. Sie hatten auch noch nicht den Charakter von Rassenfarben angenommen. Das zeigte sich daran, dass sie die soziale Lage der Betroffenen nicht überschrieben. Ein schwarzer König war immer noch ein König. Aber die Zahl versklavter schwarzer Pagen und Bediensteter in der alten Welt nahm zu und die von versklavten Afrikanern in der neuen Welt wuchs dramatisch. Die Farben der Haut hatten sich mit sozialer Herrschaft und Unterdrückung verbunden. Allerdings waren sie noch zu keinem weltweiten Programm ausdifferenziert worden. Und sie umfassten bei weitem nicht alle Teile der europäischen und auch nicht der deutschen Bevölkerung.

V

›Schwarzes Volk‹ als ›faules Gesindel‹

Facetten des Zigeunerstereotyps

Abb. 5: Zigeunerlager im Wald. *Gemälde von Hans Peter Feddersen* (1875)

I n Magdeburg, wo es bereits eine lange Tradition der Verehrung von Mauritius als schwarzem Heiligen gab, berichtete 1417 die Chronik der Stadt, dass »swarte eislike lude« auf dem Markt getanzt und vom Rat ein Fass Bier, ein Rind und Brot erhalten hätten. Die Obrigkeit ließ die »Zeguner« zwei Wochen lang gewähren und versorgte sie sogar, doch die Bürger blieben angeblich skeptisch: »velen luden eisede und gruwede vor on, de se ansegen dat se mistalt weren«.[1] Die als ›schwarz‹ beschriebenen Fremden wurden als ›hässlich‹ empfunden und den Leuten ›schauderte und graute‹ es bei ihrem Anblick, den sie als ›missgestaltig‹ wahrgenommen haben sollen.

Vergleichbare Berichte zeichneten ein ähnliches Bild. Allerdings wurde das ethnische Element der Fremdheit schnell mit sozialen Elementen der Kriminalität, vor allem des Diebstahls und Vagabundierens, vermischt. Dabei geriet nicht nur die Authentizität der Fremden unter Verdacht. Schließlich wurde auch die Echtheit der dafür anfänglich als Zeichen genommenen dunklen Hautfarbe angezweifelt.

Fremde Schwarze und schwarze Deutsche

D er hamburgische Kleriker und Stadtsyndikus Albert Krantz fand in seiner 1563 übersetzten Chronik der Sachsen, dass sich seit Tacitus einiges verändert hätte. Der »schreibet von den Deutschen / das sie in ihrem Lande geboren / ein einheimisch und eingesessen Volk« wären »unnd gar nicht unter sich haben / die aus andern Völckern zu ihn gerathen sein«. Für die jüngere Vergangenheit berichtete er dann neben der Marginalie: »Tattern oder Zigeuner erstmals in Sachsen gesehen« davon, dass »die greulichen und schwartzen Leute / von der Sonnen verbrandt« 1417 aufgetaucht wären und vorgegeben hätten, »es sey ihnen zur busse aufferleget / das sie also in der Welt umber zihen musten«. Der Autor fügte sogleich hinzu: »Aber dieses sein Fabeln«. Tatsächlich handele es sich um Menschen, »die da geboren werden unnd sich sameln«.

Sie »thun nichts denn reisen / unnd treiben müssiggang unnd faulheit [...] / unnd erneren sich des / das ihr Weibes volck stielet«. Auch würden sie »Menner unnd Weiber in allen Landen / so sich in ihre Gesellschaft begeben wollen«, bei sich aufnehmen.[2]

Im Hinblick auf die dunkle Hautfarbe der vermeintlichen Fremden wurde durchaus auch auf traditionelle Erklärungen zurückgegriffen. So hieß es noch zu Beginn des 18. Jahrhunderts in einem anonymen Traktat über »Umbher Streichende Migranten, Cingaren, Tattern / oder Ziegeuner«, sie wären vormals vom »Mohren-König / welcher [...] Caspar soll geheißen haben«, regiert worden.[3] Zudem brachte man die Schwärze der ›Zigeuner‹ mit dem Teufel in Verbindung – so im ausgehenden 16. Jahrhundert in einer »Comedi«, in der eine Wahrsagerin »schwartzer Mor« und »schwartzer Teuffel« genannt und die Moral ausgegeben wird: »fleuch Zügeiner wie die Hell«, denn ihre »Lehr / [...] kommt vom Teuffel her«.

Doch trotz solcher Farbkonnotierung wurde die Identität der Zigeuner fortwährend in Frage gestellt. Wie Krantz schrieb auch der Humanist, Kosmograph und Professor für Hebräisch in Basel, Sebastian Münster, 1550 »[v]on den Zigeunern und Heyden«, sie wären »ein ungeschaffen, schwartz, wüst und unflätig Volck, das sonderlich gern stielt«, hätten »kein Vaterland« und zögen »müssig im Land umher«. Dabei betonte er, dass unter ihnen Menschen verschiedener Herkunft anzutreffen seien: »Sie leben ohne Sorg, [...] nehmen auch Mann und Weib in allen Ländern, die sich zu inen begeren zu schlahen«.

1580 war sich der Basler Theologe Christian Wurstisen bereits sicher, es »zweifels on« mit »nichts anders dann allerley zuosamen geloffene Boeßwichte, Dieb und Raeuber« zu tun zu haben. Um weniges später glaubte der Bündener Landammann Johannes Guler, an Stelle der ursprünglichen Zigeuner sei mittlerweile ein »unnütz, oed und verlorn Buobengesindlein« getreten, das sich »mit schmierben unterstanden ihnen gleichfoermig schwartz zuomachen«. Solche vorgetäuschte Fremdheit diene als Tarnung für »rauben und staelen« von »boeßwicht, die nicht werken woellen«, sondern »in allem mueßiggang, ohn einiche vorsorg« lebten.[4]

Sie »lügen, daß sie aus Ägypten stammen«, behauptete 1629 der

Rechtsprofessor Christoph Besold aus Tübingen. Denn die »Erfahrung« zeige, dass Zigeuner »nichts anderes als eine Schar von Dieben und eine üble Ansammlung von Müßiggängern und Betrügern aus verschiedenen, gar nicht so weit entfernten, sondern benachbarten Völkern« sind. Johann Limnäus, Kanzler der Markgrafen von Ansbach, ging 1645 noch einen Schritt weiter. Er gab zu wissen vor, »daß sie eine Schar von Dieben und eine Meute müßiger Menschen sind, die sich aus verschiedenen Völkern, auch solchen, die unter uns ansässig sind, zusammengeschlossen hat. Mehrere nämlich, ja sogar den größten Teil derer, die [er] sah, habe [er] als Germanen erkannt«.

Der sächsische Humanist und Philosoph Jakob Thomasius glaubte schließlich, eine zufriedenstellende Erklärung für das Verhältnis von Ethnizität und Hautfarbe der Zigeuner gefunden zu haben. Auch er meinte, dass sie »durch die Schwärtze im Gesichte gantz verstellet« würden. Als mögliche umweltbedingte und soziale Ursachen fügte er hinzu, dass sie »durch die Sonne ausgedrucknet« und »in allen Dingen unsauber« wären. Trotzdem spekulierte er, sie wären womöglich ursprünglich aus einer Gegend nahe »dem Reiche des Priesters Johannis«, irgendwo »zwischen Egypten und Mohren-Land« gekommen. Allein, diese ursprünglichen Fremden wären entweder in ihre Heimat zurückgekehrt oder hätten sich, dadurch dass sie überall nutzloses Gesindel »aus mancherley Nation« aufnahmen, längst in einheimische oder aus benachbarten Gegenden stammende Gruppen verwandelt. Eines wäre jedenfalls gewiss: »die in Teutschland umherlauffen / sind mehrentheils Teutsche«. Wenn das nicht auf den ersten Blick erkannt werden könnte, läge es daran, dass »die Zigeuner / denen / so sich in ihre Gesellschaft begeben / die Nahmen verändern / und eine schwartze Farbe anstreichen«.[5]

Wenig später fasst *Zedlers Universal-Lexikon* den Wissensstand der Deutschen zum Stichwort Zigeuner zusammen. Dabei wurde auf die (korrupte) Herleitung des Namens von »Ziehteinher« verwiesen und so unterstellt, er beziehe sich auf soziales Verhalten. Gleichwohl erzählte es danach die Geschichten vom Auftauchen der Zigeuner, die sich als fremde Pilger ausgegeben hätten. Anschließend hieß es aber: »heut zu Tage ist mehr als bekannt, daß diese Ziegeuner nichts anders seyn, denn ein zusammen gelauffenes böses Gesindel, so nicht Lust zu arbeiten hat, sondern von Müßiggang, Stehlen, Huren, Fressen, Sauffen, Spielen u. s. w. Profeßion machen will. [...] Sie färben sich die Gesichter mit grünen Nuß-Schaalen, damit sie desto scheußlicher aussehen, und [...] machen unter sich eine besondere Sprache [...] aus, damit sie desto fremder scheinen«.

›Zigeuner‹ hatte sich früh zu einer schillernden Vorstellung entwickelt. Sie verband Fremdheit und Unangepasstheit zu einer Sammelkategorie. In ihr gingen unbekannte Herkunft und bekannte Laster eine für soziale Verdächtigungen vielseitig nutzbare Verbindung ein. Schwarzsein entwickelte sich dabei zu einer Zuschreibung, die ethnische Ferne (Ägypten, Mohrenland), zweifelhafte Religiosität (teuflische Magie), abweichendes Verhalten (Diebstahl, Faulheit, Müßiggang) mit Hinterlist und Verschleierung zusammenfasste. Schwärze war womöglich eine Tarnfarbe sozialer Devianz.

Dadurch drang es in die Sphäre des Weißseins ein. Die im Zuge des sich ausbreitenden europäischen Kolonialismus zunehmende Überzeugung, gegenüber Schwarzen weiß und überlegen zu sein, wurde durch Zweifel daran getrübt, dass dieser Gegensatz durch exakte Trennlinien markiert sei und klare Verhältnisse ausdrücke. Darin kam die klassenbezogene Entwicklung des Weißseins zum Ausdruck, das keineswegs von Anfang an alle gesellschaftlichen Schichten umfasste. Der zwielichtige Status der womöglich nur dem Anschein nach fremden Zigeuner brachte das nachhaltig in der Vermutung zum Ausdruck, dass sich ihnen faules Gesindel aus den eigenen Unterschichten mit Schminken anpassen könnte.

Die über die Vorstellung des Schminkens vermittelte Unsicherheit über die Reichweite des Weißseins kam schon in einem Buch zum Ausdruck, das womöglich in der Bibliothek der belesenen Erdmuthe Sophie von Brandenburg-Bayreuth gelandet wäre. Allerdings verstarb sie just 1670, dem Jahr, in dem Hans Jakob Christoffel von Grimmelshausens Lebensgeschichte der Landstreicherin Courasche erschien, die sich nach einem unsteten Leben endlich zu den »Ziegeunern« begab. Das hatte, wie die Hauptfigur in Ichform erzählt, den Vorteil, dass sie keiner »Schmirsel mehr bedorffte / mich weiß und schön zu machen / weil [...] mein Stand [...] die jenige Couleur von mir erforderte / die man des Teuffels Leibfarb nennet; Derowegen fing ich an / mich mit Gänß-Schmalz / Läußsalbe [...] also fleißig zu beschmiren / daß ich in kurtzer Zeit so Höll-riglerisch aussahe / als wenn ich mitten in Aegypten geboren worden wäre«.[6]

Mit ihrem offenherzigen Bekenntnis zur Schminke verwies die zweifelhaft beleumundete Courasche auf soziale Spannungen, die in den Prozess des Weißwerdens eingelassen waren. Obwohl er insgesamt darauf angelegt war, ein imaginiertes Kollektiv zu bilden, verlief er für Frauen anders als für Männer und für Arme anders als für Reiche. Die Damen der herrschenden Klassen betraf er zuerst. Wenn sie sich zusammen mit einem schwarzen Pagen porträtieren ließen, mussten sie trotzdem zuvor ordentlich Weiß aufgelegt haben.

Diese Verpflichtung mag Erdmuthe Sophie durchaus auch in der verspielt ironischen Form zur Kenntnis genommen haben, in der sie William Shakespeare für das englische Theater entwickelt hatte. Jedenfalls gastierten englische Schauspieltruppen häufiger in Nordeuropa und deutschen Landen. Besonders gerne waren sie in Dresden gesehen, wo sie 1661, kurz ehe die Prinzessin nach Bayreuth heiratete, *Othello* als *Tragikkomödie des Mohrs von Venedig* gaben. Ob Durchlaucht je etwas von den *Zwei Herren aus Verona* gehört hat, wissen wir nicht. Doch eine der sexistischen Botschaften dieses Stückes um Liebe und Verrat, in dem zwei Frauen und zwei Männer durch allerlei Verstrickungen getrieben werden, dürfte ihr auch so klar gewesen sein.

In diesem Schauspiel verkleidet sich eine der Schönen vorübergehend als Mann und geht unerkannt bei ihrem Geliebten in Stellung, der mittlerweile einer anderen Dame nachstellt. Diese fragt die Verkleidete über ihre Rivalin aus, welche sich daraufhin (aus ihrer männlichen Camouflage heraus) selbst beschreibt: »Sie war einst schöner, Fräulein, als sie ist: | Da sie noch glaubte daß mein Herr sie liebe, | War sie, wie mich bedünkt, so schön als Ihr; | Doch seit sie ihren Spiegel hat vergessen, | Die Maske wegwarf, die vor

Sonne schützte, | Sind von der Luft gebleicht der Wangen Rosen, | Und ihrer Stirne Lilienglanz gedunkelt, | Daß sie so schwarz geworden ist wie ich«.[7]

Die sich als angesehene Frau vernachlässigt, die morgendliche Toilette vor dem Spiegel vergisst und sich zudem noch ungeschützt in der Sonne aufhält, setzt ihr Weißsein aufs Spiel und läuft Gefahr, mit einem dunklen männlichen Teint wieder zu sich zu kommen. Solche Moral wurde durch ihre klassenspezifische Brechung noch verschärft. Schminken war eine mehrfach riskante Angelegenheit und wollte mit Raffinesse gehandhabt werden.

Abgesehen von den chemischen Risiken setzte sich eine Dame dabei nämlich auch moralischen Gefahren aus. Obwohl, so meinten jedenfalls puritanische Stimmen, die »natürliche Farbe der Schönheit [...] bey den Europäern in einer feinen, weißen Haut, mit rosenrothen Wangen« bestehe, »suchen sich eitle Weibspersonen, oder solche, deren Tugend zweifelhaft ist, und die von der Natur nicht schön gebildet worden sind«, diese Farbe »mittelst verschiedener Anstriche, und Schminken zu verschaffen«.[8] Eine Frau von Stand konnte eben nicht darauf vertrauen, dass nicht auch eine Courasche Weiß auflegte, statt sich, ihrer verachteten Stellung angemessen, schwarz zu schminken und so auch äußerlich jene Nichtzugehörigkeit zur anständigen Gesellschaft zu offenbaren, die ihr inwendig ohnehin zugeschrieben wurde.

›Schwarze Schafe‹ als ›weiße Zigeuner‹

Die Verbindung von Lebensweise, sozialer Lage und Ethnizität zeigte sich auch in einer alten religiösen Unterstellung. Noahs berüchtigter Fluch, erst später in den Mythos vom durch Gott schwarz gemachten Ham zur Legitimation der modernen Sklaverei verwandelt, wurde nicht nur auf Afrikaner bezogen, sondern auch, und das besonders in Deutschland, auf unfreie Bauern und als Zigeuner eingestufte andere. Letztere bezeichnete der »Vortrab und Stammvater aller gehobeneren Schwarzkünstler und

Wunderdoktoren«, Heinrich Cornelius Agrippa von Nettesheim, nachdem er sie der Schar »leichtfertiger Bettler« zugeschlagen und »Ziegeuner« genannt hatte, als »entsprungen aus dem Lande zwischen Ægypten und Æthiopien / aus dem Geschlechte Chus, des Sohnes Canaan, eines Kindes des Noë, welche noch heutiges Tages den Fluch ihres ersten Uhrgeschlechters auf dem Halse haben«.[9]

Der Zigeunerdiskurs vermischte sämtliche zeitgenössische Diskriminierungsmuster, afrikanische und orientalische Hintergründe, religiöse und politische Verdächtigungen, ethnische und soziale Zuschreibungen. Das änderte sich auch nicht, als das deutsche Zigeunerbild im Zuge der Aufklärung mit dem Rassenbegriff kompatibel gemacht wurde. Die gerade noch als ausgehecktes Rotwelsch charakterisierte Sprache wurde jetzt zum fremden Idiom erklärt, die vor kurzem noch als Schminke enttarnte Hautfarbe zum untrüglichen Zeichen einer fremden Abkunft gemacht.

Verantwortlich dafür war in erster Linie der *Historische Versuch über die Zigeuner* von Heinrich Moritz Gottlieb Grellmann. Bei ihm bedienten sich anschließend die Philosophen der Aufklärung und seine Einstufung der Zigeuner als Rasse wurde von Enzyklopädien und Wörterbüchern übernommen. Das heißt aber weder, dass hinsichtlich ihrer Hautfarbe Klarheit geschaffen, noch dass die mit ihnen verbundene Vermengung von Ethnizität und sozialer Lage aufgegeben worden wäre.[10]

Grellmann erklärte dieses »Volk des Orients« für unwandelbar. Indiz dafür war ihm auch dessen Hautfarbe: »Afrika macht sie nicht schwärzer, Europa nicht weißer«. Solche Bestimmung brachte ihn zwar mit tradierten Zuschreibungen in Konflikt, derer er sich aber ohne Rücksicht auf Farbnuancen entledigte. Demnach wäre der Europäer »weiß, der Zigeuner schwarz, oder doch gelb«. Das signalisierte nicht nur eine Abkunft aus Indien. Für den Autor stand auch fest, »daß die Zigeuner aus der niedrigsten Classe der Indier, nämlich Pareier, [...] sind«.

Solch soziale Fixierung auf ›Parias‹ aus der untersten »Caste«, die als »unehrlich« sowie »äußerst unrein und ekelhaft« galten, erlaubte es Grellmann, die These von der nur vorgetäuschten Fremdheit der Zigeuner zurückzuweisen und trotzdem einzuräumen, es gäbe »unleugbare Beyspiele von solchem Gesindel, das sich unter die Zigeuner begeben, und mit ihnen gelebt hat«. Die den Fremden zugeschriebene prekäre soziale Lage vertrug sich problemlos mit derjenigen herumziehender Einheimischer. Dieses ambivalente Konstrukt sollte die sogenannte Zigeunerpolitik bis ins 20. Jahrhundert bestimmen.

Entscheidend dafür war, dass ›Erkenntnisse‹ in dieser Frage aus anthropologischer wie aus kriminalistischer Perspektive erbracht wurden. Während Anthropologen nach Rassencharakteristika suchten, orientierte sich die Polizei an einer aus ihrer Sicht devianten Lebensweise. Daraus ergab sich ein »doppelter Zigeunerbegriff«.[11] Er war Grundlage diskriminierender Gesetzgebung und polizeilicher Verfolgung und bezog sich, wie es 1905 im berüchtigten Zigeuner-Buch des bayerischen Juristen und Polizeipräsidenten Alfred Dillmann hieß, ebenso auf »raßechte Zigeuner« wie auf »Vermischungen« von »echten Zigeunern und Einheimischen« oder schließlich Gruppen, die »dem mitteleuropäischen Boden entwachsen« waren.

Die so zusammengefasst wurden, gerieten unweigerlich ins Blickfeld der Eugenik. Sie bezog sich auf die vermeintliche Bedrohung eines organisch gedachten Volkskörpers und seines als Erbstrom vorgestellten Blutes. Die Gesundheit des einen wie die Reinheit des anderen erschien durch zahlreiche Gefahren bedroht. Als farbig begriffene Rassen waren nur eine davon. Als fremd und minderwertig stigmatisierte Elemente, die zumindest in der traditionellen Einteilung der Großrassen zu den ›Weißen‹ gehörten, erschienen nicht minder bedrohlich. Das galt angesichts der ihnen zugeschriebenen internationalen Macht für die Juden und schon ihrer großen Zahl wegen für die Slawen. Das betraf aber auch alle als belastend und schädlich definierten Teile des eigenen Volkes. Sie wurden entweder durch unterstellte Erbkrankheiten oder zugeschriebene Asozialität diskriminiert.

Daran änderte sich auch im Rahmen der nationalsozialistischen Politik nichts. Sie wollte, wie ein Erlass von 1938 forderte, »eine Regelung der Zigeunerfrage aus dem Wesen d[...]er Rasse heraus« betreiben. Die einschlägigen Forschungen führten aber zu dem Resultat, dass eine klare Unterscheidung biologischer und sozialer Kriterien nahezu unmöglich wäre. Das galt zumal, als einer der Spezialisten auf diesem Gebiet, Robert Ritter, meinte, auf eine rassenwissenschaftliche Anomalie gestoßen zu sein. Demnach galt bei dem großen Anteil der von ihm ›Zigeunermischlinge‹ genannten Menschen, dass ihre Erbanlagen durch die Beimengung ›deutschen Blutes‹ nicht verbessert, sondern verschlechtert worden wären.

Der gleich doppelt als Dr. phil. und Dr. med. promovierte Ritter, schließlich Leiter sowohl der rassenhygienischen wie der kriminalbiologischen Forschungsstelle beim Reichsgesundheitsamt in Berlin, schloss die ›Zigeunerforschung‹ mit der Biologisierung sogenannten asozialen Verhaltens kurz. Schon »jugendliche Vagabunden, Arbeitsscheue, Schwindler und andere abartig Veranlagte« dürften daher nicht nur moralisch als »schwarzes Lamm unter weißen« betrachtet werden. Es müsse auch nach »Erbfaktoren für schwarz« gefragt werden.

Ritters Untersuchungen nährten den Verdacht, »daß seit den ältesten Zeiten ein gewisser Volksteil anlagemäßig allem fortschrittlichen Streben fernblieb«. Deswegen sei davon auszugehen, dass »gewisse Teile der Urbevölkerung seit alters her nicht jene Entwicklung mitzumachen vermochten, die die weiße Rasse in ein paar Jahrtausenden [...] durchlief«. Die Deutschen wären also womöglich von »Resten primitiver Stämme« unterschichtet, die der Volksmund »gelegentlich auch ›weiße Zigeuner‹ nennt«. Ihre Angehörigen würden »nach Zigeunerart umherziehen und bei Vermischung den Zigeunern verhältnismäßig gleichgerichtetes Erbgut zuführen«.[12]

Diese Biologisierung als abweichend und kriminell eingestuften Verhaltens befreite die ›weiße Rasse‹ nur scheinbar von dem Makel, aus sich heraus deviante Mitglieder hervorzubringen. Tatsächlich unterminierte sie deren Begriff, der rassische Überlegenheit signalisieren sollte. Weißsein fand sich nicht nur eugenischen Verdächtigungen ausgesetzt. Vielmehr wurde auch die in ihm enthaltene Entwicklungsperspektive fragwürdig. Wenn es seit Urzeiten ›weiße Deutsche‹ gab, die sich wie ›schwarze Zigeuner‹ verhielten, musste weiße Identität als gefährdet gelten. Äußerlich unkenntlich, sollen als asozial eingestufte Personengruppen inmitten der weißen Rasse gelebt und diese immer wieder durch minderwertiges Blut und schlechtes Beispiel gefährdet haben.

›Lustig ist das Zigeunerleben‹

Das verhinderte nicht, dass selbst noch während des Faschismus eine perverse Besonderheit rassistischer Diskriminierung bestehen blieb: Neben strikter Ablehnung umfasst sie auch eine in sich verkehrte Form des Einfühlens, die sie umso böswilliger macht. Dabei werden unterdrücktes Begehren und versagte Wünsche, die durch die herrschaftliche Verfassung des eigenen Lebens diszipliniert werden, auf jene übertragen, die, angeblich frei und wild, den Zumutungen der Ausbeutung wie der Zivilisation nicht unterworfen scheinen.

Diese Dimension des Rassismus findet sich in allen seinen Formen und Stereotypen. Sie verbindet auf unterschiedliche Weise Grundelemente der Entfremdung und spiegelt sie in Bildern eines ebenso sorgenfreien wie unbeherrschten Daseins. Die es genießen, wären angeblich faul und existierten entweder von den Gaben einer üppigen Natur oder von der Arbeit anderer. Ferner setzten sie sich über soziale und politische Zwänge hinweg und führten ein ungebundenes und nicht reglementiertes Leben. Außerdem gäben sie sich mit ungehemmter Sinnlichkeit unentwegt der Ausschweifung und dem Vergnügen hin.

Im Zigeunerstereotyp ist diese hinterhältige Empathie besonders ausgeprägt. Dabei hat die sogenannte Zigeunerromantik durchaus melancholische Töne. Aber sie transportiert auch die verlogene Vorstellung einer Unabhängigkeit von sozialen Zumutungen, die als direktes Gegenbild bürgerlicher Zwänge entworfen wurde. Nicht zufällig entstand das Lied ›Lustig ist das Zigeunerleben‹ im 19. Jahrhundert, als die kapitalistische Modernisierung in Deutschland zur Proletarisierung breiter Bevölkerungskreise führte. Eine Variante aus Schlesien erklärt seine Popularität: ›Zigeuner‹ leben angeblich ohne zu arbeiten und gleichwohl sorglos und ohne Not. Das ganze gab es auch als Kunstform. Dabei wurde etwa von Friedrich Bodenstedt gereimt: »Wir sind arm; der Wald, das Feld | Sind uns Haus und Speicher; | Doch so glücklich in der Welt | Lebt, wie wir, kein Reicher«. Die Erklärung für diesen Zustand bemühte unter der Hand das Motiv vom Schlaraffenland und behauptete: »Dafür auch verbringen wir | Nicht den Tag wie Sklaven – | Immer lustig, singen wir, | Tanzen, essen, schlafen!«. Das musste den Opfern der Industrialisierung wie ein Wunschlied klingen, dessen Echo gleichzeitig die eigene Lage verhöhnte und deswegen die Wut auf jene zusätzlich anstachelte, die angeblich in derart idyllischen Verhältnissen lebten: »Ewiger Festtag ist uns hier, | Wechselvoll in Neuheit – | Und für nichts verkaufen wir | Unsre goldne Freiheit«.[13]

Derlei Botschaften wurden auch vertont. Johannes Brahms, Robert Schumann oder Franz Liszt haben sich daran beteiligt. Letzterer setzte 1860 Nicolaus Lenaus *Die drei Zigeuner* in Moll und gab so der diesen zugeschriebenen Freiheit gleich das seiner Meinung nach angemessene Timbre: Ein Fuhrmann ist »in müder Qual« unterwegs, die »schwarzlockigen« »Zigeuner« mit »dunkelbraun[en]« »Gesichtern« lagern musizierend, rauchend und schlafend am Wegesrand.

Die Melancholie dieser Idylle rührte für Liszt daher, dass »Zigeuner« zwar einen »unersättlichen Durst nach Freiheit« hätten, aber auch »eine unbesiegliche Scheu gegen jede Arbeit« zeigten. Die Qual der Arbeit aber, der sie sich zu entziehen trachteten, ereile sie als Schmerz der Not nur umso heftiger. Sie wären »Outcasts«, von denen nicht einer »ein bessres Horoskop zu erwarten hat als Elend«. Zudem hätten sie sich »durch Abweisen jeder physischen oder geistigen Arbeit [...] von aller Verwandtschaft mit den übrigen Menschen« losgesagt und sich stattdessen »den Bevölkerungen des Waldes assimiliert«.[14]

Diese Mischung aus Romantisierung und Entmenschlichung wurde auch auf die Leinwand gebannt. Zu den einschlägigen Genres gehörte dabei neben der ›verführerischen Zigeunerin‹ und dem ›geigespielenden Zigeuner‹ auch das ›malerische Zigeunerlager‹. Eine seiner Versionen malte Hans Peter Feddersen 1875 (siehe Abbildung 5). In der Lichtung eines Birkenwäldchens lagert eine

Gruppe von Fahrenden. Ihr Wagen ist weitgehend im Unterholz verschwunden, drei Frauen mit genretypischen halboffenen Blusen stehen und liegen zentral in der Mitte einer kleinen Lichtung, der Rest der Gruppe verschmilzt dahinter mit den Bäumen und Büschen des Gehölzes. Vor der untergehenden Sonne ist die Silhouette eines Mannes zu sehen, der durch den Wald auf die Gruppe zukommt. Er trägt ein totes Geflügel in der Hand. Ein anderes wird im Mittelgrund des Bildes gerade von einer der Frauen gerupft. Die impressionistisch über das Gras verstreuten weißen Federn korrespondieren mit dem Weiß der Blusen, das den Teint der Frauen zwar gebräunt, aber keinesfalls schwarz erscheinen lässt.

Das Bild transportiert gleich einen ganzen Satz an stereotypen Unterstellungen und Zuschreibungen. Es zeigt ›Zigeuner‹ genannte Menschen als Nomaden und damit auf einer niedrigen Stufe der Zivilisation (die Integration in die Natur hätte Liszt begeistert). Ihr Mangel an Moral wird doppelt inszeniert: durch offenherzige Frauen und eine diebische Lebensweise. Ob Huhn oder Gans: was da zum Essen zubereitet und zusätzlich herbeigebracht wird, stammt aus einem Stall der arbeitsamen und sesshaften Bevölkerung.

Schon Grimmelshausen ließ keinen Zweifel daran, dass das lustige Zigeunerleben auf fleißiger Leute Kosten ginge. Ein »Hauffen Lumpengesindel« taucht beim Gehöft des Simplicissimus auf, das sogleich als »Zigiener« identifiziert wird. Ehe er noch das Haus erreicht hat, bricht »die gute alte Meuder« in lautes Geschrei aus: »O weh meiner Hüner und Gänß! O GOtt sey meinen Endten gnädig«.[15] Anschließend bringt sie ihr Federvieh vor dem diebischen Volk in Sicherheit.

Im Fluss rassistischer Erzählungen marodierten stehlende Zigeunerbanden von hier durch die Jahrhunderte, bis sie schließlich sogar im Deutschen Reichstag ankamen. Bei einer Diskussion über die »Zigeunerplage« berichtete ein Abgeordneter von den »Zigeunern«, dass sie »Feldfluren brandschatzen«, »Schaden an der Jagd und Fischerei« anrichten und, wenn sie in ein Dorf kommen, »Hühner und Gänse« und »überhaupt alles« entwenden »was ihnen in den Weg kommt«. Auch meinte er, hinzufügen zu müssen: »sie führen überhaupt ein behagliches Leben, um das man sie beneiden möchte«.

In dieser kurzen Rede waren die zentralen Elemente des Zigeunerstereotyps auf knappstem Raum versammelt: ethnische Fremdheit, soziale Unangepasstheit und unbekümmerte Freiheit. Die romantische Dimension dieser Zuschreibungen war nicht etwa eine wohlwollende Zugabe zu diskriminierenden Herabwürdigungen. Sie zeigte sich vielmehr als funktionales Element rassistischer Diskriminierung. Mit ihrer Hilfe ließ sich aus den Zumutungen der Zivilisation entspringendes kritisches Potential als Projektion auf jene abschieben, denen die ihnen dadurch zugeschriebene Ungebundenheit und Freiheit anschließend als Asozialität ausgelegt wurde.

Die hiermit einhergehende Aggressivität mag auch der psychologischen Abwehr verdrängter Sehnsüchte und versäumten Aufbegehrens gedient haben. Vor allem aber brachte sie Einfühlung als Abstoßung zum Ausdruck. Die Opfer solcher Projektion bekamen vorgehalten, sich den Mühen der Zivilisierung verweigert zu haben und ihre vermeintliche Freiheit auf Kosten anderer zu leben. Die Weise *Lustig ist das Zigeunerleben* wurde nach einer Partitur für Geige und Handschellen angestimmt. Das Rasseln der einen war selbst im schmalzigsten Glissando der anderen nicht zu überhören.

Solche Verknüpfung von Romantik und Gewalt setzte sich ungebrochen bis ins 20. Jahrhundert fort. In dessen zwanziger Jahren wurde die Behauptung ›Lustig ist das Zigeunerleben‹ sogar zum Titel eines Singspiels.[16] Und auch nach 1933 schloss die Verfolgung von Sinti und Roma die Verbreitung kitschiger Zigeunerromantik nicht aus. 1935 kam der Film *Der Zigeunerbaron*, den Karl Hartl nach der Operette von Johann Strauss gedreht hatte, in die Lichtspieltheater.

Aufgrund der vielen Dimensionen des nationalsozialistischen Rassismus traf ihn allerdings 1939 nachträglich ein Verbot. Der Hauptdarsteller, Adolf Wohlbrück, homosexuell und seiner Mutter wegen als Halbjude geltend, hatte Deutschland verlassen und drehte mittlerweile als Anton Walbrook in Großbritannien. Zudem war der Librettist der Operette, Ignaz Schnitzer, ebenfalls als Jude verfemt. Und zu allem Überfluss gab es auch noch Geraune über den Komponisten. Im Juni 1938 notierte Joseph Goebbels in sein

Tagebuch: »Ein Oberschlauberger hat herausgefunden, daß Joh. Strauß ein Achteljude ist. Ich verbiete, das an die Öffentlichkeit zu bringen«.[17]

Auf den Inhalt des *Zigeunerbarons* zielte das Verbot jedenfalls nicht ab. Das belegen die vielen Inszenierungen der Operette auf deutschen Bühnen zwischen 1933 und 1945 (bei denen der Librettist einfach verschwiegen wurde). In Baden stand sie im Jahr des Filmverbots auf dem Programm. Dem Linzer Landestheater wurde für den *Zigeunerbaron* 1941 sogar eine aufwendige ›Führerausstattung‹ genehmigt. In Stuttgart musste er sich im gesamten Zeitraum mit 83 : 97 Aufführungen nur der *Fledermaus* geschlagen geben.

Seine Inszenierung begleitete eine sich zusehends brutalisierende Politik. Verfolgung, Internierung, Berufsverbote, Kindswegnahme, Heiratsverbote, Sterilisation, Deportation, Zwangsarbeit und Ermordung kennzeichnen eine Leidensgeschichte, die in den deutschen Konzentrationslagern zum Porajmos, dem Genozid an den europäischen Sinti und Roma führte.

Dabei demonstrierten die Schergen des Faschismus mit niederträchtiger Bosheit die Funktionsweise der verschiedenen Dimensionen des Zigeunerstereotyps. Sie stellten in den Konzentrationslagern ›Zigeunerkapellen‹ zusammen. In Buchenwald mussten »die Zigeuner ihre lustigen Märsche spiel[en], während die abgehetzten Häftlinge ihre toten oder sterbenden Kameraden an ihnen vorbei ins Lager zurücktrugen. Auch kam es oft vor, daß die Kapelle [...] zum Auspeitschen von Häftlingen [...] aufspielen mußte«.[18]

In Auschwitz wurden die meisten derer, die die Torturen des Lagerdaseins bis dahin überlebt hatten, im Sommer 1944 in den Gaskammern ermordet. Bis dahin begleitete sie, wie Franz Wirbel, einer der Überlebenden, berichtete, »die ewige Angst vor den vier riesigen Krematorien, die fast immer brannten«. Ceija Stojka, der nach der Ankunft im Lager die Nummer ›Z 6399‹ eintätowiert wurde, erinnerte sich an ein dort gesungenes Lied, in dem es in Anspielung an ›Lili Marleen‹ hieß: »Woll'n wir uns einmal wiedersehn, | Dann müssen wir durch den Schornstein geh'n«.

Jahrzehnte später schrieb Fania Fénelon über Auschwitz, wo sie einem aus internierten Frauen gebildeten Orchester angehört hatte, das den Alltag der Vernichtung für die Schergen des Faschismus musikalisch begleiten musste. Sie hielt auch eine Episode fest, die sich kurz nach der Liquidierung des sogenannten Zigeunerlagers ereignete. Mitten in der Nacht wurden die Frauen von einem betrunkenen SS-Mann geweckt, der von ihnen verlangte, ihm aufzuspielen: »Was er hören wolle? Schlager und Zigeunermusik [...]. Lily spielt ihm mit ihrer Geige sehnsüchtige Zigeunerweisen ins Ohr, er weint dicke Tränen«.

VI
Rassen©
made in Germany
Der Rassismus
der Aufklärung

Abb. 6: Charité. Gemälde von Alexandre Laemlein (1845)

Um 1813 ließ Cornelio Souchay, Sohn einer hugenottischen Familie aus Hanau, westlich von Havanna eine Kaffeeplantage anlegen, die er ›Angerona‹ nannte. Als er rund zehn Jahre später dorthin zog, arbeiteten über zweihundert Sklaven auf den Feldern. Vor dem Haupthaus stand vieldeutig eine Statue aus weißem Marmor. Sie stellte die römische Göttin dar, nach der die Plantage benannt worden war.[1] Angerona wurde nach dem Vorbild aus einem Tempel nahe beim Forum Romanum gemeinhin mit vor den Mund gehaltenem Finger gestaltet – gerade so, als forderte sie zur Bewahrung von Geheimnissen auf.

Bei ihnen ging es um die Beziehungen zwischen Sklaverei, Kolonialismus und Kapitalismus und deren Beschönigung. Schon 1779 hatte der ebenso belesene wie beschränkte Universalgelehrte Matthias Christian Sprengel seine Antrittsvorlesung an der Universität Halle der Frage nach dem Ursprung des Handels mit afrikanischen Sklaven gewidmet. Sein Befund war vorhersehbar: vor den Europäern wurde der Sklavenhandel schon von den Arabern betrieben; begründet aber läge er im Verhalten der Afrikaner selbst. Demnach wären »die Schwarzen«, ohnehin »geborne Sclaven ihrer Beherrscher«, schon »lange [...] mit der härtesten Sclaverei« bekannt. Durch »[d]iese Barbarei« unterschieden »sie sich [...] von allen bekannten Wilden«.[2]

Die mit solcher Einschätzung verbundene Botschaft wurde zur gleichen Zeit von *Zedlers Universal-Lexikon* deutlich unverblümter formuliert. Dessen Auffassung nach waren »die Negres in ihren Wollüsten gantz viehisch, darneben faul, dumm und unwissend«. Als »Heyden und Türcken« könnten sie deswegen froh sein, durch »Christliche Kauffleute« vor der »grausamen Sclaverey« in Afrika gerettet zu werden. Dreist hieß es weiter, diese würden sie in Amerika »in eine gelinde Dienstbarkeit versetzen« und zudem »zur Erkänntniß des wahren GOttes« bringen.

Sprengel, der sich diese Argumentation zu eigen machte, war indessen entgangen, dass es in einem Ergänzungsband des Universallexikons auch einen Eintrag zu Anton Wilhelm Amo gab, der als »getaufter Mohr, gebürtig aus Guinea in Africa« vorgestellt wurde. Er hatte in Halle »Philosophie und Rechtsgelehrsamkeit« studiert und dort 1729 die Dissertation »de jure Maurorum in Europa, oder vom Mohrenrecht« vorgetragen. In ihr untersuchte er, wie weit sich die »Freyheit oder Dienstbarkeit« der »von Christen erkauften Mohren in Europa« nach den »üblichen Rechten erstrecke«.

Der Hinweis auf einen Afrikaner, der an der eigenen Universität studiert, dort (neben Wittenberg und Jena) auch gelehrt und sich dabei kritisch zur transatlantischen Sklaverei geäußert hatte, wäre dem Sprengelschen Projekt entgegengelaufen. Also verschwieg er ihn lieber.

Zu dieser Zeit erreichte der antifeudale bürgerliche Freiheitsdiskurs nach den Revolutionen in England und Nordamerika einen Höhepunkt. Während der Französischen Revolution kam es sogar zur vorübergehenden Abschaffung der Sklaverei. Sie wurde von Napoleon zwar schnell wieder aufgehoben. Doch der Widerstand dagegen führte schließlich zum Sieg der Revolution in Haiti. Für den Entwurf der Unabhängigkeitserklärung von 1803 wurde symbolisch »die Haut eines Weißen als Pergament, sein Schädel als Tintenfaß, sein Blut als Tinte und ein Bajonett als Feder« gefordert. Die Verfassung von 1805 erklärte: »Künftig sollen die Haitianer nur noch unter dem Oberbegriff ›Schwarze‹ bekannt sein«. Die europäische Vorstellung weißer Überlegenheit schien auf den Kopf gestellt.[3]

Angerona, die Göttin aus weißem Marmor, musste daraus grundsätzliche Schlüsse ziehen. Schließlich hatte der Widerstand gegen die Sklaverei auch auf Kuba übergegriffen. 1812 war in Havanna die Rebellion freier und versklavter Schwarzer und Farbiger gegen die Kolonialherrschaft blutig niedergeschlagen worden. Das brutale Gewaltverhältnis der Sklaverei ließ sich schlecht verschweigen. Aber es ließ sich gleichzeitig moralisch verallgemeinern und mit Hilfe der neuen Rassentheorie differenzieren.

Dazu standen eine Reihe von Metamorphosen zur Verfügung. Im Sujet fortschrittlicher Kunst ragte die der ›Freiheit‹ heraus, wie sie Samuel Jennings schon 1790/92 in Szene gesetzt hatte, als sie, blendend weiß gekleidet, vor ihr knienden Schwarzen die frohe Botschaft der Emanzipation übermittelte.[4] Moderater war die Rolle der ›Caritas‹. Sie ließ sich einnehmen, ohne dass die Frage der Sklaverei grundsätzlich entschieden sein musste.

Die Farben der Rassen

Die kolonialpolitisch inspirierte Versinnbildlichung der ›Caritas‹ ist dem aus Hohenfeld, einem Dorf bei Kitzingen am Main, stammenden Maler Alexander Laemlein meisterhaft gelungen. Er absolvierte seine Ausbildung in Paris und machte dort auch Karriere. Deswegen führt ihn die Kunstgeschichte mit dem Vornamen Alexandre. Auf seinem Gemälde *Charité* (siehe Abbildung 6) fasste er eine Entwicklung zusammen, die im 17. Jahrhundert mit François Bernier und anderen begonnen und im 18. Jahrhundert zur Entwicklung der Rassennomenklatur geführt hatte. In der Mitte des 19. Jahrhunderts war sie bereits so weit verallgemeinert worden, dass das kunstverständige Publikum des Pariser Salons, wo das Bild 1846 ausgestellt wurde, wie selbstverständlich ›Rassen‹ sah. Ihm erschien die allegorische Figur der Caritas als Frau, die drei Kinder in den Armen hält: »eines von weißer Rasse, das andere von roter Rasse und das dritte von schwarzer Rasse«, und ein viertes Kind »von gelber Rasse« zur Seite hat.[5]

Trotzdem hatte Charles Baudelaire, der den Salon besuchte, ein Problem mit dem Gemälde. Zwar bescheinigte er dem Maler ein »Gefühl für die richtige Farbe«. Doch er bemängelte den »kleinen Chinesen« an der Seite der ›Caritas‹, der zwar ›gelb‹, aber zu hübsch und wohlgekleidet wäre und zuviel Aufmerksamkeit auf sich zöge. Er hätte noch hinzufügen können, dass die ›gelbe Rasse‹ schon ziemlich halbwüchsig ist und auf eigenen Füßen steht – auch wenn ihr Vertreter sich am Kleid der ›Caritas‹ festhält.

Außerdem blickt er als einziger direkt aus dem Bild heraus die Betrachter an. Weil er dabei den Kopf leicht gesenkt hält, erscheint das in dieser Geste liegende Selbstbewusstsein ambivalent, kann aber durchaus als Hinweis auf den noch nicht lange zurückliegenden Opiumkrieg gelesen werden. In seinem Verlauf hatten England, die USA und Frankreich die Beendigung von Handelsbeschränkungen durchgesetzt und Frankreich außerdem die Wiederzulassung christlicher Missionsarbeit erzwungen.

Laemlein unterschlug die damit verbundene Gewalt geradezu augenfällig. Im Hintergrund seines Bildes unterhält sich ein durch seine Mitra kenntlicher katholischer Bischof mit zwei anderen Geistlichen, in denen die zeitgenössische Kritik einen Moslem und einen Parsen zu erkennen glaubte. Ganz sicher gibt es unter ihnen aber keinen Anhänger von Konfuzius, Buddha oder des Daoismus. Trotz seiner hervorgehobenen Stellung ist das chinesische Kind religiös entmündigt und muss sich an die Rockschöße einer christlich aufgeladenen Repräsentantin der Barmherzigkeit und Nächstenliebe klammern.

Indem das leuchtende Gelb ihres Umhangs einen fahlen Abglanz auf das Gesicht des kleinen Chinesen wirft, markiert es ihn gleichzeitig als Angehörigen der gelben Rasse, wertet ihn dadurch gegenüber der weißen ›Charité‹ ab – und versinnbildlicht unter der Hand die Schwierigkeiten der Rassenkonstruktion. Schließlich hatte François Bernier die Chinesen noch zur weißen Rasse gerechnet. Er stand damit in einer langen Tradition, die bis zu Marco Polos Reisen zurückreichte. Seit dem 13. Jahrhundert waren die Chinesen immer wieder als ›weiß‹, ›weiß wie wir‹ oder ›weiß wie die Deutschen‹ beschrieben worden. Noch 1735 meinte Jean Baptiste Du Halde, dass die Chinesen ebenso weiß wie die Europäer wären.

Das war im Erscheinungsjahr der ersten Auflage von Carl von Linnés *Systema naturae*. Er versah seine Nomenklatur von Anfang an mit Farben und unterschied weißliche Europäer von rötlichen Amerikanern, schwarzen Afrikanern – und dunklen Asiaten. Die umfangreich erweiterte zehnte Auflage von 1758/59 bezeichnete die Chinesen dann als »luridus« und benutzte ein Wort mit negativen Untertönen, dessen Bedeutungsspektrum von blassgelb bis totenbleich reicht.

Linné hatte sich als einer der maßgeblichen Konstrukteure von Menschenrassen etabliert. Dabei ging er vom leicht fassbaren Unterschied der Hautfarben von Menschen aus dem nördlichen Europa und dem tropischen Afrika und dessen durch die transatlantische Sklaverei hierarchisch geprägter Bewertung aus. Die Orientierung an Hautfarben schien ihm für seinen Versuch, die Menschen in von Natur aus unterschiedliche Gruppen einzuteilen, von dieser vorgegeben zu sein. Allein, sie hatte für Asiaten und Amerikaner keine vergleichbaren Kriterien bereitgestellt. Beide waren vielmehr von den Europäern lange Zeit als hellhäutig wahrgenommen worden.

Allerdings gab es für beide Kontinente Berichte über kulturell geprägte Farbtöne. Dazu gehörte für Asien der Hinweis auf die herausragende Bedeutung von Gelb, das als Farbe der Kleidung lange Zeit der Familie des Herrschers vorbehalten war. Sie führte ihre Legitimation auf den legendären ›Gelben Kaiser‹ zurück. Dessen Benennung charakterisierte ihn als Beherrscher der Erde, welcher nach daoistischer Lehre von den fünf Elementen die Farbe Gelb zugeordnet wurde. Hinsichtlich der Amerikaner gab es so viele Erzählungen über Rituale der Körperbemalung, dass noch im ausgehenden 18. Jahrhundert Georg Forster hinsichtlich ihrer Hautfarbe vermutete, »[d]er rothe Kupferglanz, den ihnen die Leichtgläubigkeit angedichtet hat«, könnte »die Wirkung der Schminke seyn, womit die wilden Stämme sich überall [...] schmücken«.[6]

Es fügte sich, dass die Farben aus den Erzählungen über amerikanische und asiatische Kulturen sich mit denen überlagerten, die in Europa Jahrhunderte lang zur Diskriminierung der Juden eingesetzt worden waren. Noch zu Beginn des 19. Jahrhunderts schlug sich das in der Bewertung von Gelb in Johann Wolfgang von Goethes *Farbenlehre* nieder. Dort beschrieb er es als »Farbe des Lichts«, dem Gold verwandt und von »erwärmende[m] Effekt«, der allerdings eine »unangenehme Wirkung« bekomme, wenn sich Gelb nicht in seiner »Reinheit«, sondern »beschmutzt« zeige und der »Farbe des Schwefels« gliche, »die ins Grüne fällt«. Dann wandle sich »die Farbe der Ehre und Wonne zur Farbe der Schande, des Abscheus und Mißbehangens«. Diesen Eindruck verband Goethe direkt mit einer historischen Reminiszenz aus der Geschichte des Rassismus, als er hinzufügte: »Daher mögen die gelben Hüte der Bankerottierer, die gelben Ringe auf den Mänteln der Juden entstanden sein«.[7]

Wir wissen nicht, ob Laemlein Goethe gelesen hat. Dessen Ideen über die Farbe Gelb setzte er jedenfalls kongenial um. Das lichte Gelb der Reinheit und Ehre leuchtete auf dem Rock seiner ›Charité‹ und wurde von dort aus auf den kleinen Chinesen durchaus grünstichig zurückgeworfen. Das entsprach farblich ganz und gar der geschichtsphilosophischen Verortung Ostasiens durch Georg Wilhelm Friedrich Hegel, der den Gang des Weltgeistes durch die Geschichte mit dem Lauf der Sonne synchronisierte.

Das »Licht des Geistes und damit die Weltgeschichte« ließ er daher in Asien aufgehen. Allerdings begann der Geist aus Hegels Sicht in der »asiatischen Race« erst zu »erwachen«, weshalb der Mensch dort »noch nicht zum Bewußtsein seiner Persönlichkeit« käme. Deshalb ließe das »Orientalische« sich »aus der Geschichte der Philosophie« ausschließen. Damit war auch die Richtung angezeigt, die der Weg des Geistes nehmen würde, der »von Osten nach Westen« verliefe: »denn Europa ist schlechthin das Ende der Weltgeschichte«. Von dort aus, wo das Licht der Vernunft am hellsten erstrahlte, fiel nurmehr ein matter Schein auf die in der Dämmerung der Geschichte verharrende gelbe Rasse.

Der in Europa herrschende »unendliche Wissensdrang, der den anderen Racen fremd« wäre, erschien als unmittelbarer Ausdruck der Tatsache, dass »[e]rst in der kaukasischen Race [...] der Geist zur absoluten Einheit mit sich selber« gelangte. Diese Schlussfolgerung war sowohl theoretisch als auch praktisch gemeint. Nicht nur, dass der »Fortschritt der Weltgeschichte« »erst durch die kaukasische Race zu Stande« käme. Der »europäische Geist« unterwürfe auch »die Außenwelt seinen Zwecken mit einer Energie, welche ihm die Herrschaft der Welt gesichert hat«. Die von ihm bestimmten Verhältnisse entfalteten eine Kraft, die über sich hinauswiese: »Die bürgerliche Gesellschaft wird dazu getrieben, Kolonien anzulegen«.

Unter solchen Vorzeichen hatte Amerika nur eine Zukunft aus zweiter Hand. Die »ursprünglichen Amerikaner« wären »ein verschwindendes schwaches Geschlecht« und ihre »Cultur« nur »eine ganz natürliche [...], die untergehen mußte, sobald der Geist sich ihr näherte«. Seine »Eingeborenen« müssten dem »Hauche der europäischen Thätigkeit« weichen. Weil sie sich nicht gegen die Europäer »behaupten« könnten, würden diese auf ihrem Kontinent »eine neue Kultur beginnen«.

»Afrika« war für Hegel überhaupt kein »geschichtlicher Welttheil«, sondern »jenseits des Tages der selbstbewußten Geschichte in die schwarze Farbe der Nacht gehüllt«. Seine Bewohner galten »als eine aus ihrer uninteressierten und interesselosen Unbefangenheit nicht heraustretende Kindernation«, die keinen »Trieb zur Kultur« zeigte. Beim »Neger«, dem »natürlichen Menschen in seiner ganzen Wildheit«, konnte Hegel »nichts an das Menschliche Anklingende« finden und schloss, sein »Zustand« wäre »keiner Entwickelung und Bildung fähig«. Allerdings war er nicht so schwach wie die Amerikaner und ließ sich »ohne alle Reflexion darüber, ob dies recht ist oder nicht«, versklaven. Wenn er dabei in die Hände von Europäern geriet, entging er immerhin »dem afrikanischen Princip«, das darin bestünde, »Menschen zu verzehren«.[8]

Freiheit, Gleichheit, Weis[s]heit

Hegel, der die Aufklärung über sich selbst aufklären wollte, beschäftigte sich nur nebenbei mit dem Thema Menschenrassen. Sein Interesse galt auch nicht der Entwicklung einer anthropologisch begründeten Hierarchie. Gleichwohl gehörte er zu den Rassenmachern, die bei ihren Bemühungen um die Konstruktion von Menschenrassen von den bedeutendsten zeitgenössischen Wissenschaftlern angeführt wurden. Sie verarbeiteten das im Zuge des Kolonialismus angesammelte umfangreiche Wissen über die außereuropäische Welt. Dabei überführten sie alte Formen rassistischer Diskriminierung (von Heiden, Wilden usw.) in die neue Version eines biologisch argumentierenden Rassismus.

Hintergrund dafür war das fortschrittliche politische Freiheitsdenken des sich entwickelnden Bürgertums, das in seiner Kritik feudaler Verhältnisse wagemutig auf die Rhetorik der Gleichheit setzte. Wenn Gott alle Menschen gleich geschaffen hatte, dann konnte absolutistische Herrschaft nur willkürlich und ungerecht sein. Möglichen Missverständnissen half einerseits der Diskurs über Fleiß und Faulheit ab: ökonomische Ungleichheit wäre demnach selbstverschuldet. Außerdem wurden die Geschlechterverhältnisse als naturgegebene Differenz ausgelegt. Kolonialismus und Sklaverei warfen allerdings einen Schatten auf diese mehrfach exklusive Idylle aus Freiheit, Gleichheit und Brüderlichkeit.

Ihre klassischen Legitimationen erschienen gefährdet – zumal die europäische Expansion und damit verbundene Überheblichkeit nicht ohne Kritik geblieben waren. Um die Mitte des 18. Jahrhunderts hatte der aus Thüringen stammende Kameralist Johann Heinrich Gottlob Justi beklagt, dass die Europäer sich über »Völker der übrigen Welttheile« hinwegsetzten. Dabei seien sie dermaßen von ihrer Vernunft eingenommen, »daß wir auf alle andere Völker des Erdbodens als auf um uns herumkriechende elende Würmergen herabsehen« und »uns als Herren des ganzen Erdbodens« aufführen. Auf allen Kontinenten würden Europäer als Eroberer und Unterdrücker auftreten und wenn die betroffenen Völker »sich im geringsten zu widersetzen unterstehen« dann »rotten wir sie ganz und gar aus«.[9]

Solche Kritik war nicht vereinzelt, aber marginal. Außerdem blieb sie in der Regel inkonsequent. Das bewies etwa Johann Gottfried Herder, der sich in seinem Gedicht *Kolumbus* mit den Anfängen der europäischen Expansion beschäftigte. In zwei durch Reime aneinandergeketteten Strophen einer eigenwilligen Stanze besang er zunächst den Entdecker einer neuen Welt und klagte ihn anschließend als Totengräber ihrer Bewohner an: »Ha Schöpfer Kolon! Ha wie hast du uns die Welt, | Mit Land und Volk und Silbergeld | Und Schmuck und Zier und Wissenschaft, | Um's Viertheil uns vermehret! | Ach Mörder Kolon! Ach wie hast du uns die Welt, | Und alles, was sie schönes hält, | Reiz, Sitte, Leben, Jugendkraft, | Mit deinem Gift verheeret!«.[10]

Herder bezog diese Zeilen durchaus auf koloniale Gewalt und glaubte, dass »wir uns des Verbrechens beleidigter Menschheit fast vor allen Völkern der Erde schämen müßten«, an denen die Europäer sich, »vielleicht auf alle Aeonen hinab, versündigt haben«. Angesichts von Eroberung, Unterdrückung und Versklavung schien ihm sicher: »Der Neger mahlt den Teufel weiß«.

Seine Kritik hinderte Herder indessen nicht an rassistischer Diskriminierung. Er hielt zwar nichts von der neu entwickelten Rassentheorie. »Racen« als »nach Farben gemacht[e]« Unterteilungen der Menschheit ließ er nicht gelten, denn die »Farben verlieren sich in einander«, so dass »alles nur Schattierung eines und desselben großen Gemäldes« sei. Das hielt ihn freilich nicht von Stigmatisierungen ab, die kulturell argumentierten (und dabei durchaus auch zu körperbezogenen Argumenten griffen).

So beschrieb er die Chinesen als »Volksstamm mit kleinen Augen, einer stumpfen Nase, platter Stirn, wenig Bart, großen Ohren und einem dicken Bauch« und folgerte: »was die Organisation hervorbringen konnte, hat sie hervorgebracht; etwas anders kann man von ihr nicht fordern«. Vom »Volk Gottes« meinte er, dass es »nicht zum wahren Gefühl der Ehre und Freiheit gelangte« und »fast seit seiner Entstehung eine parasitische Pflanze auf den Stämmen anderer Nationen« gewesen wäre. Die »Türken« galten ihm als »asiatische Barbaren« deren »Reich [...] ein großes Gefängniß für alle Europäer« wäre und »untergehen« müsste, »wenn seine Zeit kommt«. Diesen und anderen Völkern gegenüber zeigte »Europa« eine »Cultur«, die ihm zu »dem Range« verhalf, »der ihm [...] vor andern Völkern gebühret«.[11]

Als Begründung solchen Bewusstseins europäischer Überlegenheit setzte sich die Rassentheorie durch. Sie verband den Lauf der Geschichte mit der Entwicklung der menschlichen Natur. An deren Ende hatte nur die weiße Rasse – mit erheblichen Anstrengungen, die zu betonen die Philosophen nie müde wurden – die grundsätzliche Perfektibilität des Menschen zur Vollendung genutzt. Der Zustand der Welt wäre demnach nicht Ausdruck von Machtgier und Überheblichkeit. Er spiegelte vielmehr die natürlichen Fähigkeiten der unterschiedlichen Menschenrassen ebenso wider, wie die Verpflichtung der weißen Rasse zur Entwicklung und Verbreitung der höchsten Stufe der Kultur.

Friedrich Schiller, der ebenfalls ein Gedicht über Kolumbus geschrieben hatte, behauptete aus solcher Perspektive, die »Entdeckungen« der »europäischen Seefahrer« zeigten »Völkerschaften, die auf den mannichfaltigsten Stuffen der Bildung um uns herum gelagert sind, wie Kinder verschiednen Alters um einen Erwachsenen herum stehen, und durch ihr Beyspiel ihm in Erinnerung bringen, was er selbst vormals gewesen [...] ist«.[12]

Die ideologische Figur von den anderen Rassen als mehr oder weniger unentwickelten Kindern wurde intensiv fortgesponnen.

Laemleins Allegorie der ›Caritas‹ war in diesem Diskurs nur eine Momentaufnahme. Selbst unter weißer Fürsorge stellten zahlreiche Autoren den Entwicklungsmöglichkeiten der von ihr auf den Armen getragenen Babys keine ermutigende Prognose. Wenn Johann Caspar Bluntschli, der in Heidelberg Rechtswissenschaften lehrte, die »Negervölker« als »mehrtausendjährige Kinder« bezeichnete, räumte er ihnen offensichtlich begrenzte Perspektiven ein. Außerdem gab diese Charakterisierung die Grundlage dafür ab, dass er, bei aller Kritik am »uralten Fluch der Sclaverei«, deren moderne für »weniger verwerflich« als ihre »antike« Form halten konnte, weil »die Herrschaft der weiszen Herrn nicht über ihres gleichen [...], sondern über eine von Natur untergeordnete schwarze Rasse geübt« würde.[13]

Die Sendung Europas

Die Entwicklung der Vorstellung von den Menschenrassen und von der herausragenden Stellung ihrer weißen Variante verlief indessen nicht widerspruchsfrei. Philosophen und Anthropologen diskutierten unterschiedliche Perspektiven und verwickelten sich in Auseinandersetzungen, die mitunter sarkastische Töne anschlugen. Dabei wurde auch die Bedeutung der Hautfarben diskutiert.

Samuel Thomas Soemmerring, der Anatomie in Kassel und Mainz lehrte und später nach München berufen und dort geadelt wurde, waren sie zu oberflächlich. Er versuchte, den Rassenunterschieden bis auf die Knochen nachzugehen und gehörte zu den ersten, die im Rahmen als exakt geltender und international anerkannter Wissenschaft mit der (Fehl-)Vermessung des Menschen begannen. Deren Hintergrund plauderte er mit einer scheinheiligen Frage ungeschminkt aus: »Wie wäre es nun, wenn sich anatomisch darthun liesse, daß die Neger etwas näher, als wir Europäer, ans Affengeschlecht gränzen? und daß [...] die auszeichnenden Organe des Verstandes, die unsern Abstand von den Thieren verursachen, im Durchschnitte den Neger vielleicht etwas hinter uns zurück lassen«? Gefragt, getan: Soemmerring kam zu dem Ergebnis, »das Gehirn im Neger sey kleiner, als im Europäer«. Für einige »historische Thatsachen« – wie die seiner »Wildheit« und »etwas minderen Fähigkeit zur feineren Kultur« – schien ihm das eine plausible Erklärung zu sein.[14]

Soemmerring behauptete sogar, dass Afrikaner sich »so merklich vom Europäer unterschieden, daß man selbst die Farbe bey Seite setzen könnte«. Sein Freund Georg Forster, der als junger Mann James Cook auf einer von dessen Weltreisen begleitet und durch seinen Bericht darüber auf sich aufmerksam gemacht hatte, bemerkte 1789 mit ironischem Unterton: »Die meisten alten Eintheilungen der Menschengattung sind [...] schon längst verworfen. Noahs Söhne; die vier Welttheile; die vier Farben, weiß, schwarz, gelb, kupferroth, – wer denkt noch heut zu Tage an diese veralteten Moden?«

Tatsächlich erfreute sich die Fabel von Noahs Fluch (etwa bei den Sklavenhaltern der USA) zur gleichen Zeit großer Beliebtheit. Sich mit Gott im Bunde zu wissen, schien ihnen sicherer, als sich bloß auf die Natur verlassen zu müssen. Und die Einteilung der Menschheit nach Kontinenten, wie sie Linné vorgenommen hatte, passte viel zu gut zum europäischen Kolonialismus, als dass sie aufgegeben worden wäre. Die Unterscheidung der Rassen nach Farben schließlich war derart oberflächlich, dass sie eine bis heute nicht beendete Karriere machte.

Das verweist einmal mehr auf Rassismus als soziales Verhältnis. Es lässt sich nur mit Hilfe von Wissen realisieren, das allgemein geteilt werden kann. Philosophische Spekulationen und anthropologische Messungen mögen dazu beitragen, es zusätzlich mit wissenschaftlicher Autorität auszustatten. Vor allem aber muss es einfach strukturiert und leicht anzuwenden sein. Nur so kann es in allen sozialen Schichten verbreitet werden.

Ehe es dazu kam, gab es umfangreiche wissenschaftliche Diskussionen und Kontroversen. Verstärkt wurden sie in den Ländern der europäischen Aufklärung geführt. In Deutschland waren sie derart intensiv, dass von einer ›deutschen Erfindung der Rassen‹

gesprochen worden ist.[15] An ihr beteiligten sich Anthropologen, Historiker, Mediziner, Philosophen, Sprachwissenschaftler, Völkerkundler und viele andere. In Briefen und Vorlesungen, Büchern und Zeitschriften wurden die unterschiedlichsten Perspektiven entfaltet. Dabei zeigte sich, dass das neue Paradigma der Rassen durchaus durchlässig war und ältere Formen rassistischer Diskriminierung in sich aufnehmen konnte.

Bei der Benennung der ›weißen Rasse‹ als ›Kaukasier‹ wurde das schlagartig deutlich. Sie beginnt bei Christoph Meiners, Professor für Weltweisheit in Göttingen, der die Menschheit aus dem »Kaukasischen [...] und dem Mongolischen Stamm« zusammengesetzt sah. Indem er dem ersten einen Vorzug an »Cörper und Geist« einräumte, verwies er auf ein wesentliches Charakteristikum der neuen Rassentheorie, die auf körperliche Differenzen abstellte, diese aber regelmäßig mit geistigen Fähigkeiten und ästhetischen Wertungen verband. So war es auch in diesem Fall, denn »Schönheit« galt als eines »der wichtigsten Kennzeichen« und »[n]ur der Kaukasische Völker-Stamm verdient den Namen des Schönen und der Mongolische mit Recht den Namen des Häßlichen«. Hautfarbe gehörte in diesen Kontext: die Kaukasier wären weiß.

Gleichzeitig demonstrierte Meiners, dass die Rasseneinteilung nicht nur nach außen abgrenzte. Dabei verwies er selbst auf die Unklarheit seiner Terminologie, in der ›Stamm‹ und ›Rasse‹ durchaus vertauscht werden könnten. Einerseits unterteilte er den Stamm der Kaukasier in zwei verschiedene »Racen«, die er »Celtische und Slawische« nannte und dabei erstere »am reichesten an Geistesgaben« sah. Andererseits schrieb er über Indien, »die niedrigste Caste in Hindostan« wäre mongolischen, »die höheren Casten hingegen [...] sind unläugbar Kaukasischen [...] Ursprungs«.

Völker konnten demnach nach Stämmen geteilt sein und Stämme in Rassen aufgeteilt werden. Oberklassen konnten im Unterschied zur untersten Kaste zu den ›Weißen‹ gehören, ›Weiße‹ zerfielen in verschieden begabte Teile. Die philosophische Begründung des Weißseins tat sich von Anfang an schwer, es als ungeteilte Eigenschaft auszugeben.

Hinzu kam, dass Meiners, der davon ausging, dass die »Europä-

ischen Nationen« die »übrigen Erdtheile durch ihre grössere Emp-
fänglichkeit gegen Aufklärung« überträfen, zu ihrer Bezeichnung
einen paradoxen Begriff wählte. Denn der Kaukasus lag auch seiner
Geographie gemäß in Asien. Als Grund für die Benennung der weißen Europäer führt er eine traditionelle Erzählung an. Demnach
wäre der Kaukasus »die Wiege des menschlichen Geschlechts«.
Dort hätte womöglich das Paradies gelegen und jedenfalls die »Er-
rettung des Menschen-Geschlechts nach der Sündfluth« stattgefunden. Die alte religiöse Legende von der Neubesiedlung der Welt
durch Noahs Söhne wurde so mit dem neuen wissenschaftlichen
Rassenparadigma verknüpft.[16]

Meiners Kollege Johann Friedrich Blumenbach, Professor für Medizin in Göttingen, übernahm die Bezeichnung Kaukasier in seine
Terminologie. Obwohl er unter allen Beteiligten am Rassendiskurs
am klarsten zur Vorsicht mahnte und entschieden gegen Vorurteile
Stellung nahm, widerfuhr ihm die zweifelhafte Ehre, dass seine ka-
tegoriale Gleichsetzung von Weißen und Kaukasiern nicht nur von
Zeitgenossen wie Hegel geteilt wurde, sondern bis heute in offiziellen Dokumenten der USA vorkommt. Dabei vertrat er in der Rassenfrage eine kritische Position und erklärte, die Unterschiede zwischen den Menschen wären so fein abgestuft, dass sie ineinander
übergingen. Daher müsste der »Naturforscher [...] wohl noch geboren werden«, »der es mit Grund der Wahrheit wagen dürfte eine
bestimmte Grenze zwischen diesen Nüancen [...] festzusetzen«.[17]

Freilich entzog sich auch Blumenbach dieser Aufgabe nicht und
brachte dabei, wenn auch vorsichtig, ebenfalls die Hautfarben in
Anschlag. Nicht anders verfuhr die Popularisierung des Rassedenkens. Im *Conversationslexikon* (dem späteren *Brockhaus*) hieß es 1800:
»Die wichtigsten der physischen Abartungen unserer Gattung sind
diejenigen, welche die Hautfarbe betreffen«. »Farbe« sei das »we-
sentlichste« Kriterium für die Unterteilung der Menschheit, denn
durch sie »wird jede Menschenrace von den übrigen getrennt«.
»Wenn wir dem Urheber der kritischen Philosophie folgen, so lassen
sich gegenwärtig nur vier besondere Menschenracen annehmen:
nehmlich die Race der Weißen, der gelben Indianer, der Neger, der
kupferfarbig-rothen Amerikaner«.[18]

Die große Philosophie fand Verbreitung im Bildungsbürgertum. Der ›Urheber der kritischen Philosophie‹, Immanuel Kant, wurde als zentrale Autorität für eine an Hautfarben orientierte Unterteilung der Menschen in Rassen vorgestellt. Er hatte »erbliche Unterschiede der Hautfarbe« zur Unterteilung »der Weißen, der gelben Indianer, der Neger und der kupferfarbig-rothen Amerikaner« genutzt und dabei ein abgestuftes Tableau von Entwicklungsstadien geliefert, das gleichzeitig die Geschichte der Menschheit widerspiegeln sowie ihre zur Kultur unterschiedlich befähigten Teile hierarchisch gliedern sollte.

Auf der untersten Stufe der Menschheit stand demnach das »Volk der Amerikaner«. Ihnen fehle jede »Triebfeder« der Entwicklung. Ihre »Freyheitsliebe« sei »bloße faule Unabhängigkeit«, so dass sie »gar keine Cultur an[nähmen]«. Die »Race der Neger« hätte wohl »Triebfedern«. Die reichten aber nur für eine »Bildung der Knechte«. So ließen sie sich zwar »abrichten«, blieben aber ewig »Kinder« und »unfähig«, sich selbst »zu führen«. Die »hindustanische Rasse« könnte ihnen gegenüber zwar »Bildung im höchsten Grade« annehmen. Weil die aber »niemals bis zu abstrakten Begriffen« führe, blieben ihre Angehörigen »immer Schüler«. Dagegen verfüge die »Race der Weißen« über »alle Triebfedern und Talente«. Sie hätte »alle Anlagen zur Cultur und Civilisierung«. Ihre Mitglieder wären die einzigen, »welche immer in Vollkommenheit fortschreiten«. Kultur wäre »immer von den Weißen bewirkt worden und die Hindus, Amerikaner, Neger haben niemals daran Theil gehabt«.[19]

Lange ehe die Leinwand gewebt wurde, auf der Laemlein seine *Charité* malen sollte, hatten Kant und andere deren Ikonographie schon vorgegeben: auf ihren Armen durfte sich das ›rote‹ mit dem ›weißen‹ Kind herzen (weil seine schwache Rasse, wenn sie nicht ohnehin untergehen würde, zu nichts weiter zu gebrauchen war), das ›schwarze‹ Kind wurde gleichzeitig auf Distanz gehalten und sorgenvoll betrachtet (weil zu befürchten stand, dass es nie erwachsen werden würde), das ›gelbe‹ Kind stand zwar auf eigenen Beinen, hielt sich aber weiter fest (was seinen Schülerstatus unterstrich), während das ›weiße‹ Kind nur warten musste, bis es herangewachsen war (und selbst in die Rolle der ›Caritas‹ schlüpfen konnte).

Kant notierte sich außerdem, dass man »[u]nter den Weißen« eine »Eintheilung des orientalischen und occidentalischen Schlages machen« könne. Das ermöglichte unter anderem die Einordnung der Juden in die weiße Rasse und ihre gleichzeitige Herabminderung als ein orientalisches Volk, die »unter uns lebenden Palästiner«, die Kant in einem seiner Tischgespräche als »Vampire der Gesellschaft« und schriftlich als »Nation von Betrügern« bezeichnete.

Der traditionelle Antisemitismus war als innere Bruchlinie in die weiße Rasse integriert worden. Der um keine Diskriminierung verlegene Meiners äußerte sich in diesem Zusammenhang unverblümt: »so wenig jemals Unterthanen mit ihren Regenten, Kinder mit Erwachsenen, Weiber mit Männern, Bediente mit ihren Herren, [...] unwissende Menschen mit [...] Unterrichteten, [...] gleiche Rechte und Freyheiten erhalten werden: so wenig können Juden und Neger [...] mit den Christen und Weissen [...] dieselbigen Vorrechte und Freyheiten verlangen«. Doch auch der skrupulöse Blumenbach stimmte hinsichtlich der Juden in die Differenzierung der Weißen ein. Ihm zufolge behielte »die jüdische Nation [...] unter jedem Himmelsstriche ihre ursprüngliche Gesichtsbildung«, so dass ihr »Nationalcharakter [...] beym ersten Anblick unterschieden, obwohl schwer durch Worte bezeichnet und ausgedrückt werden kann«.[20]

Trotz dieser Irritation war die Menschheit in ›Weiße‹ und ›Farbige‹ eingeteilt. Zur vollen Entfaltung menschlicher Fähigkeiten (und damit zur Beschützerin wie Lehrerin der anderen) sollte es nur die weiße Rasse bringen können. Denn, so glaubte Kant, »[v]iele Völker schreiten vor sich selbst nicht weiter fort«. Daraus folgerte er: »Aus Europa muß es kommen« – »unserem Welttheile (der wahrscheinlicher Weise allen anderen dereinst Gesetze geben wird)«.[21]

Vor diesem Hintergrund ließ sich die seit dem 16. Jahrhundert zusehends negativer bewertete Unterscheidung von Weißen und Schwarzen verallgemeinern. Auf die gesamte Menschheit bezogen, wurde Weißsein zum Fokus eines ebenso borniertes wie zwiespältigen Selbstbewusstseins. Das gestaltete sich einerseits gegenüber den nun als ›farbig‹ zusammengefassten Rassen zunehmend arroganter und brutaler. Andererseits blieb es dadurch gezeichnet, dass die weiße Rasse von Anfang an nicht als Einheit gedacht werden konnte, weil rassistische Diskriminierungen sich auch auf Weiße bezogen.

Außerdem war Weißsein immer noch keine Qualität, die den unteren sozialen Schichten ohne Zögern zugesprochen worden wäre. In einem Bericht aus London wurden die »Wasserarbeiter auf der Themse« als eine »entartete, freche und habsüchtige Race« bezeichnet. Zum zeitgenössischen Gebrauch des Rassenbegriffs gehörte es noch bis in die Mitte des 19. Jahrhunderts, von einer eigenen »Arbeiter-Raçe« zu sprechen. Selbst im *Kommunistischen Manifest* wurden die Arbeiter als ›Race‹ bezeichnet und ein Wortgebrauch fortgeschrieben, der zwar einerseits auf einer große Bandbreite des Begriffs beruhte, andererseits aber eben auch die Differenz zwischen den Klassen kategorial mit der zwischen den Rassen in Beziehung brachte.[22]

Die klassenübergreifende Verallgemeinerung des Weißseins stand deswegen noch aus. Zwar hatte sie in den Kolonien schon längst praktisch stattgefunden. Aber für die Theoretiker in den Metropolen erwies sie sich angesichts der mit der Industrialisierung wachsenden neuen Unterschichten des Proletariats durchaus als Problem.

VII

›Völkerschau‹ mit ›Kolonialwaren‹

Die Popularisierung des Weißseins

Abb. 7: Die Zulus. *Gouache von Adolph Menzel* (1863)

Adolph Menzel reiste gerne. Mehrere seiner Touren führten ihn auch auf Weltausstellungen – so 1855 und 1867 nach Paris und 1873 nach Wien. Das hinterließ Spuren in seinem Werk. Zu ihnen gehört die Gouache *Indianer-Café*, die im Umfeld des Wienbesuches entstand. Sie zeigt Menschen aus unterschiedlichen Kulturen (darunter eine Dame im fernöstlichen Gewand und einen Mann mit Fez) vor einem überdimensionierten Tipi. Mit Ausnahme einer nicht zu identifizierenden Familie im Hintergrund sind alle Gäste hellhäutig, während die Ober dunkle Haut haben.

Auch wenn die Ausstellung nicht den erwarteten Andrang hatte, kamen (trotz Börsenkrach und Choleraepidemie) doch immerhin weit über sieben Millionen Besucher. Sie gehörten zwar in erheblichem Maße gehobenen Schichten an. Aber der halbierte Eintrittspreis am Wochenende erlaubte auch anderen Bevölkerungskreisen den Besuch und trug, wie Max Nordau in einem seiner Feuilletons schrieb, zur »Popularisierung« der Ausstellung bei.

Die war im Übrigen in ein einschlägiges Ambiente eingebunden, weil der »Wiener Sonntagsphilister«, darunter »der vorstädtische Handwerker mit Weib und Kind, der Feldwebel mit dem sonntäglich aufgedonnerten Stubenmädchen, der Hausknecht mit der Geliebten am Arm«, immerhin die Wahl hatten, ob sie »lieber ins Affentheater, ins Wachsfigurenkabinett, zur Lappländer Familie oder in die Ausstellung gehen« wollten. Auch wenn sie sich ihren »Mundvorrath« in der Regel selber mitbrachten, besichtigten sie das gesamte Szenario einschließlich des Indianer-Cafés. Weil außerdem auch »vornehme Besucher an dem demokratischen Tage« gekommen waren, befanden sie sich gleichzeitig in ›guter Gesellschaft‹.[1]

Diese spezifische Konstellation versinnbildlichte Rassismus als soziales Verhältnis: Menschen unterschiedlicher sozialer Herkunft konnten zusammen die Leistungen der eigenen Kultur bewundern, indem sie diese gegenüber anderen Kulturen hervorgehoben fanden. Die dadurch begründete Vorstellung von Gemeinsamkeit war zwar insofern illusorisch, als sie die tiefen Gräben der sozialen Ungleichheit nur überlagerte und ihre Grundlagen und Wirkungen unangetastet ließ. Gleichwohl bot sie insbesondere den Unterklassen die Möglichkeit, sich an der Spitze der von der Rassentheorie entworfenen Hierarchie einzuordnen und sich als Teil der überlegenen weißen Zivilisation zu begreifen.

Die Chancen dazu nahmen in der zweiten Hälfte des 19. Jahrhunderts enorm zu. Sie boten sich auf Weltausstellungen, bei Völkerschauen, in ethnologischen Museen, durch Kolonialromane und immer mehr im Gefolge des Massenkonsums und der damit verbundenen Markenreklame und Warenwerbung. Obwohl sie nicht zu diesem Zweck entwickelt worden waren, hatten sie eine integrierende sozialpolitische Wirkung.

Für die Frühzeit exotischer Schaustellungen und die daraus hervorgehenden Großspektakel finden sich bereits im Werk von Adolph Menzel deutliche Hinweise. Mit dem Siegeszug der Markenreklame übernahmen Werbegraphiker die Rolle der Künstler und schufen ein mit der Kolonialpolitik verbundenes und von farbigen Dienerfiguren bevölkertes Ambiente weißer Überlegenheit. Dessen Bindekraft zeigte sich nicht nur in der Bereitschaft der Unterklassen zum Konsum rassistisch angepriesener Waren. Sie kam auch in Überlegungen zu einer sozialistischen Kolonialpolitik zum Ausdruck.

Klassenkampf und Menschenzoos

Menzel war ein aufmerksamer Beobachter der sich rapide verändernden gesellschaftlichen Verhältnisse. Dadurch trug er, freilich unwissentlich, zur Beantwortung der Frage bei, wie die Deutschen weiß wurden. Drei seiner Werke lassen sich in deren Kontext geradezu als Triptychon lesen. Dessen Flügelbilder liefern zwei bekannte Gemälde, *Aufbahrung der Märzgefallenen* und *Das Eisenwalzwerk*. Das Mittelbild repräsentiert eine kleine Gouache namens *Die Zulus*.

Der auf diese Weise bezeichnete Zusammenhang verdeutlicht eine Grundkonstellation des modernen Rassismus. Der Prozess der kapitalistischen Modernisierung hatte eine neue Klasse hervorgebracht: das Proletariat. Sie wuchs nicht nur ständig an, sondern war auch sozial desintegriert. Alte Bindungen galten für sie nicht, Versuche, neue aufzubauen, erwiesen sich als wenig belastbar. Die Revolutionen von 1848 lieferten dafür europaweit Belege.

In Deutschland (wie in Österreich) waren sie insofern zwiespältig, als hier bürgerliche und frühproletarische Kräfte gemeinsam gegen die feudalen Verhältnisse kämpften. Nicht nur in Berlin stellten dabei die Unterschichten den Hauptteil der kämpferischen Volksmassen. Auf einer späteren Versammlung begründete ein Schlosser seine Forderung nach Wahlrecht für jeden »Mann, gleichwohl ob Bettler oder Fürst«, mit dem Hinweis: »Sehen Sie sich die Todtenlisten an, meine Herren! Die Arbeiter haben den Sieg davon getragen«.[2]

Obwohl sie dem aufständischen Arbeiter nicht in den Sinn kamen, gab es unter den Toten auch Frauen. Ihre Erwähnung hätte seine Diagnose bestärkt: es starben drei Arbeiterinnen, zwei Dienstmägde, eine Schneiderin, zwei Frauen von Meistern, eine Frau eines Gesellen – und die Tochter eines Obersteuerinspektors, die versehentlich von einer Kugel getroffen wurde. Der weitaus größte Teil der nahezu dreihundert gefallenen Männer waren Arbeitsleute und Gesellen.

Es nimmt nicht Wunder, dass Menzel vor solchem sozialen Hintergrund sein Bild von der *Aufbahrung der Märzgefallenen* nicht vollenden konnte. Die soziale Verwerfung der traditionellen Ordnung war zu groß, um sich als traditionelles Sujet auf die Leinwand bannen zu lassen. Spiegelbildlich offenbart sich das in Menzels Gemälde *Das Eisenwalzwerk*. Es gelang, weil sich das Proletariat hier durch Fabrikdisziplin und Maschinengewalt vermeintlich gebändigt zeigen ließ.

Und doch verweist seine Mischung aus düsterer Fertigungshalle und lodernder Glut auf die latente Bedrohung, die für das bürgerliche Bewusstsein von der Arbeiterklasse auszugehen schien. Sie hat Georg Herwegh 1863 im Bundeslied des Allgemeinen Deutschen Arbeitervereins formuliert – ein Jahrzehnt bevor Menzels Bild entstand: »Mann der Arbeit, aufgewacht! | Und erkenne deine Macht! | Alle Räder stehen still, | Wenn dein starker Arm es will«.

Der evangelische Reformer Johann Hinrich Wichern hatte das

schon 1848 geahnt und vor dem »Kommunismus« gewarnt: »Die Furcht geht vor ihm her und läßt das Blut in den Adern der bürgerlichen Gesellschaft erstarren. Und mit Recht«.[3] Gegen solche Gefahr rief er zur ›inneren Mission‹ gegen den »Satanismus« der »antichristlichen Mächte« des internationalen Sozialismus auf, der auch die deutsche Arbeiterschaft erfasst hätte. Deren nicht sesshaften Teile, Wanderarbeiter und Vagabunden, ähnelten ihm »Troglodyten« und »Wilden«.

Damit griff er den Vergleich einheimischer Unterschichten mit überseeischen Eingeborenen auf, der im kolonialistischen und industrialisierten Großbritannien weit verbreitet war. Der junge Fabrikantensohn Friedrich Engels aus Barmen (das später zu einem Teil von Wuppertal wurde) hatte sich in der Auseinandersetzung mit der Hegelschen Philosophie und der sozialen Frage radikalisiert. Über die *Lage der arbeitenden Klasse in England* schrieb er, diese wäre »allmälig ein ganz andres Volk geworden« als die »Bourgeoisie«. Beide wären »so verschieden, wie sie der Unterschied der Race nur machen kann«.[4]

Auf die zunehmende soziale und politische Desintegration der Unterklassen reagierten Kapital und Staat mit verschiedenen Vorschlägen und Strategien von politischer Unterdrückung bis zu sozialpolitischen Vorbeugemaßnahmen. Sie wurden von der Präsentation exotischer Menschen flankiert. Die entwickelte sich aus bescheidenen Anfängen der Schaustellerei auf Jahrmärkten zu einem lukrativen Geschäft. Seinen bekanntesten Ausdruck fand es in den ›Völkerschauen‹ der Firma Hagenbeck.

Das dabei in unterschiedlichster Form realisierte Verhältnis von Eigenem und Fremdem findet sich bereits auf Adolph Menzels Bild *Die Zulus* vorgezeichnet (siehe Abbildung 7). Wahrscheinlich durch den Besuch einer Weltausstellung angeregt,[5] zeigt es eine Bühne, auf der fünf als Wilde kostümierte Afrikaner tanzen. Die Betrachter des Bildes werden in die Situation von Zuschauern einer Jahrmarktsvorführung versetzt. Gegenüber den ›schwarzen Wilden‹ auf der Bühne können sie sich gemeinsam als ›zivilisierte Weiße‹ begreifen.

Das wird dadurch unterstützt, dass die Szene vor einer gemalten

Urwaldkulisse mit exotischen Tieren spielt. Die Darsteller sind halb nackt, tragen Baströcke und imitieren die Bewegungen von Schlangen, Tigern, Papageien und Affen. Diese schnöde Herabminderung anderer ist bildungsbürgerlich chiffriert. Der Code findet sich als abgewandeltes Zitat auf der Fellzeichnung des Tigers: »Niemand wandelt ungestraft unter Palmen«.

Der Wortlaut variiert einen Satz aus Goethes *Wahlverwandtschaften*. Er stammt aus dem Tagebuch der jungen Ottilie, in dem sie erklärt, es gehöre »schon ein buntes geräuschvolles Leben dazu, um Affen, Papageyen und Mohren um sich zu ertragen«. Zwar beneide sie gelegentlich den Reisenden in ferne Welten. Doch sei sie sicher: »er wird ein anderer Mensch. Es wandelt niemand ungestraft unter Palmen, und die Gesinnungen ändern sich gewiß in einem Lande wo Elephanten und Tiger zu Hause sind«.[6]

Im ausgehenden 19. Jahrhundert wuchsen Beliebtheit und Erfolg derartiger Veranstaltungen rapide. Die Zuschauer konnten die gefahrvolle Reise in ›ferne Welten‹ durch einen bequemen Besuch im Panoptikum, Varieté oder Zoo nachvollziehen. Letzterer lieferte die tierische Kulisse für seine Völkerschauen gleich mit. Hagenbecks Veranstaltungen sind zu recht als »Medium der Massenunterhaltung« bezeichnet worden. Ihre hohen Besucherzahlen wurden auch durch verbilligten Eintritt ermöglicht – die ›Völkerschau Birma‹ etwa kostete 50 Pfennig für Erwachsene und 25 für Kinder; am Sonntagvormittag aber war das Vergnügen schon für 30 und 15 Pfennig zu haben. Außerdem inszenierte Hagenbeck seine Veranstaltungen geradezu multimedial: neben Anzeigen und Zeitungsartikeln gab es Postkarten, Bücher und ab 1912 auch einen Erfolgsschlager mit dem Refrain »Geh'n wir mal zu Hagenbeck«. Von diesem und anderen Veranstaltern wurden in der Zeit von 1870 bis 1940 über 300 verschiedene Gruppen ausgestellt, die am Tag bis zu 60 000 Besucher hatten.[7]

Diese bekamen neben bezahlter Unterhaltung eine kostenlose ideologische Beigabe, in der Ottiliens Vermutungen zur rassistischen Botschaft mutiert waren. Sie betraf ›Eingeborene‹ im Allgemeinen und erlaubte den Besuchern das Gefühl eigener Überlegenheit. Die Ausgestellten kamen den Zuschauern, indem sie sie unterhielten, nicht nur nahe. Sie produzierten zur gleichen Zeit auch eine Distanz, die, im Gewand des Rassedenkens inszeniert, die Besonderheit der weißen Rasse bezeugte.

Im Sommer des Jahres 1884 gastierte auf der ›Völkerwiese‹ des Leipziger Zoos eine ›Suaheli-Karawane‹. Angereichert um Frühschoppen und Nachmittagskonzerte eines Militärorchesters zeigte sie jeden Tag mehrere Darbietungen ihrer ›Sitten und Gebräuche‹. Um das Publikumsinteresse zusätzlich zu mobilisieren, wurde für die Abende eine ›Galerie lebender Bilder‹ angekündigt, in der unter anderem Szenen aus der kolonialen und orientalistischen Malerei nachgestellt wurden. Eine davon hatte es wegen ihrer »drastischen Komik« der Lokalpresse besonders angetan: das »allerliebste Bild Mohrenwäsche«, bei dem »ein niedliches Blondköpfchen« einen »Schwarzen vergeblich weiß zu waschen« suchte.[8]

Die Szene orientierte sich an einem Gemälde von Carl Joseph Begas. In einem Inventar der Berliner National-Galerie wurde diesem Genrebild des königlich preußischen Hofmalers »verdiente Popularität« bescheinigt und eine kurze Beschreibung beigegeben: »Ein kleines blondes Mädchen, welches von der neben ihr auf dem Teppich lagernden Mohrin gewaschen worden, ergreift den Schwamm, um deren braune Hautfarbe zu tilgen«.

Weder die Journalisten noch der Kunstwart sprachen die Hautfarbe des Mädchens an. Sie galt ihnen als derart normativ, dass sie keiner Erwähnung wert schien. Gleichzeitig war sie eine innige Verbindung mit einer sehr viel älteren Konnotation aus den Arsenalen des Rassismus eingegangen. Die hatte sich dabei aus metaphysischer Gewissheit und genealogischem Erbe in eine rassische Qualität und kulturelle Errungenschaft verwandelt. Auf dem neu entstehenden Markt für Markenprodukte und in der mit ihnen einhergehenden Werbung griffen die Hersteller von Seifen und Waschmitteln das Motiv der ›Mohrenwäsche‹ international auf.

›Kaloderma‹ und ›Sarotti-Mohr‹

Als moderne Massenware war ›Seife‹ nicht nur zum Waschen da. Sie diente zugleich der Legitimation kolonialer Expansion und imperialer Politik. Das vermittelte jedenfalls die sie anpreisende Werbung. Nachdem der ehemalige Drogist Hans Schwarzkopf in Berlin die Idee gehabt hatte, sein Haarwaschmittel zu bewerben, war es nur eine Frage der Zeit, bis einem der Reklamemacher das Bild von der Mohrenwäsche einfiel. Es wollte komisch sein und pries unter der Hand die Segnungen der weißen Zivilisation an.

Die Firma Bergmann aus Radebeul, die »zarte weisse Haut« durch ihre Lilienmilch-Seife versprach, setzte geradezu auf einen Overkill metaphorischer Weiße und ließ eine Werbung schalten, in der ein ganzes Dorf von Schwarzen herbeigeeilt kam, um die übergroß im Vordergrund liegende Seife zu bestaunen. Weißsein und Reinlichkeit verschmolzen zu einer einfachen Botschaft: rassische Überlegenheit ließ sich durch körperliche Sauberkeit und die wiederum durch einschlägiges Konsumverhalten demonstrieren.[9]

Da traf es sich gut, dass Seife eine »germanische Erfindung« sein sollte und die »alten Seifensieder [...] auf beiden Ufern des Rheins« gesessen hätten. An deren Tradition knüpfte im 19. Jahrhundert der Friseur Ludwig Gottlob Friedrich Wolff in Karlsruhe an. Er begann, nachdem er der steigenden Nachfrage nach seinen selbstgefertigten Kosmetika gewahr geworden war, 1843 mit der Herstellung von Seifen und Parfümerieartikeln en gros. Sein Sohn trat in seine Fußstapfen und bald heimste die Firma reihenweise Auszeichnungen ein – unter anderem auch 1873 auf der Wiener Weltausstellung.[10]

Ihre Produktlinie ›Kaloderma‹ wurde schnell bekannt. Zu ihr gehörten schon früh ›Produkte für den Herrn‹, darunter Seife, Rasierseife, Rasiercreme – und (wie es in Anzeigen von 1926 hieß) »Kaloderma weiß«, das der Haut »jugendliche Frische« und »einen zarten weißen Teint« verleihen sollte. Männer, die rassisch schon längst als weiß galten, konnten dieser Eigenschaft jetzt auch kosmetisch nachhelfen, ohne als verweiblicht zu gelten.

Das wurde durch ein anderes Werbemotiv nachdrücklich bestätigt. Mitte der 1920er Jahre gestaltete Ludwig Hohlwein eine Reklame für ›Kaloderma Rasierseife‹. Vor gelblichem Hintergrund zeigt sie einen gebräunten weißen Mann in uniformartigem Khaki, der sein Gesicht schneeweiß eingeschäumt hat. Über seinem Arm hängt ein ebenso weißes Handtuch. Er ist gerade dabei, sich zu rasieren. Vor ihm steht ein schwarzer Knabe, der einen Spiegel für ihn hält.

Das Motiv hat vielseitige Bezüge und offenbart mehr, als Hersteller und Werbemacher zeigen wollten. Der in Khaki gekleidete Mann vor sonnenfarbenem Hintergrund signalisiert unverkennbar einen kolonialen Bezug. Nur war Deutschland zu der Zeit, als die Werbebotschaft entstand, seiner Kolonien verlustig gegangen. ›Kaloderma‹ versprach zumindest die Erinnerung an sie, ließ sich aber auch revisionistisch vereinnahmen.

Das wurde durch den schwarzen Jungen unterstützt, dessen einzige Funktion es war, dem weißen Schaumschläger ein überlegenes Rassenbewusstsein zu ermöglichen. Gleichzeitig verriet der Spiegel, dass dadurch nicht etwa natürliche Unterschiede geordnet, sondern soziale Machtansprüche und Gewaltverhältnisse legitimiert wurden. In ihnen war jemand nur deshalb weiß, weil er sich in denen spiegeln konnte, die als farbig und unterlegen gekennzeichnet worden waren. Der oben auf der Werbegraphik stehende Name ›Kaloderma‹, den der Hersteller sich ausgedacht und aus den griechischen Worten für ›schön‹ (kalós) und Haut (dérma) zusammensetzt hatte, war ein Menetekel des Rassismus.

Der kleine Schwarze stand stellvertretend für unzählige Stereotype, mit deren Hilfe Werbung rassistisch aufgeladen wurde. Zentrale Botschaft war in jedem Fall das weiße Privileg, von Farbigen mit exotischen Produkten versorgt oder bedient zu werden. Darin kam gleichsam eine Demokratisierung der Figur des ›Hofmohren‹ zum Ausdruck. Was einst Privileg einer aristokratischen Oberschicht gewesen war (um adlige Damen wie Erdmuthe Sophie von Sachsen in vorteilhaftes Licht zu setzen), sollte jetzt allen Teilen der Bevölkerung zugänglich sein (wenn auch nur als Surrogat in Form rassistischer Reklame).

Die exotischen Werbefiguren priesen Kaffee und Tabak, Schokolade und Tee an, aber auch Zahnpasta, Schuhcreme, Klebstoff oder eben Seife.[11] Eine der bekanntesten dieser Werbefiguren war der ›Sarotti-Mohr‹. Seine Geschichte als Markenzeichen beginnt im August 1918. Zu diesem Zeitpunkt hatte Deutschland längst alle seine Kolonien verloren. Die Kolonialtruppen hatten sich ergeben (nur die Einheiten von Paul von Lettow-Vorbeck marodierten noch durch Ostafrika) und ein deutsches Kolonialreich existierte allein in Form von Plänen. Die waren allerdings gigantisch und schlossen ein deutsches Zentralafrika ein, das von Madagaskar und Ostafrika bis zum Kongo reichen, Angola, Westafrika, Kamerun, Nigeria, Togo und die Goldküste umfassen und auch São Tomé und Príncipe einschließen sollte. Das war zu diesem Zeitpunkt portugiesische Kolonie und der weltgrößte Produzent von Kakao.[12]

Die internationale Kritik an den sklavereiähnlichen Verhältnissen auf den dortigen Kakaoplantagen konnte Sarotti nicht entgangen sein. Trotzdem wählte es einen ›Mohren‹ als Signet und knüpfte damit direkt an die Zeit an, in der die transatlantische Sklaverei Afrikaner auch als Ausstattungsstücke adeliger Haushalte nach Europa und Deutschland gebracht hatte. Dessen orientalische Kleidung sollte zusätzlich dazu beitragen, die Gewalt der Plantagenwirtschaft vergessen zu machen und den Konsumenten die unbeschwerte Möglichkeit exotischer Genüsse zu suggerieren.

Selbst Schnabelschuhe, Pluderhose und Turban des Werbemohren (siehe Abbildung 10) waren nicht aus der Zeit gefallen. Sie konnten von den Konsumenten mit *Tausendundeiner Nacht* wie mit der deutsch-osmanischen ›Waffenbrüderschaft‹ im Ersten Weltkrieg verbunden werden. Die ging auf deutsche Versuche zurück, das osmanische Reich wirtschaftlich zu durchdringen und schlug sich sinnbildlich in der Vergabe der Konzession für den Bau der Bagdadbahn an die Deutsche Bank nieder. Sie kam aber auch in der Mitverantwortung des Deutschen Reichs am Völkermord an den Armeniern zum Ausdruck.

Das wurde auch rassentheoretisch formuliert. Die Türken dürften, meinte ein deutschnationaler Professor für Geographie, »keineswegs [...] restlos der mongolischen Rasse zugerechnet werden«. In Sonderheit die »Türken des Westens« wären »von Rasse eher

Arier« und in »Klein-Asien« zeigte sich der »mongolide Typus« nur bei den »niederen Volksklassen«. Die Armenier hingegen hätten »absolut nichts mit arischer Rasse zu tun«, wären nur »oberflächlich indogermanisiert« und würden sich neben »Rassenmerkmalen« auch die »soziale Stellung« mit den Juden »teilen«, was »gelegentlich zu Ausbrüchen der Volkswut führt[e]«.[13]

Direkte oder indirekte Verknüpfungen exotischer Gebrauchswertversprechen mit kolonialer Gewaltpolitik waren typisch für den gesamten zeitgenössischen Warenrassismus.[14] Dabei ließ sich Genuss nicht von Komplizenschaft trennen. Das kam besonders deutlich in einem Genre zum Ausdruck, welches als »Bilderschule der Herrenmenschen« bezeichnet worden ist.[15] Sammelbilder mit kolonialistischen und rassistischen Motiven waren vor und nach 1900 weit verbreitete Beilagen zu zahlreichen Waren.

Die Bilder (die es auch von Sarotti gab) stellten Menschenrassen vor, zeigten Szenen aus den Kolonien, informierten über die Herstellung von Kolonialprodukten, glorifizierten Kolonialkriege, feierten Kolonialpioniere, illustrierten die Geschichte der europäischen Expansion und betonten in einem fort die Distanz zwischen der weißen und den farbigen Rassen. Letztere wurden gleichzeitig als zurückgeblieben inszeniert und als dienstfertige Produzenten und Lieferanten von Kolonialwaren gezeigt. Dadurch ließ sich Weißsein nachgerade konsumieren und mit entsprechendem Kaufverhalten immer wieder neu bestätigen.

Selbst wenn die einschlägigen Produkte nicht allen Käufern zugänglich waren, so verbreitete doch die für sie werbende Reklame eine öffentliche Aura weißer Bevorzugung. Im Rahmen einer Öffentlichkeit massenhafter Warenwerbung vermittelte sie eben jenes Gefühl, das einen jungen Kaufmannslehrling mit dem sinnfälligen Namen Anton Wohlfahrt in Gustav Freytags Bestseller *Soll und Haben* überkam: »Fast alle Länder der Erde, alle Racen des Menschengeschlechts hatten gearbeitet«, um »Nützliches und Werthvolles« vor seinen Augen »zusammenzuthürmen«.

Lohn des Weißseins

K olonialpropaganda, Kolonialpolitik und ein vom konkreten Kolonialbesitz unabhängiger Warenrassismus trugen im Verein mit Kolonialausstellungen, Kolonialromanen, Völkerschauen und Völkerkundemuseen zur Propagierung und Verallgemeinerung des Weißseins bei. Dadurch wurde rassistisches symbolisches Kapital erzeugt und für alle Schichten der Bevölkerung bereit gestellt. Auch wer arm war und über kein ökonomisches Kapitels verfügte oder nur eine mäßige Bildung genossen hatte und daher wenig kulturelles Kapital besaß oder seiner niederen Stellung wegen kaum aufstiegsrelevante Beziehungen und damit ein mangelhaftes soziales Kapital hatte, konnte von der verallgemeinerten Eigenschaft des Weißseins zumindest ideologisch profitieren.[16]

Das wurde im frühen 20. Jahrhundert gleich mehrfach theoretisch reflektiert: in den Vereinigten Staaten von W. E. Burghardt Du Bois, einem schwarzen Soziologen, der auch einige Semester in Berlin studiert hatte; in Deutschland von Max Weber, einem der Gründungsväter der dortigen akademischen Soziologie; und in Österreich von Sigmund Freud, dem Begründer der Psychoanalyse, der allerdings seine Überlegungen nicht auf ›farbige Rassen‹, sondern auf den Antisemitismus bezog (der sich vorwiegend innerhalb der ›weißen Rasse‹ abspielte).

Du Bois erklärte auf der ›National Negro Conference‹, unter der »Vorherrschaft der weißen Rassen« würde versucht, selbst »die Slums der weißen Gesellschaft in jedem Fall und unter allen Umständen höherstehend als jede farbige Gruppe darzustellen« und den Begriff ›weiß‹ so auszulegen, dass er »das Recht von Weißen jeglicher Art« umfasse, Schwarze zur Unterordnung zu zwingen. Später sollte Du Bois diese Aussage noch um den Hinweis ergänzen, dass »die weiße Gruppe der Arbeiter, auch wenn sie niedrige Löhne bekommt, durch eine Art von öffentlichem und psychologischem Lohn entschädigt« werde, der von der allgemeinen Wertschätzung ihrer Rassenzugehörigkeit über politische und soziale Besserstellung und Vorrechte bis zur Legitimation ihres gewaltsamen Verhaltens gegenüber Schwarzen reiche.

Weber ging zwar von der biologischen Realität der ›Rassen‹ aus, behandelte das Thema ›Rassenzugehörigkeit‹ aber soziologisch und erklärte: »Sie führt zu einer ›Gemeinschaft‹ natürlich überhaupt nur dann, wenn sie subjektiv als gemeinsames Merkmal empfunden wird«. Das aber geschehe nur im Vergleich, weswegen das daraus erwachsende »Gemeinschaftshandeln« als »rein negativ« gelten müsste. Daraus schloss er: »Die ›Rassenqualitäten‹ kommen für die Bildung ›ethnischen‹ Gemeinsamkeitsglaubens generell nur als Grenzen [...] in Betracht« und drücken sich in »Absonderung und Verachtung« aus. Das erläuterte er am Beispiel der »ethnische[n] Ehre«, die er als »Massenehre« begriff, weil sie unabhängig vom sozialen Status allen zugänglich wäre, die sich durch entsprechende Abgrenzungen einer »geglaubten Abstammungsgemeinschaft« zurechnen könnten. Zur Illustration verwies er auf die armen Weißen im Süden der Vereinigten Staaten, deren »soziale ›Ehre‹ schlechthin an der sozialen Deklassierung der Schwarzen hing«.[17]

In Deutschland schlug sich das nicht nur in der Akzeptanz rassistischer Unterhaltung und Warenwerbung nieder. Es zeigte sich auch am Entstehen einer sozialistischen Kolonialpolitik. Mit ihr wurde die Vorstellung von einer Zivilisierungsmission der weißen Rasse im politischen Spektrum des Kaiserreichs von der Sozialdemokratie aufgenommen.

Das ging keinesfalls reibungslos und zeigte, dass der ›psychologische Lohn‹ des Weißseins so wenig angenommen werden musste, wie die aus der Deklassierung anderer erwachsende ›Ehre‹. Es zeigte aber auch, dass rassistische Differenzierungen in Form eines globalhistorischen Fortschrittsbewusstseins weit in die sozialistische Bewegung vorgedrungen waren. Auf dem Internationalen Sozialistenkongress 1907 in Stuttgart konnte eine prokoloniale Resolution nur mit knapper Mehrheit verhindert werden. Zu ihrer Begründung verwies der Niederländer Hendrikus van Kol (der selbst Besitzer einer Kaffeeplantage in Java war, aus deren Einkünften er regelmäßig für die Partei spendete) auf die »Kolonisation Amerikas«, ohne die »dort heute doch die Eingeborenen in den dürftigsten kulturellen Verhältnissen leben« würden.

Von den deutschen Delegierten sprach sich Eduard Bernstein für die Resolution aus und forderte »eine positiv sozialistische Koloni-alpolitik« weil »[e]ine gewisse Vormundschaft der Kulturvölker ge-genüber Nichtkulturvölkern [...] eine Notwendigkeit« sei. Auch be-hauptete er mit einem Zitat Ferdinand Lassalles, »Völker«, »die sich nicht entwickeln, dürfen mit Recht von Völkern, die eine Kultur-entwicklung haben«, »unterworfen werden«. Eduard David schloss sich dem an und fügte hinzu, die Kolonien könnten ohnehin nicht den »Eingeborenen« zurückgegeben werden, denn dann würden sie »in die Barbarei zurückfallen«.[18]

Mit solchen sich durch das gesamte parteipolitische Spektrum des Kaiserreichs ziehenden Vorstellungen war allerdings der deut-sche Rassismus nur teilweise abgedeckt. Er bezog sich nicht nur auf ›farbige Rassen‹, sondern auch auf rassisch suspekte Gruppen, die unter dem Begriff Zigeuner zusammengefasst wurden oder als An-gehörige der ›weißen Rasse‹ galten: Slawen (vor allem Polen) und insbesondere Juden. Die gegen sie gerichtete rassistische Diskri-minierung hatte als Antislawismus und Antisemitismus eine weit vor die Entwicklung des Rassenbegriffs zurückreichende Tradition. Ihre Funktionsweise war indessen mit der späterer Rassismen iden-tisch.

Das hat sich unter anderem in Überlegungen Freuds niederge-schlagen. Er sah einen unmittelbaren Zusammenhang von Ausbeu-tung und Herrschaft im Inneren der Gesellschaft, daraus entste-henden Spannungen und deren Ableitung durch nach außen ge-richtete Aggression. Dabei bestand er auf »der Erkenntnis, daß jede Kultur auf Arbeitszwang und Triebverzicht beruht«. Der »Zwang zur Kulturarbeit« müsse deswegen notwendigerweise mit der »Beherr-schung der Masse durch die Minderzahl« einhergehen. Das führe zur Kulturfeindschaft und Revolutionsbereitschaft der arbeitenden Klassen. Dem ließe sich aber durch eine »Identifizierung der Un-terdrückten mit der sie beherrschenden und ausbeutenden Klasse« entgegenwirken. Ermöglicht werde das mittels eines »Vergleichs mit anderen Kulturen« und die ihm innewohnende »Berechtigung, die Außenstehenden zu verachten«, die »für die Beeinträchtigung [... im] eigenen Kreis entschädigt«. Unter dem Eindruck des nati-onalsozialistischen Antisemitismus erklärte Freud um einiges später: »das Gemeinschaftsgefühl der Massen braucht zu seiner Ergänzung der Feindseligkeit gegen eine aussenstehende Minderzahl«.[19]

Unabhängig von ihrer unterschiedlichen Reichweite und ihren verschiedenen analytischen Ansatzpunkten (und auch davon, dass keiner der drei die Kategorie ›Rassismus‹ verwendet, die zwar als Wort vorhanden, als Begriff aber noch nicht verbreitet ist) weisen die Überlegungen von Freud, Weber und Du Bois zentrale Gemeinsamkeiten auf. Sie gehen nicht von wie auch immer angeblich gearteten Verhältnissen zwischen dem ›Eigenen‹ und dem ›Fremden‹ aus. Das Problem kommt für sie nicht von außen, sondern entspringt aus sozialen Beziehungen und Konflikten. Es liegt aus ihrer Sicht in den destabilisierenden Auswirkungen ökonomischer, sozialer und kultureller Ungleichheit. Denen halten sie die Integrationswirkung negativer Vergesellschaftung entgegen, die Zusammengehörigkeit durch Diskriminierung organisiert. Du Bois' ›psychologischer Lohn‹, Webers ›soziale Ehre‹ und Freuds ›Berechtigung zur Verachtung Außenstehender‹ sind allesamt Bezeichnungen für eine ideologische Ressource, die tendenziell allen sozialen Schichten zugeteilt werden kann. Allerdings lässt sie sich nur durch die Ausgrenzung anderer generieren.

In Deutschland hatte der politische Antisemitismus diesen Zusammenhang während des Kaiserreichs zu einem bösartigen System von Herabminderung und Verdächtigung ausgebaut. Es wurde der Arbeiterschaft als politisches Programm angeboten, als der preußische Hofprediger Adolf Stoecker 1878 eine ›Christlich-Soziale Arbeiterpartei‹ gründete. Als nationale Alternative zur Sozialdemokratie gedacht, erlebte sie bei ihrem ersten Antritt zu Wahlen ein Debakel und wurde kurz danach in ›Christlich-Soziale Partei‹ umbenannt.

Schließlich gelang dem christlichen-sozialen Antisemitismus aber doch noch ein Erfolg – wenn auch nicht bei den sozialdemokratisch orientierten Arbeitern. Der ›Deutschnationale Handlungsgehilfenverband‹, der sich im Kaiserreich und in der Weimarer Republik zur größten Angestelltenorganisation entwickelte, schloss in seiner Satzung »Juden und nachweislich von Juden abstammende Personen« von Anfang an aus. Außerdem empfahl und verbreitete er antisemitische Literatur, integrierte den Antisemitismus in seine Bildungsarbeit und kooperierte mit anderen antisemitischen Organisationen. Nach Auffassung führender Mitglieder konnten »soziale Reformen [...] nur im Zusammenhang mit der Judenfrage erledigt« werden und das »Judentum« galt als »der ärgste Feind des wahren Deutschtums«.[20]

Zwischen den Handlungsgehilfen und nationalistischen wie völkischen Organisationen bestanden zahlreiche Kontakte. Parallel dazu gab es im Bereich der Großindustrie wie der Großagrarier zahlreiche Versuche, auf die arbeitenden Klassen Einfluss zu nehmen. Angesichts wachsender Erfolge der Sozialdemokratie wurden dabei auch Überlegungen zur Bildung einer politischen Organisation angestellt. Im Verlauf des Krieges, vor allem aber als sich abzeichnete, dass dieser nicht zu gewinnen sein würde, entwickelten sich daraus Initiativen zur Gründung volksgemeinschaftlich orientierter Arbeiterparteien, die von nationalistischen und völkischen Organisationen unterstützt wurden.

In diesem Kontext forderte der Vorsitzende des expansionistisch, nationalistisch und antisemitisch ausgerichteten ›Alldeutschen Verbands‹, Heinrich Claß, den »Kampf gegen das Judentum« als ideologisches Instrument zu nutzen, auf das der »Unwille« des »irregeleiteten Volkes abgeleitet werden muß«. Die vom Verband lancierte antisemitische Propagandaorganisation ›Deutsch-Völkischer Schutz- und Trutzbund‹ gewann dabei bedeutenden Einfluss auf eine in München unter dem Namen ›Deutsche Arbeiter-Partei‹ gegründete Organisation.

In einem Brief an Claß hieß es im August 1920, eine »nationale Arbeiterpartei« wäre die »Basis« für »den starken Stoßtrupp, den wir erhoffen«. In München hätte sie bereits große Fortschritte gemacht. »Ein Herr Hitler«, ein »Volksredner 1. Ranges« erwiese sich dabei als »bewegende Kraft«. Zu diesem Zeitpunkt war die Partei bereits in ›Nationalsozialistische Deutsche Arbeiterpartei‹ umbenannt worden. In ihrem Parteiprogramm forderte sie ein »Groß-Deutschland« mit »Kolonien« sowie die Begrenzung der Staatsbürgerschaft auf »Volksgenossen«, die »deutschen Blutes« sein müssten und erklärte: »Kein Jude kann daher Volksgenosse sein«.

VIII

›Gelbe Gefahr‹ und ›Schwarze Schmach‹

An den Grenzen des Weißseins

Abb. 8: ›Schwarzer Terror in deutschen Landen‹.
Titelzeichnung des Kladderadatsch (1920)

Durch Theodor Fontanes Roman *Effi Briest* spukt ein Chinese. Zwar ist er schon tot, wurde aber als Heide außerhalb des Friedhofes beerdigt. Und auch wenn der Pfarrer seinerzeit versicherte, er wäre ein Mensch wie jeder andere gewesen, hat er für die Hauptfigur »was Gruseliges«. Zudem lebt sie nach ihrer Heirat unter ›Fremden‹. Das Hinterland der kleinen Hafenstadt, in die es sie verschlagen hat, wird von »Kaschuben« bewohnt und die Stadt selbst, auf Seehandel ausgerichtet, beherbergt »[a]llerlei Exotisches«, »vielleicht einen Neger oder einen Türken, oder vielleicht sogar einen Chinesen«.

Letzterer soll Diener eines Chinafahrers gewesen sein. Gestorben sei er, nachdem er bei der Hochzeit der Enkelin seines Herrn mit der Braut getanzt hatte, die kurz danach unauffindbar verschwand. Die Geschichte verursacht Effi Alpträume und lässt ihr das neue Zuhause unheimlich werden. Schließlich vermutet sie sogar, ihr Gatte nutze die Erinnerung an den ›Chinesen‹ als »eine Art Angstapparat«, um sie in Abhängigkeit zu halten.

Die sexistische und psychologische Dimension der Geschichte beiseite gelassen, hat sich in ihr wie nebenbei auch der deutsche Imperialismus niedergeschlagen.[1] Der pochte zwar auf seinen ›Platz an der Sonne‹ des Imperialismus. Dem standen indessen nicht nur die anderen Kolonialnationen entgegen. Auch die im Namen einer weißen Zivilisierungsmission unter Schutzverträge gezwungenen Völker begegneten diesem Ansinnen mit Widerstand.

Rassentheoretisch als ›Gelbe‹ und ›Schwarze‹ eingestufte Ostasiaten und Afrikaner wehrten sich gegen deutsche Ansprüche. In Ostafrika hatten die Hehe unter ihrem Oberhaupt Mkwawa den deutschen Kolonialtruppen eine verheerende Niederlage bereitet. Anschließend verwickelte sie Mkwawa in einen jahrelangen Guerillakrieg. In Westafrika antwortete Deutschland auf den Widerstand der Herero und Nama mit einer genozidalen Vernichtungspolitik. Gegenüber China konnte zwar im Windschatten Englands und Frankreichs ein einseitiger Handelsvertrag durchgesetzt werden. Doch erst die offiziell als Pachtvertrag ausgegebene Annexion von Kiautschou führte 1898 zu kolonialem Besitz.[2]

Schon zuvor hatte der deutsche Kaiser in die internationalen

Warnungen vor einer ›gelben Gefahr‹ eingestimmt. Deren Bild skizzierte Wilhelm II. nach dem chinesisch-japanischen Krieg von 1894/95 mit eigener Hand. Der Historienmaler Hermann Knackfuß fertigte dann nach diesem Entwurf eine Lithographie an. Sie wurde unter dem vom Kaiser gewählten Titel *Völker Europas, wahrt eure heiligsten Güter* bekannt. Auf ihr ist der Erzengel Michael in Rüstung und mit Flammenschwert zu sehen, der eine Reihe besorgter Frauen, allesamt Allegorien europäischer Völker, auf einen Buddha hinweist. Dieser schwebt als leuchtende Erscheinung auf einem feuerspeienden Drachen in einer Rauchwolke über einer brennenden Stadt, die am Horizont einer Landschaft voller Kirchtürme liegt.[3]

Das war ein deutlich drastischeres Bild als das aus Effi Briests ›Angstapparat‹. Zudem wurde Angst hier nicht nur gezielt ideologisch eingesetzt. Sie gehörte auch zum Inventar eines politischen Alarmismus, den Angehörige der ›weißen Rasse‹ gerade in dem Moment zum Ausdruck brachten, als deren imperiale Verbreitung das größte Ausmaß erreicht hatte.[4]

Die vielen Facetten dieser Angst erstreckten sich von der Beschwörung einer ›gelben Gefahr‹ bis zur Kampagne gegen die sogenannte ›schwarze Schmach‹. Außerdem bezogen sie sich auf angeblich minderwertige aber gleichwohl gefährliche Teile der weißen Rasse. Das kam in Warnungen vor der ›slawischen Gefahr‹ oder der ›goldenen Internationale‹ des Judentums zum Ausdruck. Mit solchen Hinweisen auf weit in die weiße Rasse hineinreichenden Gefährdungen war es nicht getan. Hinzu kam der Verdacht, auch deren ›germanischer‹ und selbst ›nordischer‹ Kern wäre von innen heraus durch ›Degeneration‹ bedroht.

›Mongolensturm‹ reloaded

Effi Briests ›Chinese‹ und Kaiser Wilhelms ›Buddha‹ waren Repräsentanten einer weltweiten Kampagne gegen die ›gelbe Gefahr‹.[5] Sie brachte den massiven Wandel zum Ausdruck, den das europäische Chinabild in vergleichsweise kurzer Zeit vollzogen hatte. Noch am Ende des 17. Jahrhunderts vermutete Gottfried Wilhelm Leibniz in *Novissima Sinica*, China könnte (freilich erst nach seiner Christianisierung) den Europäern überlegen sein und diese dann kulturell missionieren. In der Mitte des 18. Jahrhunderts skizzierte Friedrich der Große, ein Protagonist der Chinoiserie, eigenhändig den Entwurf für ein ›Chinesisches Haus‹ im Garten von Sanssouci, dessen Dach von einem vergoldeten Mandarin geziert wurde.[6]

Im gleichen Zeitraum deutete der Orientalismus eines Namensvetters allerdings auch Tendenzen des Umschwungs an. Dieser Friedrich, Landgraf von Hessen-Kassel, ließ gleich mehrere chinesische Häuser bauen, die er der Authentizität wegen auch mit Chinesen besiedeln wollte. Als sich das als zu kostspielig erwies, nahm er Afrikaner und signalisierte mit diesem Exotismus die wachsende Polarisierung von ›Weißen‹ und ›Farbigen‹.

Linné hatte ihr Mitte des 18. Jahrhunderts durch seine entschlossene Einfärbung der ehedem weißen Chinesen nachgeholfen. Ende des Jahrhunderts galt minderen wie erlesenen Philosophen wie Meiners und Kant als ausgemacht, dass schöne ›Kaukasier‹ und hässliche ›Mongolen‹ verschiedene Menschenstämme wären oder doch letztere zumindest gegenüber den Europäern ewige Schüler bleiben müssten. Der Geist wäre bei ihnen zwar erwacht, hätte sie aber, wie Hegel meinte, schon in Richtung Westen verlassen, ehe sie es noch zur Philosophie brachten.

Damit schien Kolonisierung auch in diese Richtung möglich. Noch vor der Konstitution des Deutschen Kaiserreichs schickte Preußen 1859 ein kleines Geschwader auf eine Expedition nach Ostasien. Es wollte an der gewaltsamen Öffnung Chinas und Japans für den kapitalistischen Handel partizipieren. Der abschließende Bericht über dieses Unternehmen bescheinigte den Deutschen eine besondere Stellung innerhalb der ›weißen Rasse‹, die sie nachgerade »zur civilisatorischen Tätigkeit« prädestinierte.[7]

Um weniges später hielt es ein Journalist und Akteur der deutschen Kolonialbewegung für »gewiss«, dass »überseeische Colonien Preußens [...] ein nicht zu unterschätzendes Einigungsband für die Deutschen bilden werden« – denn Kolonien würden nicht nur »materielle Interessen« ansprechen, sondern wären auch »›moralische‹ Eroberungen«.

Während letztere der Imagination nationaler Größe dienen konnten (und allen sozialen Schichten zur Verfügung standen), waren erstere bei deutschen Handelshäusern und Reedereien konzentriert. Die fingen früh an, am sogenannten ›Kulihandel‹ zu verdienen.[8] Dabei wurden Menschen – durchaus nicht immer freiwillig – auch in deutsche Kolonien verkauft. Über den Transport solch billiger Arbeitskräfte nach Deutschland gab es zumindest eine Diskussion. Ein Grundbesitzer aus Ostpreußen schlug vor, den Mangel an Arbeitskräften durch die »Einführung von Chinesen« zu beheben. Das preußische Außenministerium holte sogar Informationen in Peking ein, nahm aber schließlich von der »Überführung ländlicher Arbeiter der chinesischen Rasse« Abstand.

Auf deutschen Schiffen wurden hingegen durchaus chinesische Seeleute beschäftigt. Das führte auch bei der politischen Linken zu argumentativen Problemen. In der sozialdemokratischen Theoriezeitschrift *Neue Zeit* lavierte ein Autor zwischen proletarischem Internationalismus und nationalen Arbeiterinteressen. Die schienen ihm durch das höhere Lebensniveau von »weißen« Seeleuten geprägt. Ihnen gegenüber wären »gelbe, braune und schwarze Kuli« mehr als genügsam: »Ebenso gering wie ihre Ansprüche bei der Ernährung sind auch die hinsichtlich ihrer Bekleidung oder sonstiger Kulturbedürfnisse«. Die »Verschiedenheit der Sprache und der Sitten« ließen ferner zweifeln, ob die »Kuli« überhaupt »für die kulturfördernden Bestrebungen der deutschen Arbeiter« und ihrer Gewerkschaften gewonnen werden könnten. Zudem sei die »Unsauberkeit der Kuli« nicht nur eine Gefährdung deutscher Matrosen, sondern geradezu »gemeinschädlich«, weil sie »sanitäre Gefahren ernster Art« für die Bevölkerung der Seehäfen mit sich brächte.[9]

Die angebliche Gefährdung durch Schmutz und Seuchen erschien in vielen Mahnungen vor der ›gelben Gefahr‹. Entsprechende Bedrohungsszenarien charakterisierten Chinesen als »Herdenvolk«, das sich unkontrollierbar ausbreiten würde, wenn auch nur einer von ihnen ins Land gelangte.[10] In den USA gipfelte diese Ideologie im *Chinese Exclusion Act* von 1882. Ein Gesetz gleichen Namens wurde 1904 in Südafrika erlassen. In Australien gab es ähnliche Maßnahmen deutlich früher. Dort florierte auch das Genre der Invasionsnovellen, in denen gelbe Horden den Kontinent überschwemmten oder gar annektierten.

Dieses Genre wurde schließlich auch in Deutschland bedient, als eine wirre Geschichte ›Millionenhorden‹ von ›Schlitzaugen‹ nach Westen ›fluten‹ ließ. Derlei krude Phantasien teilte das völkische Lager in unterschiedlichen Variationen. Dabei konnten die Farben der Rassenlehre mit denen des Antisemitismus und Antikommunismus durchaus vermischt werden. »Die Führer des Bolschewismus sind jüdische Asiaten«: war eine der Botschaften.

Im Jahr 1914 bot die *Neue Rundschau* dem dänischen Schriftsteller Johannes Vilhelm Jensen (dessen nordisch-darwinistisches Weltbild 1944 mit dem Nobelpreis für Literatur ausgezeichnet wurde) die Bühne für eine literarische Weltreise. In deren Verlauf widmete er sich in mehreren Beiträgen dem »große[n] Kampf um die Rasseherrschaft auf der Erde«. Durch den Beginn des Weltkrieges befeuert, endete die Argumentation in einem Lobgesang auf die »alte Germanenkraft«, welche dazu führen müsste, dass »deutscher Geist [...] aus diesem Riesenkampf stärker als je hervorgehen« würde. Gleichzeitig bekamen die Deutschen bescheinigt, das vitale Zentrum der weißen Rasse zu bilden. Der Krieg müsse »zeigen, ob russischer Nebel und japanisches Schlangengift alt- und neugermanische Zucht überwinden«. Das wäre freilich, »solange noch ein weißer Mann Waffen zu tragen vermag«, äußerst unwahrscheinlich.[11]

Schon 1907 hatte der deutsche Kaiser prophezeit, dass es im nächsten Krieg um die »Rassenfrage« gehen würde: »Gelb gegen Weiß«.[12] Jetzt sollte Deutschland stellvertretend für den ›weißen Mann‹ im Kampf gegen eine ›gelbe Gefahr‹ stehen, der es angeblich schon mehrfach siegreich begegnet war: während des Einfalls der Hunnen und zur Zeit des Mongolensturms. Ein zeitgenössischer Autor warnte geradezu vor der »Gefahr durch die neuen Tschingiskhane« und bezeichnete Russland als »asiatische Macht«.

Die Bescheinigung, die Russen wären ›Arier‹, half da nicht weiter. Der völkische Historiker Albrecht Wirth etwa erklärte die ›slawische Gefahr‹ trotzdem für dramatischer als die ›gelbe‹. Deswegen wertete er den Sieg Japans über Russland sogar als »Sieg für Deutschland«. Durch ihn würden die »immer begehrlicher vordringenden Slawen« im Zaum gehalten. Als ›weiß‹ zu gelten reichte in diesem Weltbild offensichtlich nicht aus, um im ›Rassenkampf‹ auf derselben Seite zu stehen.

Das deutsche Japanbild schwankte um 1900 ohnehin zwischen Abstoßung und Anerkennung. Letztere galt der Modernisierungspolitik der ›Preußen Asiens‹, wie die Japaner in diesem Kontext anerkennend genannt wurden.[13] Erstere wuchs schon nach dem russisch-japanischen Krieg, spätestens aber, als die Japaner anschließend auch die Deutschen besiegten: 1914 nahmen sie deren ›Besitzungen‹ in der Inselwelt Mikronesiens ein und eroberten die damalige deutsche Kolonie Kiautschou. Das brachte ihnen in Deutschland eine schlechte Presse, von der unter anderem das immer wieder neu intonierte Motiv mangelnder Kreativität angestimmt wurde. Eine Zeitung kommentierte: »Es gibt kein Gebiet der Wissenschaft und Technik, der Kriegskunst und des Handels, auf dem Japan nicht ein Schüler Deutschlands ist. [...] Diese frechen Knirpse haben nichts allein geleistet, alles von uns abgelauscht, mit der Verschlagenheit des echten Asiaten«.

Mit der ›Gefahr‹, die von der gelben Rasse teils durch ihre bloße Zahl, teils durch ihr Talent zur Nachahmung ausgehen sollte, war es nicht getan. Zu ihr kam ein nicht minder dramatisch inszeniertes Element hinzu. Es entsprang der Verbindung von Rassismus und Sexismus und intonierte weit verbreitete Motive rassistischen Begehrens.

Als die verderbenbringende Roboterfrau in Fritz Langs Metropolis die männliche Elite der Stadt mit einem erotischen Tanz in Atem hielt, hatte der Regisseur den Ort der verführerischen Performance ›Yoshiwara‹ getauft. Schon zwei Jahre vor Beginn der Dreharbeiten war in Berlin ein Theaterstück mit dem Titel Yoshiwara – Das Haus der Laster inszeniert worden, dessen Namen auf das Vergnügungsviertel von Tokio anspielte. Wurde hier der ›weiße Mann‹ Opfer fernöstlicher Verführungskunst, so ließ ein Stück mit dem Namen Taifun den ›gelben Mann‹ zum Mörder einer ›weißen Frau‹ werden. Den Regisseur leitete die erklärte Absicht, »auf die der weißen Rasse von den ›Preußen Asiens‹ drohende Gefahr aufmerksam zu machen«.[14]

Wie sich nicht nur hier zeigte, konnte die elende Dramaturgie von *Madame Butterfly* in alle Richtungen erweitert werden. »Con onor muore«? Weit gefehlt: die Protagonistinnen und Protagonisten der antijapanischen (und antichinesischen) Schundproduktionen litten und starben nicht ›ehrenvoll‹, sondern zur Bestätigung und Erneuerung rassistischer Unterstellungen. Die galten ›farbigen‹ Rassen und ›weißen‹ Frauen gleichermaßen. Dadurch wurde deutlich, dass Sexismus und Rassismus sich nicht nur verbinden, sondern auch ineinander übergehen können.

›Schwarze Bestien‹ am Rhein

Unter Literaten ist der ehemalige preußische Leutnant Fritz Oswald Bilse nur noch bekannt, weil sich Thomas Mann einst gezwungen sah, gegenüber dessen Art des Schreibens Distanz zu wahren. Sie stand im zeitgenössischen Bewusstsein für Denunziation. Der widmete sich Bilse auch, als er nach der Besetzung des Rheinlands durch französische Kolonialtruppen derart in Rage geriet, dass er gleich zwei antifranzösische Romane verfasste. Einen von ihnen schob er dem von ihm erfundenen sudanesischen Autor Afim Assanga unter. Von ihm sollten die Deutschen sozusagen aus erster Hand erfahren, wie es um die schwarze Seele (und, nicht zu vergessen, schwarze Körper) bestellt wäre. Dem eigentlichen Roman fügte Bilse zudem einen Sachbeitrag an. Der verwies auf Geheimgesellschaften, Gewerkschaften und Kongresse von Schwarzen, ja sogar auf schwarze Kommunisten, die in Moskau zur Revolte aufriefen.

Im Roman selbst ging es vor allem um allerlei Fleischliches zwischen Begehren und Kannibalismus. Dabei kehrte Bilse kurz entschlossen das Geschlechterszenario aus Joseph Conrads *Herz der Finsternis* um. Dort verrät Herr Kurtz seine kühle weiße Verlobte an eine heißblütige schwarze Geliebte. Hier gibt sich eine weiße Frau ihren Gelüsten auf den schwarzen Mann hin – solange, bis der sie in die Tiefen des ›Urwalds‹ entführt. Als der »schwarze nackte Mann« auf die »weiße Frau« zukommt, ist es zu spät zur Reue. Angesichts ihres Entsetzens fragt der Autor rhetorisch: »wolltest du nicht ins Innere reisen, das schwarze Geheimnis zu entdecken«?[15]

Den Hintergrund dieses schwülstigen Szenarios lieferte die vermeintliche Verkehrung bislang als gesichert geltender Rassenbeziehungen. Deutschland war nach seiner Niederlage im Ersten Weltkrieg aus einem Kolonien besitzenden zu einem besetzten Land geworden. Im Rheinland stationierte Frankreich auch Einheiten, denen Soldaten aus Nordafrika, Westafrika und Madagaskar angehörten. Dagegen richtete sich eine internationale Kampagne, die eine den Deutschen zugefügte ›schwarze Schmach‹ skandalisierte. Sie galt der kulturellen ›Schande‹, die darin bestehen sollte, dass, wie sich der sozialdemokratische Reichskanzler entrüstete, »Senegalneger« im »Goethehaus« und, wie sein Außenminister verallgemeinerte, »fremdrassige [...] Truppen« im »Herz des weißen Europas« lägen. In den Vordergrund trat dabei die Klage über die vom »zügellosen Triebleben« der Soldaten ausgehende Gefahr, die ein Zentrumsabgeordneter darin sah, dass »ein hochentwickeltes europäisches Kulturvolk von Negerstämmen und Farbigen im buchstäblichen Sinne des Wortes vergewaltigt« würde.[16]

Vor den diskriminierten Soldaten wurde als »wilden Horden aus Afrika«, »schwarzen Bestien«, »schwarzen Tieren« und »schwarzen Teufeln« gewarnt, die mit »lüsternen Blicken«, »geilen Augen« und »tierischen Gelüste[n]« nachgerade »sexuell Amok« liefen und »von Vergewaltigung zu Vergewaltigung deutscher Frauen taumeln«. Damit nicht genug, sollte von ihnen die »Gefahr der Verbreitung« zahlreicher Krankheiten, »Typhus, Ruhr, Pest und Cholera« oder auch »Malaria« samt »Tropenkrankheiten aller Art« ausgehen. Die schlimmste Gefahr aber wäre eine von ihnen verursachte »Mulattisierung« und »Syphilitisierung«, durch die »die ganze weiße Rasse [...] auf Jahrtausende verunreinigt« würde.

In diesem von Zeitungsartikeln, Flugblättern, Broschüren, Gedichten, Theaterstücken, Liedern, Postkarten, Aufklebern und in zahlreichen Reden auf Demonstrationen über Protestversammlungen oder Vereinssitzungen bis in den Reichstag als fortwährendes Crescendo intonierten Drama von der Schändung des weißen Volkskörpers durch farbige Besatzungstruppen wurden mahnende Stimmen übertönt. Sie verwiesen auf Untersuchungen, denen zufolge die Kolonialsoldaten deutlich disziplinierter waren als ihre weißen Kameraden und entschieden weniger Übergriffe auf die Zivilbevölkerung verübten. Dem wurde erwidert, selbst ohne jede konkrete Belästigung müsste schon die bloße Stationierung von Afrikanern als »Erniedrigung der weissen Rasse« und deswegen als »Rassenschande« gelten.

Um das symbolisch deutlich zu machen, setzten die zeitgenössischen Bilderdienste auf Entmenschlichung. Diese schon lange und vielfach erprobte Form rassistischer Diskriminierung äußerte sich dabei vor allem als Simianisierung: die anderen wurden mit Affen verglichen oder zu Affen gemacht.[17] Auf unzähligen Zeichnungen ließen die von Blättern verschiedenster politischer Couleur beschäftigten Karikaturisten Primaten in französischer Uniform aufmarschieren – bewaffnet oder mit der Trikolore und immer wieder auf weiße Frauen aus.

Ein besonders perfides Motiv war zeitgenössischen Betrachtern dabei keineswegs neu. Philosophie und Naturwissenschaften hatten es seit langem intoniert, von Literatur und Kunst war es aufgenommen worden. Auch in der populären Unterhaltung des Kinos reüssierte es lange vor seiner klassischen Version in *King Kong* (der später zu einem von Hitlers Lieblingsfilmen werden sollte). In einem Streifen mit dem Titel *Darwin*, der im afrikanischen Dschungel spielt, aber im Zoologischen Garten in Hamburg gedreht worden war, überzeugt sich ein Priester wider Willen von der Evolutionstheorie. Dazu gehört auch ein Traum, in dem er mit einem Gorilla um eine schwarze Frau kämpft. Diese Szene wurde für die publikumswirksame Gestaltung des Filmplakats genutzt. Auf ihm verschleppt ein riesiger Gorilla eine Frau, die auf unterschiedlichen Versionen der Abbildung entweder als Schwarze oder als Weiße zu sehen war.[18]

Diese Plakate entstanden etwa zu jener Zeit, in der ein ähnlich agierender wilhelminischer Gorilla Amerika bedrohte (siehe Abbildung 1). In der Kampagne gegen die ›schwarze Schmach‹ wurde das Motiv wieder aufgenommen. In zahlreichen Karikaturen tauchten Affen in französischer Uniform oder simianisierte Kolonialsoldaten auf. Das Motiv eines Gorillas, der eine weiße Frau attackiert oder entführt, wurde dabei mehrfach variiert.

Ende Mai 1920 griff es ein Zeichner der satirischen Zeitschrift *Kladderadatsch* auf (siehe Abbildung 8). Das von ihm gestaltete Titelblatt zeigt einen Gorilla mit französischem Militärkäppi und Tornister, der eine entblößte, marmorweiße Frau verschleppt, die, halb ohnmächtig, versucht, sich aus seiner Umklammerung zu befreien. Die zugehörige Bildlegende lautete: »Der schwarze Terror in deutschen Landen (Frei nach ›Der Gorilla‹ von Frémiet)«.[19] Anstelle einer Signatur wurden die Worte ›Frei nach Frémiet‹ auf der Karikatur (unten links) wiederholt und damit überdeutlich auf eine Skulptur als Vorlage verwiesen: das Ensemble *Gorille enlevant une femme*, das der Bildhauer Emmanuel Frémiet beim Pariser Salon von 1887 eingereicht hatte.

Das war allererst eine rassistische Inszenierung. Sie entmenschlichte schwarze Männer und zeigte ihre Beziehungen zu weißen Frauen als tierische Übergriffe und Vergewaltigung. Gleichzeitig enthielt sie aber auch eine unterschwellige sexistische Phantasie. Die wurde in der Kampagne gegen die ›schwarze Schmach‹ zwar nicht ins Bild gesetzt, aber durchaus formuliert. Es ging um den Verdacht, »daß gewisse Weiber sich den Schwarzen freiwillig ausgeliefert haben« könnten. Das wurde als »weiße Schmach« gebrandmarkt und auf die »Würdelosigkeit weisser Frauen« zurückgeführt. Sie würden »keine Kaste, keine Rasse, kein Vaterland, keinen Stand kennen« und systematisch »Rassen- und Blutschande« begehen.[20]

Dieser (durchaus nicht neue) Verdacht wurde nicht nur von rechts gehegt. Schon angesichts der Debatten um sogenannte koloniale Mischehen beklagte man im Reichstag einen weiblichen Mangel an »Rasseinstinkt« und führte ihn auf »eine nicht zu verstehende besondere Zuneigung gerade für das exotische Element« zurück. Selbst in Deutschland hätten »bei Vorführung exotischer Trupps von Nubiern, Negern, Singhalesen, und wie sie alle heißen, weiße Frauen sich den fremden Gästen geradezu an den Hals geworfen«.

Auch in gehobenen Schichten gäbe es »weibliche[n] Abhub«, der »Rassenschande« beginge. Ein sozialdemokratischer Abgeordneter betonte besonders die »Entartung«, die darin läge, dass gerade Frauen aus »wohlhabenden Kreisen« die »perverse Neigung bekunden«, mit »Eingeborenen« anzubandeln.[21]

Das eigene Weißsein war anscheinend einem vielseitigen Bedrohungsszenario unterworfen. Es reichte von der ›gelben Gefahr‹ über die ›schwarze Schmach‹ bis tief ins ›weiße Selbstverständnis‹. Weißsein wurde nicht nur von außen bedroht, sondern zeigte innere Brüche und Verwerfungen.

Bei ihrer Bewertung konnten die rassistischen Kommentatoren nur bedingt auf eine tradierte sexistische Figur zurückgreifen (der einst Lucas Cranach eine ganze Bildergalerie sich erdolchender Frauen gewidmet hatte): Lukretia, die sich nach einer Vergewaltigung selbst tötet. Entsprechende Szenarien fehlten auch im Kontext der ›schwarzen Schmach‹ nicht. Schon 1919 hatte der ›Afrikaforscher‹ und Dokumentarfilmer Hans Schomburgk in *Tropenfieber* eine weiße Frau nach Afrika reisen lassen, wo sie Gefangene eines Häuptlings wird, der sie missbraucht und dann weiterverkauft. Zwar rettet sie schließlich ihr nachgereister Verlobter, doch kann der ihren Selbstmord nicht verhindern. Um »ihre Schande« nicht auf ihn zu »übertragen«, scheidet sie aus dem Leben.[22]

Frauen wurden aufgerufen, wenigstens nicht »zur Entartung des Deutschtums bei[zu]tragen, indem sie einen farbigen Wechselbalg zur Welt« brächten. Gegenüber als ›Rasseschänderinnen‹ verleumdeten Frauen, die freiwillige Beziehungen mit Kolonialsoldaten eingingen und von ihnen auch noch Kinder bekamen, setzten nicht nur öffentliche Denunzianten auf Eugenik. Auch die staatliche Bürokratie machte sich entsprechende Gedanken (von denen sie wusste, dass sie ungesetzlich waren). So sorgte sich 1927 der bayerische Staatskommissar für die Pfalz, Heinrich Jolas, über die »Reinhaltung der Rasse im besetzten Gebiet« und dachte über die »Unfruchtbarmachung von Mischlingen« nach. Zehn Jahre später wurde sie von Beamten, Ärzten und Wissenschaftlern durchgeführt – heimlich, weil es dazu selbst im Faschismus keine Rechtsgrundlage gab.

Kampf der ›Entartung‹

In Deutschland (wie anderswo) galt die ›weiße Rasse‹ nicht nur durch gewalttätige oder verführerische farbige Männer und geschändete oder triebgesteuerte weiße Frauen als gefährdet. Die Entwicklung des Kapitalismus und das Anwachsen des industriellen Proletariats hatten eine Debatte über Degeneration ausgelöst.[23] Sie entfaltete sich im selben Ambiente wie die Kolonialpolitik und die Ausbreitung des Rassedenkens. Und sie übersetzte ältere Argumente gegen angeblich Missratene und Minderwertige in die Sprache der Rassentheorie.

Das drückte sich auf Deutsch in Warnungen vor ›Entartung‹ aus. Sie reichten politisch von rechts bis links und kulturell vom Demagogen bis zum Philosophen. Nach Immanuel Kant als renommiertem deutschen Vertreter der Rassentheorie entwickelte sich Friedrich Nietzsche zum bekannten philosophischen Verfechter eugenischer Phantasmen. Sein Abscheu vor Niedrigem und Schwachem ging so weit, dass bei ihm das Rassedenken implodierte und überwiegend ins Innere der Gesellschaft gerichtet wurde.

Einer der Hauptgründe des Niedergangs war in dieser Lesart das Christentum. Indem es nach der »Erhaltung alles Kranken und Leidenden« strebte, bewirkte es die »Verschlechterung der europäischen Rasse« und führte zur »Entartung und Verkümmerung des Menschen«. Als »Gegenbewegung gegen jede Moral der Züchtung, der Rasse, des Privilegiums« organisierte es einen »Gesammt-Aufstand alles Niedergetretenen, Elenden, Missrathenen, Schlechtweggekommenen gegen die ›Rasse‹«.[24]

Die Mehrzahl der Eugeniker, die sich in Deutschland der von ihnen ›Rassenhygiene‹ genannten Bewahrung der Volksgesundheit widmeten, verstanden ihre Aufgabe freilich pragmatischer. Ihre Sorge galt den Kriegen, in denen zu viele tapfere und tüchtige Männer umkämen; den Kolonien, deren Klima womöglich für Weiße unbekömmlich wäre; den Frauen der Oberschichten, die die beste Erbmasse hätten aber immer weniger Kinder bekämen; den Unterschichten, die ungebildet in miserablen Quartieren hausten, schlecht ernährt waren, dem Alkohol zusprachen und trotzdem zahlreichen, aber minderwertigen Nachwuchs zeugten. Ihre Warnungen zielten nicht nach Außen, sondern ins Innere der ›weißen Rasse‹ und galten ›Kranken‹ (wie Blinden, Epileptikern, Irrsinnigen, Schwachsinnigen, Taubstummen) und ›Unangepassten‹ (wie Bettlern, Gaunern, Herumtreibern, Huren, Trinkern).

Alle, die nicht arbeitsfähig und arbeitswillig waren, mussten damit rechnen, ins Verhau der Verteidiger von Rassentüchtigkeit und Volksgesundheit zu geraten. Deren eugenisches Programm war weit gefächert und radikalisierte sich zusehends. Schon in der ersten Hälfte des 19. Jahrhunderts hatte ein kurhessischer Kriminalbeamter gefordert, nicht nur »wilden Völker einer anderen Hemisphäre [...] die Fackel der Aufklärung« anzuzünden, sondern auch »die große Anzahl von moralisch Wilden, welche sich in unserer Mitte befinden, ihrer Bestimmung als Menschen und Bürger entgegenzuführen«.[25] Spätestens mit der Ausbreitung sozialdarwinistischen Denkens wurde in dieser Botschaft der Erziehungsgedanke durch Szenarien des Untergangs und der Ausrottung ersetzt.

Das betraf neben minderwertigen Weißen auch die farbigen Rassen. Sie galten dem eugenischen Denken als stete Gefahr der Kontamination. Es teilte deswegen die Vorstellung von den ›aussterbenden Rassen‹, mit welcher der europäische Kolonialismus die Folgen seiner gewaltsamen Expansion dem Wirken der Natur anlasten wollte. Dass dabei auf die Natur kein Verlass war und ihr entsprechend nachgeholfen werden musste, gehörte durchaus ins Kalkül.

Der Begründer der deutschen Rassenhygiene, Alfred Ploetz, forderte den »Wettbewerb der Rassen« in Südafrika. Wenn dessen »Besiedlung durch Weiße, die allein als Kulturträger in Betracht kommen«, gelingen sollte, dann müsste beim Import asiatischer »Kulis« verhindert werden, dass »die Chinesen in Südafrika als Wohnrasse festen Fuß fassen«. Vor allem aber müsste dafür gesorgt werden, dass der einheimischen schwarzen Bevölkerung »die Grundlagen der Volksvermehrung dauernd genommen werden«.[26]

Neben dem äußeren sah Ploetz auch einen inneren ›Kampf ums Dasein‹. Und der geriet für ihn bei zunehmender Zivilisation unweigerlich in einen Konflikt mit moralischen Regeln der gegenseitigen

Hilfe und Unterstützung der Schwachen. Sie starben nicht einfach aus, sondern konnten sich dank sozialer Unterstützung ungestört vermehren und schädigten dadurch die Qualität der Rasse – die der weißen Rasse ganz besonders, weil diese den höchsten Stand an Humanität repräsentierte. Aus diesem Dilemma gäbe es nur einen Ausweg: die Entstehung von ›Minderwertigen‹ und ›Schwachen‹ musste verhindert werden. Die Einteilung der Menschen in hierarchisch geordnete Rassen schlug nach innen als der Verdacht durch, zur Rasse der ›Herrenmenschen‹ könnten ›Untermenschen‹ gehören.

Der wurde nicht nur von konservativen und völkischen Hirnen ausgebrütet. Auch aus der Arbeiterbewegung kamen entsprechende Überlegungen. Ein Gewerkschafter, der seine Organisation als »einzige in großem Maßstab wirksame Form gesellschaftlichen Aufstiegs der Rassetüchtigen« pries, warnte vor einem »Geburtensieg des ›Untermenschen‹«. Während der Debatte um Eheschließung und Gesundheitszeugnisse in Preußen erklärte ein Abgeordneter der SPD, es sei »zweifellos notwendig«, »daß die kranken und minderwertigen Elemente von der Fortpflanzung ausgeschaltet würden«.[27]

In der *Neuen Zeit* machte 1906 die sozialdemokratische Frauenrechtlerin und Journalistin Oda Olberg Eugenik nachgerade zur Voraussetzung des Sozialismus. Sie behauptete, »daß nur ein Proletariat, das der fortschreitenden Degeneration der Massen einen Damm entgegenzustellen vermag, der Überwindung der kapitalistischen Gesellschaft fähig sein wird«. Dabei ging sie davon aus, dass »die am meisten verelendeten Schichten des industriellen Proletariats für die Rasse unrettbar verloren und zum Aussterben bestimmte« wären. Um »Rassenselbstmord« zu verhindern, hielt sie zudem »in gewissen Fällen die Einleitung des Abortus von Amts wegen« für angebracht. Er gehörte für sie zu der Aufgabe, »die Fortpflanzung Entarteter als eine Gefahr zu bekämpfen« und zum »Recht der Gesellschaft, die Sterilität der Degenerierten als eine soziale Pflicht zu fordern«.[28]

Angesichts solcher Argumente dürfte der Autorin Gerhart Hauptmanns 1889 in Berlin uraufgeführtes Stück *Vor Sonnenaufgang* gefallen haben.[29] Seine Hauptfigur Alfred Loth (die der Verfasser in Anlehnung an seinen Freund Alfred Ploetz konstruiert hatte) ist Redakteur einer Arbeiterzeitung und sozialdemokratischer Reichstagskandidat. Er will in einem schlesischen Dorf die Lage der dortigen Bergleute untersuchen. Hier lernt er Helene Krause kennen, der er seine Prinzipien sozialer Gerechtigkeit und gesunder Lebensführung erläutert. Dabei vermittelt er sozialistische mit eugenischen Überzeugungen. Seine »Vorfahren« seien »alle gesunde, kernige [...] Menschen gewesen« und er zeigte sich »absolut fest entschlossen«, diese »Erbschaft« völlig »ungeschmälert« weiterzugeben.

Alfred verliebt sich in Helene. Sie beschließen, zusammen zu bleiben. Doch die Dramaturgie lässt Helene aus einer degenerierten Alkoholikerfamilie stammen. Ihr Vater ist notorischer Säufer und hält sich nur noch im Wirtshaus auf. An ihrer Schwester, einer Trinkerin, zeigt sich die Macht der Vererbung. Deren erstes Kind ist im Alter von drei Jahren am Alkoholismus zugrunde gegangen. Nun ist sie wieder schwanger, doch diesmal wird ihr Kind schon tot geboren. Als Alfred diese Hintergründe erfährt, sieht er keine Chance mehr für individuelles Glück. Er hat auf die Gesundheit der künftigen Generation zu achten. Seine Liebe wie sein Schmerz müssen zurückstehen. So macht er sich heimlich und ohne Abschied davon. Die zurückgelassene Helene ersticht sich aus Verzweiflung.

Derlei Szenarien machen deutlich, dass die klassenübergreifende Verallgemeinerung des Weißseins mit dessen vielfältiger Perforierung einherging. Zwar besorgt Rassismus Zusammenhang durch den Ausschluss anderer. Doch die mit Hilfe von Diskriminierung erzeugte Identität ist fragil und die Grenze, die vermeintlich Höherwertige von angeblichen Minderwertigen trennt, ist durchlässig.

Das gilt für alle Formen rassistischer Herabminderung. Auch der im religiösen Rassismus als Gegner ausgemachte Teufel begnügte sich nicht mit seinem heidnischen und ketzerischen Gefolge, sondern versuchte sich in den Reihen der Gläubigen an immer neuen Verführungen. Der mit einer Hierarchie von Rassen argumentierende Rassismus war von Anfang an damit konfrontiert, dass Weißsein kein trennscharfes Kriterium der Auserwähltheit war. Als es im

Zuge seiner Verallgemeinerung auch den Unterklassen zugesprochen wurde, ging das mit dem Verdacht einher, sie oder zumindest Teile ihrer Angehörigen könnten den damit verbundenen Anforderungen nicht genügen und wären in Wirklichkeit degeneriert.

Der als klar erkennbar dargestellten Grenze zwischen den Rassen liefen interne Trennungslinien parallel, die innerhalb der ›weißen Rasse‹ selbst nicht nur Gruppen einkapseln sollten, deren Weißsein als lediglich oberflächlich galt. Sie dienten auch der Abgrenzung von jenen, die in den Verdacht der Minderwertigkeit gerieten. Die ›Weißen‹ reklamierten für sich, die einzige hochstehende Rasse zu sein. Aber in dem Maße, in dem sich diese Vorstellung verfestigte, wurde sie gleichzeitig von der Befürchtung durchsetzt, die Grenze zwischen Höherwertigen und Minderwertigen könnte innerhalb der weißen Rasse selbst verlaufen.

Das Aggressionspotential des Rassismus wurde dadurch nicht etwa gemildert, sondern verstärkt. Da auf das Wirken der Natur in der Rassenfrage offenbar kein Verlass war, musste ihr mit politischen Maßnahmen nachgeholfen werden. Deren staatliche Organisation nahm in Deutschland besonders brutale Formen an.

IX

›Herrenvolk‹ und ›Untermenschen‹

Im rassistischen Reich

Abb. 9: Selbstbildnis mit Judenpaß. *Gemälde von Felix Nussbaum (1937)*

Die Kennzeichnung von Häftlingen in deutschen Konzentrationslagern wurde (nach anfänglichen Unterschieden) schließlich zu einem System verschiedenfarbiger Winkel vereinheitlicht.[1] An diesen Orten von Schrecken, Terror und Vernichtung galt eine Farbenlehre, die nicht mit derjenigen der Rassenwissenschaften übereinstimmte. Sie betraf zu einem großen Teil Menschen, die gemäß der Rassennomenklatur ›weiß‹ waren. Das Ordnungssystem der Konzentrationslager wirkte wie ein Prisma, das die Vorstellung von einer weißen Herrenrasse in ein Spektrum farblicher Stigmata zerlegte. Solche Brechung führte aber nicht zur Infragestellung der Rassenlehre, sondern ließ deren vermeintliche Fähigkeit zur Unterscheidung von Innen und Außen kollabieren und brachte ihr diskriminierendes Potential in alle Richtungen regelrecht zum Wuchern.

Das galt für schon lange bestehende Ideologien der Abgrenzung und Ausgrenzung (wie den Antisemitismus und den Antislawismus) wie für zusehends lauter werdende Warnungen vor Degeneration. Zudem galt es für eine politische Bedrohung. Vom nordamerikanischen Eugeniker und Publizisten Lothrop Stoddard, der schon 1921 vor der ›farbigen Flut‹ gewarnt hatte, wurde sie ein Jahr später als »Drohung des Untermenschen« bezeichnet, die von der Sowjetunion ausgehen sollte.[2] Um sie abzuwehren, war nach der Novemberrevolution in Deutschland unter anderem eine Arbeiterpartei in Stellung gebracht worden, die einen nationalen Sozialismus propagierte.

Stoddard beschäftigte sich auch mit einem weiteren aus seiner Sicht »äußerst ernsten Problem«: der Abnahme der ›nordischen Rasse‹ in Europa im Verlauf der letzten tausend Jahre. Besonders in Deutschland gäbe es geradezu eine »Alpinisierung«, das heißt ein Vordringen der ›alpinen Rasse‹ auf Kosten der ›nordischen‹. Sie wäre derart fortgeschritten, dass das deutsche Volk heute überwiegend »gemischtes Blut« hätte.

Hintergrund für diese Einschätzung war, dass Versuche einer exakten anthropologischen Erfassung der Rassen nicht zu deren genauerer Beschreibung, sondern zu ihrer Vermehrung geführt hatten. Außer den Hautfarben spielten dabei die Länge von Gliedmaßen, die Struktur der Haare und die Form der Schädel eine Rolle. Bei der ›weißen Rasse‹ kam es so zu einer (keineswegs einheitlichen) Aufteilung in mehrere Unterrassen und Rassengemische. Vor ihnen machte die wertende Attitüde des Rassedenkens nicht Halt.

Mit der Präsentation der ›nordischen Rasse‹ führte das zu deutlichem Unmut. Die Behauptung, das deutsche Volk wäre aus mehreren unterschiedlich wertvollen Rassen zusammengesetzt, hatte erhebliches Konfliktpotential. Das zeigte sich in der Kontroverse zwischen Hans F. K. Günther, einem frühen Propagandisten des nordischen Mythos und späteren hauptamtlichen Rassedenker der Nazis, und Friedrich Merkenschlager, einem alten Kämpfer der nationalsozialistischen Bewegung, der schon früh zur Partei gestoßen war.

Gegen Günthers *Rassenkunde des deutschen Volkes* meldete Merkenschlager heftigen Widerspruch an. Abgesehen von biologischem Dilettantismus, die der habilitierte Botaniker dem promovierten Philologen vorwarf, fühlte sich der gebürtige Franke ganz offensichtlich auch rassisch diskriminiert. Günthers Hervorhebung der ›nordischen‹ als der wertvollsten Rasse des deutschen Volkes kommentierte er entsprechend harsch: »Eine Handvoll ›Vollkommener‹ will 40 Millionen von Krüppeln den Rassenspiegel vorhalten«.[3]

Merkenschlager propagierte eine aus der Mischung unterschiedlicher ethnischer Gruppen hervorgegangene ›deutsche Rasse‹, die er auf dem Weg zur ›Volksrasse‹ sah. Er und seine Mitstreiter wurden nach 1933 kaltgestellt, während Günther weiter Karriere machte. Für ihn waren ›Volk‹ und ›Rasse‹ nicht identisch. Seine Hauptsorge galt dem Umstand, dass in Deutschland die nordische Rasse zurückgedrängt würde, während die »Ostrasse«, die »von den mongolischen Menschenarten Asiens abzuleiten« sei und innerhalb der europäischen Rassen am schlechtesten dastünde, sich ausbreitete.

Zwar hätte die hochstehende nordische Rasse (für die es allerlei andere unpassende Namen wie Arier, Germanen oder Indogermanen gäbe) eine glorreiche Vergangenheit und einst weite Teile Europas, Nordafrikas und Vorderasiens unterworfen. Dem wäre aber später »die Entnordung Europas« gefolgt, die durch Industrialisierung und Verstädterung (mit der die anspruchslose Ostrasse deutlich besser zurecht käme) noch verstärkt würde. Daher sei die Gegenwart ein »Mischlingszeitalter« und die »Nordrasse« stehe »vor ihrem Aussterben«, wenn nicht bald gegengesteuert und mit der »Wiedervernordnung« des »deutschen Volkstums« begonnen würde.

Mit dieser skurrilen Debatte war es nicht getan. Bei der bürokratischen Umsetzung des rassistischen Konglomerats aus Idiosynkrasie und Diskriminierung, das sich gleichwohl als Wissenschaft präsentierte, kam es zu zahlreichen weiteren Konflikten. Sie betrafen nicht nur elementare theoretische Probleme in den Spannungsfeldern von ›Reinheit und Mischung‹ und ›Blut und Erbgut‹, sondern auch Fragen der politischen Umsetzung des Rassedenkens.

›Rassenschande‹

D as Phantasma der Reinheit hat eine lange Tradition. In ihrem Verlauf entwickelten sexistisches, klassenbezogenes und rassistisches Denken unterschiedliche Vorstellungen von Unreinheit. Die sollte durch Reinigungsrituale und Verhaltensregeln gebändigt werden können. Aber sie wirkte auch schon früh radikal ausgrenzend – wie etwa in der Konstruktion von ›Unberührbaren‹ in der indischen Kastengesellschaft oder der ›Blutsreinheit‹ im spanischen Antisemitismus.[4]

Die damit verbundene Angst vor sozialer Kontamination wanderte in die Entwicklung des Rassedenkens als Warnung vor Rassenmischung und Herabminderung sogenannter Mischlinge ein. Abwertende Bezeichnungen wie ›Bastard‹ oder ›Mulatte‹ machten mit ihrer Herkunft aus sozialen Diskriminierungsprozessen und Namensgebungen aus dem Tierreich die ganze Bandbreite einer Idiosynkrasie deutlich, die das selbst aufgestellte biologische Definitionskriterium für Rassen (dass sie untereinander fruchtbare Nachkommen zeugen können) für sozial unerwünscht oder gar schädlich erklärte.[5]

Im politischen Alltag wurden damit verbundene Fragen während des Kaiserreichs in Debatten über koloniale Mischehen diskutiert. Deren Verbot sollte eine von ihnen angeblich ausgehende Kontamination des deutschen Blutes verhindern. Als Frankreich nach dem Krieg Kolonialtruppen im Rheinland stationierte, löste es damit eine internationale Kampagne gegen solche angeblich ›schwarze Schmach‹ aus. Zu deren Vokabular gehörte auch das Wort ›Rassenschande‹.

Im rassistischen Weltbild des späteren ›Führers‹ verband sich das schon früh mit antisemitischen Unterstellungen. Für ihn stand fest, dass es »Juden« waren, die »den Neger an den Rhein« gebracht haben – mit dem »Ziele, durch die dadurch zwangsläufig eintretende Bastardierung die ihnen verhaßte weiße Rasse zu zerstören«. Der spätere Beauftragte für ›weltanschauliche Schulung‹, Alfred Rosenberg, verwies zudem auf »das schwarze Erwachen« und den von »Dubois« angekündigten »Kampf um die Freiheit, den die schwarze, gelbe und braune Menschheit gegen die weiße führen wird«. Dagegen habe »der nordische Mensch« Vorsorge zu treffen, wenn er die »Herrschaft der weißen Rasse über den Erdball sicherstellen« wolle.[6]

Der antisemitische Fokus des nationalsozialistischen Rassismus führte allerdings zu einer Debatte, der es in erster Linie um die ›Säuberung‹ des ›deutschen Blutes‹ von jüdischem Einfluss ging. Die Rhetorik des ›Weißseins‹ wurde dabei nicht ausgesetzt. Das wurde besonders in den Plänen zur Wiedererlangung von Kolonien deutlich. Das ›Kolonialpolitische Amt‹ der NSDAP legte im Herbst 1940 einen ›Entwurf zu einem Kolonialblutschutzgesetz‹ vor, dem es um »die Scheidung und Reinhaltung der Rassen« ging. Dazu wurden die Bestimmungen des ›Gesetzes zum Schutze des deutschen Blutes und der deutschen Ehre‹ von 1935 auf die (zukünftigen) Kolonien übertragen und erweitert.

Dort waren sowohl die »Eheschließungen zwischen Juden und Staatsangehörigen deutschen oder artverwandten Blutes« als auch deren »[a]ußerehelicher Verkehr« für »verboten« erklärt worden. Das sollte auf Angehörige jeder »artfremden Rasse« ausgedehnt werden. ›Farbigen‹ und ›Mischlingen‹, die Geschlechtsverkehr mit einer ›weißen Frau‹ hatten, drohte die Todesstrafe. Diese Bestimmung sollte auch den »Schutz der Jüdin oder der Türkin« umfassen, »die der Neger im allgemeinen als weiße Frau ansehen werde«.[7]

In den imaginierten Kolonien galt die Jüdin als weiß, in Deutschland gehörte sie einer als geradezu teuflisch betrachteten »Gegenrasse« an, deren hinterhältigste Eigenschaften ihre mangelnde Erkennbarkeit war. Für ihre rassische Identifizierung war der Begriff der ›weißen Rasse‹ so untauglich, dass Günther meinte, die Rassenforschung hätte in ihren Anfängen »die (nicht vorhandene) ›weiße‹ oder [...] ›kaukasische‹ Rasse« zu undifferenziert behandelt.[8]

Für den nationalsozialistischen Antisemitismus war ›weiß‹ kein Differenzbegriff. Die Kategorie wurde sogar, wie ein späterer Bericht aufführte, durch »jüdisch-marxistische« Kreise genutzt, um eine Volkszählung zu sabotieren, indem sie Juden aufforderten, »die Frage nach der Rasse mit ›weiß‹ zu beantworten«.

Dieses Problem wurde im Vorfeld der Nürnberger Gesetze heftig diskutiert. So betonte etwa der Reichsjustizminister, dass bei »Andersfarbigen« die »Täuschung« kein Problem wäre: »denn es kann ja nicht getäuscht werden«. Von »Deutschen mit der Negerin« gezeugte »Mulattenkinder« würden deswegen in der Bevölkerung auf Ablehnung stoßen. Eine »Vermischung der Rasse [...] unter Strafe zu stellen«, wäre daher viel einfacher, »wenn nicht gerade die Juden de facto an erster Stelle stehen würden«.[9]

Auf sie richteten sich gelenkter Volkszorn wie spontane Übergriffe von Anfang an. Die Partei war zwar zunächst mit der Sicherung der Macht beschäftigt, bei der die massenhafte Verhaftung von Kommunisten und anderer politischer Gegner eine zentrale Rolle spielte. Gleichzeitig kam es aber auch zu zahlreichen antisemitischen Bestimmungen und Aktionen. Dazu gehörten neben dem ›Arierparagraphen‹ im ›Gesetz zur Wiederherstellung des Berufsbeamtentums‹ der Boykott jüdischer Geschäfte und öffentliche Umzüge, bei denen ›Rassenschänderinnen‹ und ›Rassenschänder‹ angeprangert wurden.[10]

Bei der Beratung gesetzlicher Maßnahmen zu diesem ›Tatbestand‹ gab es zahlreiche Probleme. Auch wenn sich das ›Blutschutzgesetz‹ schließlich nur auf Juden bezog, hatte schon das ›Reichserbhofgesetz‹ vom Herbst 1933 deutlich gemacht, dass es um die generelle Abwehr ›fremden Blutes‹ ging. Dort war bestimmt worden, ein »Bauer« müsse »deutschen oder stammesgleichen Blutes«

sein und es dürfe unter seinen Vorfahren kein »jüdisches oder farbiges Blut« geben.

Dieses ›oder‹ war insofern bezeichnend, als es unter der Hand auf den ›nichtfarbigen‹ Charakter ›jüdischen Blutes‹ verwies. Die sich daraus ergebenden Schwierigkeiten bei der juristischen Fixierung des Judenbegriffs ließen sich rassentheoretisch nicht lösen. Die jüdische ›Rassenzugehörigkeit‹ musste durch Hilfskonstruktionen festgelegt werden. Die dazu benutzten Versatzstücke zeigten sich 1935 im Paragraph 5 der ›Ersten Verordnung zum Reichsbürgergesetz‹. Er bestimmte, wer ›Jude‹ sein sollte – nämlich wer »von mindestens drei der Rasse nach volljüdischen Großeltern abstammt« oder zwar ›jüdischer Mischling‹ ist, aber die jüdische Religion praktiziert oder mit einem jüdischen Ehepartner verheiratet ist, oder wer nach der Verabschiedung des ›Blutschutzgesetzes‹ aus dem ehelichen oder außerehelichen »Verkehr mit einem Juden« stammt.

Die dabei der sozialen Kontamination zukommende Bedeutung wurde noch sehr viel drastischer deutlich, als 1943 das Oberlandesgericht Königsberg einen Mann, der mit einer Jüdin verheiratet und selbst zum Judentum konvertiert war, zum Juden im Sinne der Rassengesetze erklärte. Anschließend wurde er zusammen mit seiner Familie deportiert. Aus der Zentrale der NSDAP hieß es dazu: »Ein Deutschblütiger, der [...] nicht nur eine Jüdin heiratet, sondern auch zu ihrem Glauben übertritt [...], ist unter keinen Umständen, auch blutsmäßig gesehen als Glied des deutschen Volkes anzusehen«.[11]

›Blutschutz‹

I n der ersten Hälfte des 20. Jahrhunderts war die Vorstellung der Deutschen im Hinblick auf ihr ›Weißsein‹ gleichzeitig überdeterminiert und unterdeterminiert. Einerseits hielten sich viele für besonders ausgewählte Weiße (und nannten das arisch, germanisch oder nordisch). Andrerseits war ihnen klar, dass auch Juden und Slawen, gegen die es weit verbreitete Vorurteile bis hin zu hasserfüllten Vernichtungsphantasien gab, zu den Weißen gehörten.

Soweit sie bildungsbürgerlich orientiert waren und zum Beispiel die fünfzehnte Auflage des *Großen Brockhaus* abonniert hatten, die zwischen 1928 und 1935 erschien, half ihnen das nicht weiter. Dort erfuhren sie unter dem Stichwort ›Menschenrassen‹, dass Angaben über deren Zahl »immer willkürlich« und »alle Einteilungen, die sich nur nach einem Merkmal richten, z. B. nach der Hautfarbe«, »unbrauchbar« wären. Außerdem bekamen sie mitgeteilt, dass »die Europäiden« aus den »Rassen Europas, Vorderasiens und Nordafrikas« und damit aus den »Nordischen, Fälischen, Ostbaltischen, Alpinen, Mediterranen, Dinarischen, Orientalischen und Vorderasiatischen Rasse[n]« bestünden.[12]

Als ›Deutsche‹ erfuhren Leser und Leserinnen, sie wären »nicht mehr als reinrassig zu betrachten«. Vielmehr hätten sie sich im Süden und Westen mit »Kelten«, im Osten und in Österreich mit »Slawen« vermischt. Zwar gingen sie »auf die nordische Rasse zurück«, die sich allerdings stark mit der ›ostbaltischen‹ (teils sogar mit »mongolider Einkreuzung«), mit der ›dalischen‹, der ›alpinen‹, der ›dinarischen‹ und, »durch die Juden«, mit der ›vorderasiatischorientalischen Rasse‹ verbunden hätte.

Wie der angeblich wissenschaftliche Blick zeigte, war die ›weiße Rasse‹ ein Konglomerat von ›Europäiden‹ von teils zweifelhafter Reputation oder üblem Leumund. Das schloss nicht aus, dass sie von äußerem, ›farbigem‹ Einfluss frei gehalten oder ›gereinigt‹ werden musste. Die Aufgabe ihrer ›Säuberung‹ bezog sich aber vor allem auf innere ›wesensfremde‹ Elemente und erforderte die Trennung von ›edlem‹ und ›unedlem‹ Weiß. Solange sie nicht erfolgt war, konnten die einst als die ›eigentlichen Weißen‹ apostrophierten Deutschen ihres Weißseins nicht gewiss sein.

Unter solchen Vorzeichen gingen die Nationalsozialisten zunächst gegen angeblich Minderwertige vor. Dazu dienten schon 1933 erlassene Gesetze zur ›Verhinderung erbkranken Nachwuchses‹ und gegen ›gefährliche Gewohnheitsverbrecher‹. Mit ihnen wurde eine eugenische Politik gegen als rassische Belastung eingestufte Teile der Bevölkerung legitimiert, die mit massenhaften

Zwangssterilisationen begann und mit Mordaktionen im Rahmen des sogenannten Euthanasieprogramms fortgesetzt wurde.[13]

Auch gegen jene, die als ›asozial‹ oder ›gemeinschaftsfremd‹ galten, ging der nationalsozialistische Staat rigoros vor. Im Rahmen einer Aktion gegen ›Arbeitsscheue‹ wurden über zehntausend Personen in Konzentrationslager eingewiesen. Die Reichweite der entsprechenden Politik ließ sich besonders deutlich am Entwurf des Reichspolizeiamtes für ein ›Gesetz über die Behandlung Gemeinschaftsfremder‹ vom März 1943 ablesen. Die Bestimmungen zielten auf »Versager« (wie »Geistesschwache, Unzurechnungsfähige, Haltlose, Gedrückte, Antriebsarme, Unselbständige«), »Störenfriede und Schmarotzer« (wie »Bettler, Landstreicher, Tagediebe, [...] Zänker, Stänkerer, Händelsüchtige, Querulanten, Prostituierte«), Taugenichtse (wie »Arbeitsscheue, Nährpflichtsäumige, Unterstützungsjäger, Trunkenbolde«) und »gemeinschaftsfeindliche Verbrecher« (wie »Einbrecher, Betrüger, Fälscher, Sittlichkeitsverbrecher«). Sie mussten mit Lagerhaft und harten Strafen rechnen. Ein Paragraph bestimmte außerdem: »Gemeinschaftsfremde, bei denen ein für die Volksgemeinschaft unerwünschter Nachwuchs zu erwarten ist, sind unfruchtbar zu machen«.[14]

Die rassistische Diskriminierung jener, die nicht als ›weiß‹ galten, reichte vom Kinderzimmer bis ins Konzentrationslager. Als 1935 Inge Wessel, die Schwester Horst Wessels, ihr *Buch für Mädels* herausgab, hieß eines seiner Gebote: »Du sollst nicht mehr mit Negerpuppen spielen«. Zur selben Zeit wurde in Erlassen zum ›Blutschutzgesetz‹ erläutert, nicht nur Juden, sondern auch »Zigeuner, Neger und ihre Bastarde« müssten von der Verunreinigung ›deutschen Blutes‹ abgehalten werden. Obwohl die Zahl der in Deutschland lebenden Schwarzen klein war und sie sich genauer Beobachtung ohnehin nicht entziehen konnten, wurde schließlich der Versuch gemacht, sie im Rahmen der sogenannten ›Deutschen Afrika-Schau‹ zusammenzufassen, so »daß zu jeder Zeit eine Kontrolle möglich ist«.[15]

Im Rahmen dieser Schau arbeitete auch Mahjub bin Adam Mohamed, der sich in Deutschland Mohamed Husen nannte. Er war Kindersoldat im ehemaligen Deutsch-Ostafrika gewesen und später nach Deutschland gekommen, wo er 1933 heiratete. Als er 1941 eine Beziehung zu einer weiteren weißen Frau einging, wurde er wegen ›Rassenschande‹ denunziert. Obwohl er juristisch nicht belangt werden konnte, wurde er in ›Schutzhaft‹ genommen und ins KZ Sachsenhausen verschleppt. Dort starb er im November 1944 an den unmenschlichen Haftbedingungen.[16]

Zwar gab es in den Konzentrationslagern keine Winkel für Schwarze. Sie wurden vielmehr nach dem Grund ihrer Einlieferung gekennzeichnet. In Ravensbrück etwa waren unter den bekannten schwarzen Häftlingen drei Frauen, von denen eine als ›asozial‹, eine ›politisch‹ und eine ›religiös‹ verfolgt wurde. Das setzte die Rassenlehre freilich nicht außer Kraft. Denn die auf die Häftlingskleidung aufgenähten Winkel waren nicht ihr einziges Stigma. Als weiteres diente die Hautfarbe, die als Signet von Rassenzugehörigkeit galt.

Das traf auch auf in Deutschland lebende Menschen chinesischer oder japanischer Abstammung zu, deren Zahl ebenfalls klein war. Die ihnen attestierte höhere Kultur schützte sie nicht vor rassistischer Diskriminierung. Daran änderte auch die Kooperation zwischen Berlin und Tokio nichts. Zwar ordnete das Propagandaministerium 1935 an, dass »Angriffe gegen Japan unter allen Umständen zu unterlassen sind« und »das Problem der gelben Rasse in keiner Weise in Zukunft mehr erörtert werden darf«.[17]

Aber negative Äußerungen verstummten auch nach dem Antikominternpakt nicht, und Nachkommen aus deutsch-japanischen Beziehungen erlebten Herabminderung und Zurücksetzung. Auch eine gehobene soziale Stellung bot keinen Schutz. Hanna Aoki, Tochter des japanischen Adligen, Botschafters in Berlin, London und Washington und mehrfachen japanischen Außenministers Aoki Shūzō und der pommerschen Landadeligen Elisabeth von Rhade, beschwerte sich vergeblich gegen ihre Diskriminierung. Sie war irrtümlich der Meinung, »Japaner und deren Nachkommen« würden »als ›Ehren-Arier‹ [...] gelten«.

Als in Wien die österreichische Eiskunstläuferin Friederike ›Fritzi‹ Burger im Spätsommer 1935 Nishikawa Shinkichi, den Enkel eines wohlhabenden japanischen Perlenzüchters, heiratete, bezeichnete die in München erscheinende Zeitschrift *Volk und Rasse* das als »Rassenschande«, weil solche »Mischheiraten« weder der »gelben« noch der »weißen Rasse« zuträglich wären. Dabei blendete sie aus, dass die Braut aus einer jüdischen Familie stammte und unterstrich so unter der Hand die Flexibilität der Vorstellung von der ›weißen Rasse‹.

Gegen deren als fremd definierten jüdischen Teil gingen die Nazis mit zahlreichen Maßnahmen vor. Schließlich verbot die ›Polizeiverordnung über die Kennzeichnung der Juden‹ vom 1. September 1941, dass diese ohne »Judenstern« in die Öffentlichkeit gingen. Für den bestimmte sie: »Der Judenstern besteht aus einem handtellergroßen, schwarz ausgezogenen Sechsstern aus gelbem Stoff mit der schwarzen Aufschrift ›Jude‹. Er ist sichtbar auf der linken Brustseite des Kleidungsstücks fest aufgenäht zu tragen«.[18]

Auf seinem *Selbstporträt mit Fremdenpaß* verwandelte Felix Nussbaum diese Vorschrift in eine Anklage rassistischer Stigmatisierung (siehe Abbildung 9).[19] Er malte das Bild in Brüssel, wo er sich zusammen mit seiner Frau versteckt hielt. Beide wurden denunziert, 1944 nach Auschwitz verschleppt und ermordet. Das Gemälde zeigt die in Belgien nach der deutschen Besetzung benutzte Variante des Sterns, die, der Zweisprachigkeit wegen, nur den Buchstaben ›J‹ trug und für die in den Pass gestempelten Worte ›Juif‹ und ›Jood‹ stand. Gleichzeitig verrückt der Maler den Stern nach rechts und aus einer gut sichtbaren in eine verborgene Position, wo er erst bei hochgeschlagenem Revers seines Mantels sichtbar wird.

Durch Stern und Pass doppelt stigmatisiert, befindet er sich in einer ausweglosen Situation, die durch hohe Mauern verdeutlicht wird. Gleichzeitig betont sein Gestus den sozialen Charakter der Diskriminierung. Er weist mit der einen Hand den Betrachtern des Gemäldes Pass und Stern vor und deutet mit dem Zeigefinger der anderen Hand auf sich selbst. Nicht nur ein paar Bürokraten, auch nicht eine perfide Staatsmaschinerie allein, sondern auch die (Zu-)Schauenden entscheiden darüber, wer der Betrachtete ist.

Während Felix Nussbaum und seine Frau in ihrem Brüsseler Versteck ums Überleben bangten, formulierten zwei deutsche Philosophen, die nach 1933 zunächst nach Frankreich und dann in die USA emigriert waren, ihre Thesen zum Antisemitismus. Dabei fassten sie dessen ausgrenzende Gewalt als soziale Parabel: »daß einer Jude heißt, wirkt als die Aufforderung, ihn zuzurichten, bis er dem Bilde gleicht«.[20]

So gingen die Deutschen auch gegen ihre östlichen Nachbarn vor. Schon 1936 hatte Heinrich Himmler seine »Schutzstaffel als antibolschewistische Kampforganisation« in einem »vom Juden organisierte[n] und geführte[n] Kampf des Untermenschen« bezeichnet. Nach Beginn des Krieges gegen die Sowjetunion hieß es in einer seiner Anordnungen 1942, die »Gefahr der Rassenvermischung« drohe nicht nur von »artfremden Rassen«, sondern auch durch das »Blut nichtstammesgleicher Völker in Europa« insbesondere durch das »Slawentum«. Schließlich ließ er in großer Auflage eine Broschüre mit dem Titel Der Untermensch drucken, in der es hieß, der wäre eine »furchtbare Kreatur«, zwar mit »menschenähnlichen Gesichtszügen – geistig, seelisch jedoch tiefer stehend als jedes Tier«. Über die mit solcher Dehumanisierung verbundene Perspektive ließ er keinen Zweifel: es ging um die ›Dezimierung‹ der slawischen Bevölkerung um dreißig Millionen Menschen.[21]

›Rassismus‹

Am 23. April 1938 schrieb Albert Einstein aus Princeton an Franz Boas in New York, er mache sich Sorgen um Hugo Iltis, dem dringend zur Flucht vor den Nazis verholfen werden müsse. Viel Zeit blieb nicht. Im Herbst desselben Jahres erzwang das Deutsche Reich die Abtretung des Sudetenlandes und annektierte im Frühjahr 1939 die restliche Tschechei und damit auch Brünn. Hier leitete Iltis die Volkshochschule und lehrte als Botaniker an der Deutschen Technischen Hochschule. Er hatte sich immer wieder kritisch mit der nationalsozialistischen Rassenideologie auseinandergesetzt. Dabei benutzte er als einer der ersten den Begriff ›Rassismus‹.

Die Geschichte dieser Kategorie ist noch nicht geschrieben. Sicher ist jedoch, dass das Wort schon Ende des 19. Jahrhunderts vorkommt, seine Verwendung aber erst im Zusammenhang mit dem Faschismus zunimmt und dabei affirmative wie kritische Züge bekommt. Positiv besetzt wurde es vor allem in Italien. 1936 gebrauchte es Giulio Cogni, zeitweiliger Dozent für Philosophie in Perugia und Mitarbeiter am italienisch-deutschen Kulturinstitut in Hamburg, als Titel seines Buches *Il Razzismo*, in dem er eine italienische Version des nationalsozialistischen Rassenkonzepts propagierte.

Zwei Jahre später erschien das politische Gründungsmanifest des ›offiziellen‹ italienischen Staatsrassismus und wurde unter dem Titel *Razzismo Italiano* popularisiert. Darin hieß es: »Es ist an der Zeit, dass die Italiener sich offen als Rassisten bekennen«. In diesem Kontext notierte einer der Chefideologen des Nationalsozialismus, Alfred Rosenberg, in sein Tagebuch: »Habe einen längeren Aufsatz über das faschistische Bekenntnis zum ›Rassismus‹ geschrieben«.[22] Anfang der vierziger Jahre tauchte der Begriff dann auch im Lexikon auf. Zum Stichwort ›Rassismus‹ hieß es da, es wäre »urspr[ünglich] Schlagwort des demokr[atisch]-jüd[ischen] Weltkampfes gegen die völkischen Erneuerungsbewegungen« gewesen und hätte dazu gedient, »ihre Träger als ›Rassisten‹ zu verleumden«. Abschließend wurde vermerkt: »Heute wird in manchen Ländern das Wort R[assismus] allgemein auch in zustimmendem Sinne gebraucht«.

Das Lexikon enthielt auch einen langen, sich über mehr als 50 Spalten hinziehenden Eintrag zum Stichwort ›Rasse‹. Da er die Zensur durchlaufen musste, kann er als eine staatlich geprüfte, populäre Version des nationalsozialistischen Rassedenkens gelten. Die vermittelte den Nachschlagenden zunächst, dass ›Rasse‹ ein rein biologischer Begriff wäre (und daher streng von ›Volk‹ und ›Staat‹ getrennt werden müsste). Da sich das deutsche Volk aus unterschiedlichen Rassen zusammensetzte, habe der Nationalsozialismus »eigene Rechtsbegriffe« entwickelt: »deutschblütig« und »fremdblütig«. Sie wären wesentlich wirksamer als etwa das Recht der USA, das nur die »unzureichende Unterscheidung zw[ischen] Weißen und Farbigen« kenne, weswegen »die Juden und die anderen asiat[ischen] Weißen auf der Seite der eigentlichen Amerikaner« stünden und »der gefährlichste Feind des amer[ikanischen] Volkes, der Jude, rechtlich nicht als andersrassisch und rassenfremd erkannt« sei.[23]

Aus solcher Perspektive hätte selbst das Werk von Lawrence Dennis als ›Verleumdung‹ gelten müssen. Der Autor hatte in seiner Jugend als Erweckungsprediger Karriere gemacht und seine Vorfahren als französisch und indianisch von väterlicher sowie als indianisch und afrikanisch von mütterlicher Seite beschrieben. Später versuchte er, als Weißer zu leben und arbeitete als Bankier und Diplomat in Mittelamerika. Anschließend forderte er für die USA eine nationale faschistische Revolution, die Rassismus aber ablehnen und ohne Rassendiskriminierung auskommen sollte, weil »Rassismus niemals Element eines erfolgreichen politischen Programms werden könnte«.[24]

Mit Sicherheit aber wäre das 1938 in London erschienene Buch *Racism* von Magnus Hirschfeld als ›verleumderisch‹ eingestuft worden. Es ging zurück auf deutschsprachige Veröffentlichungen und Notizen des Arztes, Sexualforschers und Vorkämpfers der Homosexuellenbewegung, der zu diesem Zeitpunkt schon im Exil in Frankreich gestorben war. Seine Überlegungen richteten sich gegen »the follies of German racism«. Die hielt er für eine Folge des angeschlagenen deutschen Selbstbewusstseins nach dem Krieg und meinte: »vor dem Krieg benötigten die Deutschen zur Stärkung ihres Selbstvertrauens keinen Kunstgriff wie den Rassismus«.[25] Dadurch gerieten die vielen Spielarten des Rassismus ebenso aus dem Blick wie seine internationale Verbreitung.

Das korrespondierte durchaus mit Einschätzungen, die zur selben Zeit in Frankreich entwickelt wurden und sich ebenfalls auf den ›deutschen Rassismus‹ bezogen. Edmond Vermeil etwa, Professor für deutsche Kulturgeschichte in Straßburg und Paris, publizierte sie unter dem Titel *Le Racisme Allemand*. Schon zuvor verwandte er den Begriff mit zahlreichen Epitheta wie ›racisme allemand‹, ›racisme antisémite‹, ›racisme nordique‹, ›racisme nazi‹ oder ›racisme hitlérien‹.[26]

Hugo Iltis, dem die Flucht vor den Deutschen gerade noch rechtzeitig gelang, hatte dagegen erklärt, dass Rassismus keine Erfindung der Deutschen war. Seiner Meinung nach hätte sich Rassismus »zum ersten Mal« in »Amerika« gegen die »schwarze Rasse« gerichtet. Das sei, wie andere rassistische Diskriminierungen auch, im Bereich der Wissenschaften jedoch auf keinen verbreiteten Protest gestoßen: »So lange sich der ›Rassismus‹ bloß gegen Juden, Neger und Chinesen kehrte, erfreute er sich der wohlwollenden Duldung weiter Kreise der bürgerlichen Wissenschaft«. Erst als »die einzelnen nahe verwandten europäischen Rassen gegeneinander abgewogen w[u]rden«, habe sich Widerstand geregt. Das zumal, als sich der »neudeutsche Rassismus« nicht »auf die großen Hauptrassen der Menschheit« beschränke, sondern auch noch »Werturteile in Bezug auf Unterrassen innerhalb des europäischen Hauptstammes« abgeben würde.[27]

Die von Iltis kritisierte Ausrichtung des Rassismusbegriffs sollte weitreichende Konsequenzen haben, denn sie wurde gleich mehrfach funktionalisiert. Einmal diente sie den Kritikern des deutschen Rassismus dazu, ihre eigenen Rassismen gegen diese Kategorie abzuschotten. Ferner wurde sie benutzt, um angeblich seriöse Rassenwissenschaft von böswilligem Rassismus zu unterscheiden und trug so zum Fortbestand des Rassedenkens bei. Außerdem diente sie dazu, Rassismus als ausschließliches Projekt der politischen Rechten darzustellen.

In der deutschen Rassismusdiskussion wirkt das bis heute fort. Der Beginn des Rassismus wird häufig ins 19. Jahrhundert verlegt und seine Entwicklung konservativen Ideologen zugeschrieben. Auf keinen Fall soll die Aufklärung etwas mit ihm zu tun gehabt haben. Und auch das Christentum bleibt samt der langen Geschichte des religiösen Rassismus oft jenseits der Betrachtung. Das Problem wird vielfach auf den Zusammenhang von ›Rassismus und Rechtsextremismus‹ verkürzt und zudem intensiv im Kontext von Kategorien wie ›Angst‹, ›Furcht‹ oder ›Phobie‹ behandelt – als ob die Ursachen für Rassismus von ›außen‹ kämen.

X

Vom ›Persilschein‹ zum ›Weißen Riesen‹

Deutschland wäscht sich weiß

.

Abb. 10: Reklamefiguren. ›Persil‹ und ›Sarotti‹ (1950er Jahre)

Aus den Entnazifizierungsverfahren gingen viele Nazis unbeschadet hervor. Der Prozess reinigte sie von braunen Flecken und verhalf ihnen zu einer weißen Weste. Das entsprechende Dokument hieß deswegen im Volksmund ›Persilschein‹.

Bei seiner Beschaffung konnten die Betroffenen häufig auf soziale Netzwerke und auf kollegialen Corpsgeist setzen. So hatten sich die Mitglieder der Justiz in Hamburg schon bis zum Herbst 1945 so weit selbst ›entnazifiziert‹, dass das örtliche ›Komitee ehemaliger politischer Gefangener‹ sich beim Senat der Hansestadt über die »bei der Entnazifizierung erfolgte nationalsozialistische Durchsetzung der Rechtspflege« beschwerte. Gelegentlich wurden ›weiße Westen‹ auch en gros verteilt. Der Bischoff von Fulda stellte »den Menschen seiner Diözese einen kirchlichen Persilschein aus: 90 Prozent in Stadt und Land seien ›ausgesprochene Gegner‹ der Partei gewesen«.

Auch im Fußball gab es ›Persilscheine‹. Beim Parteigenossen und ehemaligen Reichstrainer Josef Herberger dauerte das Entnazifizierungsverfahren etwas länger. Zunächst musste er eine Reihe von Zeugenaussagen zu seinen Gunsten sammeln, die er selbst unter dem Stichwort ›Persilscheine‹ ablegte. Der zuständigen Spruchkammer erklärte er dann, in die NSDAP politisch unerfahren und auf Grund falscher Ratschläge eingetreten zu sein – so »wie man zuweilen Mitglied in einem Verein wird«. Im September 1946 wurde er schließlich als Mitläufer eingestuft. Er erhielt einen Sühnebescheid über 500 Reichsmark, bezahlte ihn und legte die Quittung zu den Akten.[1]

Der gesamte Prozess der Entnazifizierung war vom Kalten Krieg geprägt und verlief in den verschiedenen Besatzungszonen unterschiedlich. Im Osten wurde der Antifaschismus Staatsdoktrin. Er traf vor allem erheblich belastete Angehörige von NS-Organisationen, erlaubte es aber großen Teilen der Bevölkerung, sich der Auseinandersetzung mit dem eigenen Verhalten zu entziehen. Auf gesellschaftlicher Ebene äußerten sich zudem traditionelle Rassismen weiter, ohne dass das zu einer öffentlichen Debatte oder gar zur Entwicklung einer Rassismustheorie geführt hätte.[2]

Das galt auch für den Westen. Dort konnte der Antislawismus einfach in den Antikommunismus überführt werden. So waren auf einem Plakat der CDU zur Bundestagswahl 1949 nicht nur »kultureller Rassismus«, sondern auch »Reminiszenzen an den biologischen Rassismus« zu sehen, als zur Bekräftigung der kommunistischen Bedrohung Europas ein »Rotarmist als hinterhältiger, heimtückischer Mongole visualisiert« wurde.[3]

Auch an den Kolonialrassismus einschließlich der von ihm geprägten Vorstellung weißer Überlegenheit ließ sich anknüpfen – zumal er in den westlichen Siegernationen weit verbreitet war. Die Auseinandersetzung mit dem Antisemitismus verlief komplizierter. Er wurde zwar im Osten wie im Westen offiziell aus der Politik verbannt, äußerte sich aber in politischen wie alltäglichen Diskursen weiter.

›Pigmente der Autorität‹

Will man der weichgespülten Zeittafel auf ›www.persil.de‹ glauben, dann haben sich weder das Waschmittel noch sein Hersteller während des Faschismus auch nur befleckt. Die Zeit zwischen 1933 und 1945 hat es für beide überhaupt nicht gegeben. Auf den Eintrag »1922«: »Die Weiße Dame startet ihren Werbefeldzug für Persil« folgt unmittelbar der Hinweis »1950«: »Persil bedeutet für viele ein Stück Rückkehr zur Normalität«.[4]

Tatsächlich hatte sich die Firma ›Henkel‹ in der ausgelassenen Epoche zu einem mehrfach ausgezeichneten »nationalsozialistischen Musterbetrieb« entwickelt. Hugo Henkel war im März 1933 der NSDAP beigetreten. Auch alle Mitglieder des Aufsichtsrats der Firma traten der Partei bei. Der 1938 zu einem der Geschäftsführer ernannte Enkel Henkels »hatte sich bereits vor der ›Machtergreifung‹ zum Nationalsozialismus bekannt«. Später wurde sein Sohn zum Wehrwirtschaftsführer ernannt.

Die Erträge wuchsen und selbst nach Beginn des Krieges konnte zunächst die »gewaltige Friedensproduktion an Persil um ein Erhebliches übertroffen« werden – allerdings durch die Herstellung eines namenlosen »Einheitswaschmittels« im Rahmen der Kriegswirtschaft. Bei ihr setzte man auch zwangsverpflichtete oder kriegsgefangene Fremdarbeiterinnen und Fremdarbeiter ein. Nach dem Krieg wurde dann ›Persil‹ wieder in den Handel gebracht.⁵

In den Regalen der Kaufläden und Warenhäuser traf es auf ein anderes erfolgreiches Produkt der präfaschistischen Konsumgesellschaft, das nicht mit einer ›weißen Dame‹, sondern einem ›schwarzen Mohren‹ warb. Dabei beschränkte sich die Reklame nicht auf Anzeigen und Plakate, sondern setzte auch verkleidete Kinder ein. Schon in der Weimarer Republik hatte Wilhelm Panzer, Sohn einer deutschen Mutter und eines somalischen Vaters, diese Rolle gespielt. In den fünfziger Jahren, so erinnern sich schwarze Deutsche, sollten sie dann »möglichst große Augen haben und das Klischee eines niedlichen ›Schokoladenkindes‹ erfüllen« oder ihre Mutter bekam von den Organisatoren eines Faschingszugs fünf Mark angeboten, damit sie ihre Tochter als ›Sarotti-Mohr‹ mitgehen ließe.⁶

Daher ist es mehr als Zufall, dass in einem Buch über das *Jahrhundert der Bilder* zwei Beiträge über den ›Sarotti-Mohr‹ und die ›Weiße Dame‹ enthalten sind, die unmittelbar aufeinander folgen. Allerdings fehlen in beiden die Worte ›Rassismus‹ und ›Persilschein‹.⁷ Dabei sind die Werbefiguren zwei Seiten einer Medaille und machen zusammengenommen überdeutlich, wie sich die Deutschen, obwohl ihre Politik Anlass zur Durchsetzung des Begriffs ›Rassismus‹ gegeben hatte, zumindest im Westen schnell wieder ›weiß‹ waschen konnten (siehe Abbildung 10).

Die Persilreklame der Nachkriegszeit stand im Kontext einer oberflächlichen moralischen Reinigung. Die »unheimliche Konjunktur der Waschmittelwerbung« in der Bundesrepublik wurde durch ein erhöhtes Aufkommen an ethisch ›schmutziger Wäsche‹ bedingt. Die Werbung spielte sogar mit diesem Motiv und behauptete augenzwinkernd: »unsere weißen Westen verdanken wir Persil«.⁸

Der politische Prozess des Weißwaschens wurde durch die Mobilisierung rassistischer Differenz unterstützt. Mochten auch die Russen an der Elbe stehen, die Juden auf Schuldanerkenntnis und Wiedergutmachung beharren, die Pläne für ein Kolonialreich in Afrika hinfällig geworden sein: Die Berufung aufs eigene Weißsein blieb den international diskreditierten Deutschen erhalten.

Dabei konnte kritiklos auf die Muster des Kolonialrassismus zurückgegriffen werden. Sie dienten dazu, das ramponierte deutsche Rassenbewusstsein neu zu weißen. Da kam eine schwarze Dienerfigur wie der ›Sarotti-Mohr‹ gerade recht. In sie waren einige Jahrhunderte rassistischer Diskriminierung eingegangen – vom Genre der Hofmohren bis zur Seifenreklame imperialistischer Kolonialwerbung, die gleichzeitig weiße Zivilisierungsmissionen pries und mit dem Motiv der ›Mohrenwäsche‹ den grundsätzlichen Abstand zwischen den Rassen betonte.

Die Werbemacher hätten auch Heinz Rühmann verpflichten können. Der hatte noch im Februar 1945 einen Film gedreht, der allerdings nicht mehr in die Kinos kam. Die Uraufführung erfolgte erst 1953 unter dem Titel *Quax in Afrika*. Nachdem der Titelheld dort notlanden muss, tauchen halbnackte »Eingeborene« auf. Doch der »Häuptling«, der »Zauberer« und ihr »Stamm« flößen Quax keine Angst ein. »Die Brüder die kenn ich doch«, lässt er verlauten, »die hab ich schon mal im Berliner Zoo gesehen«. Außerdem erklären sie, Quax als »weißen Gott« verehren zu wollen.⁹

Zu diesem Zeitpunkt war der neu gedrehte Film *Toxi* schon erfolgreich angelaufen. Sein Happy End lief darauf hinaus, dass ein ›Besatzungskind‹ von seinem schwarzen Vater in die USA geholt wird. Dazu erklang das Lied ›Ich möchte so gern nach Hause geh'n‹. In einem Land, das gerade dabei war, das von ihm angerichtete Unheil zumindest teilweise mit dem Begriff der ›Heimatvertriebenen‹ zu überschreiben, nahm ein Regisseur, der seine in der Zeit des Nationalsozialismus begonnene Karriere bruchlos fortsetzen konnte, der Tochter einer Deutschen zuerst die Mutter und bestritt ihr dann der Rasse wegen die Zugehörigkeit zur Heimat.

Das ›Toxi-Lied‹ gehörte anschließend zum Repertoire von Marie Nejar, die in *Quax in Afrika* eine Nebenrolle gespielt hatte und nach dem Krieg Karriere als Sängerin machte. Ihre Mutter war Tochter einer Hamburgerin und deren Mannes aus Martinique, ihr Vater stammte aus Ghana. Unter dem Namen Leila Negra sang sie außer dem ›Toxi-Lied‹ auch ›Mach nicht so traurige Augen, weil du ein Negerlein bist‹ oder ›Zwölf kleine Negerlein, die kauften weiße Seife ein‹.

Daran, dass die sich damit nicht würden weißwaschen können,

ließen Unterhaltungsindustrie, Politik und Wissenschaft keinen Zweifel. Die Politik sorgte sich um die ›Mischlingskinder‹ der Besatzungszeit und überlegte, wie sie in die Länder ihrer Väter zurückgebracht werden könnten. Die Wissenschaft argumentierte in traditionellen Bahnen und behauptete, ›Mischlinge‹ würden tiefer stehen als ihr weißes Elternteil und hätten psychische Defekte.[10]

Solche Fortschreibung rassistischer Stereotype wurde durch den Rassismus der Besatzungsmächte, vor allem innerhalb der US-Armee, erleichtert. Im Herbst 1946 titelte das Magazin *Ebony* gar: »Germany Meets the Negro Soldier. GIs Find More Friendship and Equality in Berlin than in Birmingham or Broadway«.[11] Wo sogar eine vor allem von Schwarzen in den Vereinigten Staaten gelesene Zeitschrift das Verhalten der Deutschen vergleichsweise positiv einschätzte, konnten diese Rassedenken und Alltagsrassismus weitgehend ungehindert fortsetzen.

Selbst koloniale Politik meinte man bald wieder betreiben zu können – in Form der »Erschließung Afrikas im Rahmen des Schuman-Planes«. Die Kooperation mit Frankreich auf dem Gebiet der Produktion von Kohle und Stahl, die 1951 zur Montanunion führte, gab zu Überlegungen Anlass, ob Deutschland nicht auch in die Modernisierung des französischen Kolonialreiches einbezogen werden könnte. Die *Zeit* schickte ihren Pariser Korrespondenten zu Léopold Sédar Senghor, der für Senegal-Mauretanien in der französischen Nationalversammlung saß, und fragte: »Was denken die Neger von Deutschland«? Die Antwort war diplomatisch, aber deutlich: »wir sind [...] mißtrauisch gegen Völker, bei denen ein Rassengefühl besteht«.[12]

Die Fortschreibung dieses Gefühls zeigte sich nicht zuletzt in der Presse. Das Magazin *Spiegel* berichtete ab 1947 immer wieder ausführlich über Afrika und Afrikaner. Dabei reproduzierte es unentwegt rassistische Stereotype. Noch Anfang der achtziger Jahre beschrieb es die »Moderne«, die in der »Kolonialzeit« in Afrika »Zivilisationsinseln« gebildet habe, von wo aus sie »ins Dunkel des tribalen Universums« vorgerückt sei. Auch nach der Dekolonisierung wäre der »weiße Mann« noch »immer der wahre Herrscher, gesegnet mit den Pigmenten der Autorität«.[13]

Die hätten europäischen Söldnern im Kongo schon früher geholfen. Als sie dort, wo »einige Weiße ›von den Kongolesen gegessen‹ worden waren«, Ordnung schafften, sollen sie ihrer Durchsetzungskraft wegen als »die ›weißen Riesen‹« bezeichnet worden sein. Den Leserinnen und Lesern konnte das durchaus Anlass zu alltagsbezogenen Assoziationen geben: ein Jahr vor diesem Artikel hatte Henkel 1966 ein neues Waschmittel auf den Markt gebracht. Es hieß ›Weisser Riese‹ und sein Name ließ ökonomische wie politische Reminiszenzen zu. Die ehemaligen westlichen Besatzungszonen hatten ein regelrechtes ›Wirtschaftswunder‹ erlebt. Und im selben Jahr wurde ein ehemaliges NSDAP-Mitglied zum Kanzler der Bundesrepublik Deutschland gewählt. Das Geschäft des Weißwaschens war offensichtlich erfolgreich verlaufen.

›Schlußstriche‹

Für die Bundestagswahl 1949 warb die hessische FDP auf einem Plakat mit der Überschrift »Schlußstrich drunter!« und forderte »Schluss mit Entnazifizierung Entrechtung Entmündigung«.[14] Während ›Schlußstrich‹ orthographisch korrekt geschrieben wurde, wählte die Partei für den geforderten ›Schluss‹ eine politische Schreibweise, die durch Doppel-S und das Layout der Buchstaben dafür Sorge trug, einschlägig verstanden zu werden.

Sein Bezugspunkt war der Antisemitismus. Andere rassistische Muster ließen sich ohne Probleme weiter benutzen. Der Antislawismus war ins antikommunistische Klima des Kalten Krieges überführt worden. Die Vorstellungen von farbigen Rassen und einer dadurch begründeten Differenz zwischen Schwarzen und Weißen hatte sich mit den Kolonialrassismen der westlichen Siegermächte und der Rassenideologie in den USA als vereinbar erwiesen. Und dem Antiziganismus setzten die Alliierten keine Schranken.

Das Zigeunerstereotyp wurde einfach fortgeschrieben. Seine Doppelstruktur kam dabei besonders perfide zum Tragen. Auf der einen Seite verweigerten staatliche Stellen den Roma und Sinti, die

die nationalsozialistische Verfolgung überlebt hatten, jede Entschädigung. Sie wären »nicht aus rassischen Gründen«, sondern ihrer Asozialität und Kriminalität wegen verfolgt worden. Auf der anderen Seite bediente die Kulturindustrie die Zigeunerromantik, als wäre nichts geschehen. 1955 verfasste Arno Schmidt die Kurzgeschichte *Lustig ist das Zigeunerleben*. Sie schwelgte in stereotypen Zuschreibungen, schwieg aber über die jüngste Vergangenheit.[15] Die Literatur entsprach damit der seichten zeitgenössischen Unterhaltung und den Klischees der Schlager. 1953 spielte Vico Torriani erfolgreich ›Du schwarzer Zigeuner, komm, spiel mir was vor‹ ein.

Nach 1945 wurde von den vielen Rassismen der Deutschen einzig der Antisemitismus zum Gegenstand langwieriger Auseinandersetzungen. In Ostdeutschland plädierte Paul Merker nachdrücklich für eine Entschädigung jüdischer Verfolgter des Naziregimes und begrüßte die Gründung des Staates Israel. Das langjährige Mitglied der ›Kommunistischen Partei‹ war schon vor seiner Rückkehr aus dem mexikanischen Exil in den Vorstand der neuen ›Sozialistischen Einheitspartei‹ gewählt worden. Dort konnte er auf eine intensive Auseinandersetzung mit der deutschen Geschichte zurückgreifen. Sie hatte ihn davon überzeugt, dass »Rassismus und Antisemitismus« als »Kern aller nazistischen Theorien« betrachtet werden müssten.[16]

Merkers Vorstellungen zum Umgang mit der rassistischen Vergangenheit und zur Entschädigung mit ihr verbundenen Unrechts gerieten schnell in Konflikt mit der Auffassung, ein Staat, der den Sozialismus aufbauen wolle, könne keine Kapitalisten (gleich welcher Herkunft oder Religion) entschädigen. Die damit verbundene Argumentation blieb indessen schillernd und war nicht frei von antisemitischen Reminiszenzen. Merker wurde schließlich 1950 aus der Partei ausgeschlossen, 1952 verhaftet und erst nach dem Tod Stalins 1956 wieder freigelassen.

Die gegen ihn erhobenen Anschuldigungen enthielten neben dem Vorwurf des ›Trotzkismus‹ auch den des ›Zionismus‹. Er wäre Agent der amerikanischen ›Finanzoligarchie‹ und hätte mit seinen Plänen für die weitgehende Entschädigung jüdischer Verfolger für eine ›Preisgabe deutschen Volksvermögens‹ plädiert. In seinen Verhören wurde er deswegen als »König der Juden« bezeichnet, der versucht hätte, »die DDR an die Juden zu verschachern«.[17]

In Westdeutschland verlief die Auseinandersetzung mit dem Antisemitismus zäh und widersprüchlich. Die allmähliche Zurückdrängung manifester antisemitischer Einstellungen der Bevölkerung wurde von einer Kette von Skandalen begleitet. Sie begannen mit den Freisprüchen für Veit Harlan, Regisseur des antisemitischen Hetzfilms Jud Süß, und waren mit den Ovationen für Martin Walsers Charakterisierung von Auschwitz als ›Moralkeule‹ in der Frankfurter Paulskirche nicht zu Ende.[18]

Dazu trug die kulturelle Codierung des Antisemitismus bei, wie sie gerade Walser jahrzehntelang betrieben hat. Seine Romane und Artikel konnten antisemitische Anspielungen und Botschaften verbreiten, ohne im deutschen Literaturbetrieb kritisiert zu werden. Erst als der Vorsitzende des ›Zentralrates der Juden in Deutschland‹, Ignatz Bubis, sich weigerte, Walsers Charakterisierung von Auschwitz als ›Moralkeule‹ hinzunehmen, änderte sich das. Die in der anschließenden Debatte gegenüber Bubis geäußerten Diskriminierungen zeigten, dass die alten Muster des antisemitischen Rassismus immer noch präsent und zudem durch neue ergänzt worden waren.

Dafür hat der Prozess der Entnazifizierung die Grundlagen gelegt. Anstatt zu einer öffentlichen Auseinandersetzung mit der Vergangenheit Anlass zu geben, wurde er zu einer ›Mitläuferfabrik‹ umfunktioniert. Der größte Teil der Bevölkerung galt demnach als nicht betroffen. Von denen, deren Fälle vor Spruchkammern behandelt wurden, fiel wiederum eine Mehrheit unter verschiedene Amnestien. Entscheidungen gab es nur für eine vergleichsweise kleine Minderheit, von der wiederum der überwiegende Teil in die Kategorie ›Mitläufer‹ eingestuft wurde.[19]

Das galt auch für Bayreuth. Die Stadt war schon im Kaiserreich eine Hochburg des Antisemitismus und hatte sich im Faschismus zu einer Art nationalsozialistischem Weiheort entwickelt. Von dort aus war die Popularisierung zweier Autoren, Arthur de Gobineau und Houston Stewart Chamberlain, nachhaltig betrieben und unterstützt worden, die bei der Ausprägung des Rassismus und Antisemitismus der Deutschen eine bedeutsame Rolle spielten. Jetzt entnazifizierte sich Bayreuth ohne Schuldbewusstsein. Von noch nicht einmal viertausend Verfahren führten über 80 Prozent zur Einordnung der Betroffenen in die Kategorie ›Mitläufer‹. So wurde auch Winifred Wagner eingestuft (die dazu allerdings in die Berufung musste). Ihr Sohn Wieland, der gegen Kriegsende als ziviler Leiter eines KZ-Außenlagers fungiert hatte, erhielt diesen Status ebenfalls.

Anschließend kam es zu einer Verlagerung von Schuld, die bei sich selbst zu suchen die Einzelnen sich enthoben, indem sie diese auf eine kleine Gruppe von Verantwortlichen und deren unmittelbaren Helfershelfer abschoben. Damit ging die Entwicklung eines »sekundären Antisemitismus« einher, den Theodor W. Adorno schon 1964 mit »der Abwehr des gesamten Schuldzusammenhangs der Vergangenheit« in Verbindung brachte. In dieser Tradition denunzierte Martin Walser das Denkmal für die ermordeten Juden Europas in Berlin als »Monumentalisierung der Schande« und sprach Rudolf Augstein von einem »Schandmal gegen [...] das in Berlin sich neu formierende Deutschland«.[20]

Im ›Abendland‹

Am 10. Juli 1955 trafen sich in Augsburg fast sechzigtausend Gläubige der beiden großen christlichen Konfessionen zu einer Tausendjahrfeier. Sie gedachten des Sieges in der Schlacht auf dem Lechfeld, bei der es, wie die ›Katholische Nachrichtenagentur‹ vermeldete, um nichts weniger als »um den Sieg des Christentums [...] gegen die heidnischen Hunnen« gegangen war. Die zentrale Rede wurde vom damaligen bundesdeutschen Außenminister gehalten. Er war um einen Vergleich der Zeiten nicht verlegen und bezeichnete die »Ähnlichkeit« zwischen damals und heute als »erschreckend«: »Damals standen vor den Toren des Abendlandes [...] die heidnischen Nomadenscharen des Ostens; Verderben und Untergang drohten«. Für die »Massen des Ostens«

gelte das heute erneut. »In gewisser Beziehung ist die Gefahr noch gewaltiger«, denn »uns« steht nicht »das bloße Heidentum wilder Völkerschaften gegenüber«, sondern »das neue Heidentum« des »weltlichen Fanatismus«.[21]

Das Tausendjahrdenken hatte sich besonnen und war vom ›dritten‹ zum ersten, dem ›heiligen‹ Reich zurückgekehrt. In der Zeitschrift »Neues Abendland« propagierte es seit 1946 ein konservatives Weltbild, das antiparlamentarisch ausgerichtet war und auf einen christlichen Universalismus zielte. Auch wenn der ›übervölkisch‹ sein sollte, hatte er in deutschen Ohren einen traditionsreichen nationalen Unterton. Vor allem aber wirkte er in mehrfacher Hinsicht ausgrenzend: gegenüber dem ›neuen Heidentum‹ im Osten wie der amerikanischen ›Massengesellschaft‹ im Westen und kategorial auch gegenüber nichtchristlichen Religionen.

Gleichzeitig war die Idee des ›christlichen Abendlandes‹ flexibel genug, um in den folgenden Jahrzehnten, als es eher still um sie wurde, nach Westen (als ›atlantische Gemeinschaft‹) wie Osten (als ›Europa‹) anschlussfähig zu bleiben. Nachdem der Präsident der USA in seiner Rede zur Lage der Nation eine ›Achse des Bösen‹ definiert und ein weltweites eschatologisches Szenario entworfen hatte, erwachte in Deutschland die Trope vom ›Abendland‹ zu neuem Leben und floss in den antimuslimischen Diskurs ein.[22]

Im Herbst 2002 umriss der Historiker Hans-Ulrich Wehler, was er das ›Türkenproblem‹ nannte. Seine Diagnose war eindeutig: einem »muslimischen« Land wie der Türkei könne kein Platz in der Europäischen Union angeboten werden, die »ein christlich geprägter Staatenverein« sei. Kurz darauf charakterisierte der Philosoph Otfried Höffe die Türkei als »Übermorgenland« und beschwor die Jahrhunderte während »Türkenangst Europas«. Zur selben Zeit forderte der ehemalige Bundeskanzler Helmut Schmidt die Besinnung auf »europäische Kultur« und ihre »entscheidenden Entwicklungen«, die in der Türkei fehlten: »Renaissance« und »Aufklärung«.[23] Ein Ministerpräsident behauptete wenig später, eine Aufnahme der Türkei in die Europäische Union »überfordert das Abendland, unsere Kulturgemeinschaft«. Die populistische Rechte in Österreich warb gleich mit dem Slogan »Abendland in Christenhand«. Vom rechten Rand aus wurde Europa zum »Erdteil des weißen Mannes und der abendländischen Kulturen« erklärt.²⁴

Die Trope ›Abendland‹ ist flexibel. Sie kann als Hintergrund für kulturelle Abgrenzungen dienen und mit traditionellem Rassedenken verbunden werden. Auch lässt sie sich sowohl mit der Parole ›Aufklärung‹ als auch mit dumpfem Ressentiment koppeln. So passt die Kategorie selbst ins Konzept eines häufig zu pseudobiologischen Argumenten greifenden Autors wie Thilo Sarrazin. In seiner Polemik gegen Muslime fehlt das Wort ›Rasse‹ nur deswegen, weil der Verlag ihn bat, es durch ›Ethnie‹ zu ersetzen und den Text so zu entschärfen.²⁵ Wo er behauptet, das »westliche Abendland« werde durch »muslimische Immigration« bedroht, gilt das Abendland als säkular und tolerant, während Muslime ›vormodern‹ und ›autoritär‹ sein sollen.

Die Bewegung, die sich ›Patriotische Europäer gegen die Islamisierung des Abendlands‹ nennt, plädiert zwar nicht vorrangig religiös, nahm aber den »Schutz unserer christlich-jüdischen Abendlandkultur« in ein Positionspapier auf. Das war ein mehrfach demagogisches Manöver. Es ignorierte die Geschichte des Antisemitismus und des Holocausts. Es instrumentalisierte die Juden im Kampf gegen Muslime. Und es subsumierte die jüdische unter die christliche Kultur.

Mit der religiös-kulturellen Ausrichtung eines erheblichen Teils des aktuellen Rassismus verschwinden seine anderen Formen nicht. Die Trope von der ›christlich-jüdischen Kultur‹ ist massiv antisemitisch unterfüttert. Und die Ablehnung des Islams geht mit rassenbezogenen Argumenten einher. Schon Anfang der siebziger Jahre ist behauptet worden, der »letzte große Angriff auf das Abendland« habe vor dreihundert Jahren stattgefunden, doch jetzt rücke »der Islam den Europäern wieder auf den Leib«: durch ›Gastarbeiter‹ in Europa und die »Re-Islamisierung« der ›Dritten Welt‹. Im »Zeitalter der Dekolonisation« sei »das Christentum, die ›Religion der Weißen und Imperialisten‹, in die Defensive gedrängt« worden und jetzt schöpften die »farbigen Völker« in »Ägypten und Guinea, in Mali und Marokko« ein »neues Selbstbewußtsein« aus dem Islam.²⁶ Diese Rassisierung des Islams durch Verkettung historischer

Rassismen verweist direkt ins Jahr 1683, als die Osmanen zum zweiten Mal Wien belagerten. Indirekt wird damit ein noch hinter den ersten Kreuzzug zurückreichender Zusammenhang angesprochen und als epochenübergreifender Konflikt markiert. Gleichzeitig findet sich diese religiöse Form der Konfrontation von Gut und Böse mit dem europäischen Kolonialismus und Imperialismus verknüpft und um die Farbcodierung des Rassedenkens ergänzt.

Dabei verwandelt sich Religion zudem in ein Fluidum der Reinigung oder Verunreinigung. Spätestens nach Napoleons Ägyptenfeldzug haben die Rassenwissenschaften intensiv an der Entafrikanisierung der Ägypter gearbeitet. Anschließend haben die Kulturwissenschaften ihre nun »(immerhin weißen) Ägypter« gegen die Inanspruchnahme als Begründer einer schwarzen Hochkultur zu verteidigen versucht. Jetzt zeigt sich, dass sie bei Bedarf religiös kontaminiert und den »farbigen Völkern« zugeschlagen werden können. Die am Opportunitätsprinzip orientierte Vermischung biologischer und religiöser Gesichtspunkte macht einmal mehr deutlich, dass die Einteilung der Menschen nach Hautfarben alles andere als ›natürlich‹ ist.

Rassismus hat sich schon immer unterschiedlichster Argumente bedient. Deren Stimmigkeit beruht nicht auf Plausibilität oder Widerspruchsfreiheit, sondern einzig und allein auf der ihnen gemeinsamen Logik der Ausgrenzung. Die Rede vom ›Abendland‹ kann sie ausgewählt oder kombiniert einsetzen, sich religiös aufs Christentum oder säkular auf die Aufklärung beziehen und kulturelle mit rassischen Argumenten verbinden.

Die ›Deutschen‹ haben im Verlauf ihrer Geschichte zahlreiche Muster rassistischer Diskriminierung genutzt. Hautfarben haben dabei lange Zeit keine, nur eine metaphorische oder eine umkämpfte Rolle gespielt. Das änderte sich mit der Entwicklung des europäischen Kolonialismus, in dessen Verlauf schließlich die Rassentheorie entstand, an deren Entwicklung deutsche Denker maßgeblich beteiligt waren.

Nach seiner Etablierung als Rassenkategorie wurde ›Weißsein‹ differenziert. In diesem Zusammenhang hielten sich die Deutschen schließlich für besonders weiß und richteten ihren Rassismus massiv gegen angeblich minderwertige Angehörige der ›weißen Rasse‹. Gleichwohl schien ihnen die Kategorie anschließend nicht entwertet, sondern diente ihnen metaphorisch und ideologisch zur ›Vergangenheitsbewältigung‹.

Die seitherige Entwicklung hat rassenbiologische Argumente desavouiert und zurückgedrängt. Außerdem gibt es eine aktuelle kulturelle Neuausrichtung des Rassismus. Gleichwohl sind Muster rassistischer Diskriminierung, die auf das Rassenkonzept und daran orientierte Farbzuschreibungen zurückgreifen, nicht verschwunden. Mit ihnen verbundene Handlungen reichen von verbalen Attacken über systemische Ausgrenzung bis zu Mordaktionen.

Gegen Ende des Jahres 1990 wird der aus Angola stammende Amadeo António Kiowa in Eberswalde von neonazistischen Skinheads überfallen und so brutal zusammengeschlagen, dass er wenige Tage später stirbt. Die nach ihm benannte Stiftung wendet sich gegen »Rechtsextremismus, Rassismus und Antisemitismus«. Das ist ein Zusammenhang, der nicht nur in Deutschland massiv zunimmt. Der mit ihm verbundene Rassismus reicht allerdings deutlich weiter und bezieht seine Legitimation nicht zuletzt aus der ›Mitte der Gesellschaft‹.[27]

Seine vielfältigen Codierungen finden sich in allen Bereichen der Kultur. Dichter und Philosophen, Architekten und Komponisten, Maler und Wissenschaftler, Geistliche und Politiker haben zu ihnen beigetragen. In Bibliotheken wie im Straßenbild sind sie ebenso gegenwärtig wie in Museen oder Tonarchiven. Und sie werden häufig nicht nur geleugnet, sondern auch zäh verteidigt. Die damit verbundene Haltung reicht bis in die Niederungen des Kulturbetriebs. Dort beteiligt sich der Moderator eines Literaturmagazins an der Debatte über die Streichung rassistischer Sprache aus Kinderbüchern. Dabei weiß er sich mit der Mehrheit seiner Kolleginnen und Kollegen aus den Feuilletons einig: solche Eingriffe in die Schriftkultur seien banausisch und stellten einen »feigen vorauseilenden Gehorsam vor den Tollheiten einer auf die Kunst übergriffigen politischen Korrektheit« dar. Für diese Aussage wirft er sich in ›blackface‹, das heißt er schwärzt sich das Gesicht, schminkt die Lippen rot und zieht weiße Handschuhe an.

Das ist, wie er sehr wohl weiß, keine Faschingskostümierung, sondern orientiert sich an einer üblen rassistischen Vorlage, der ›Minstrel Show‹.[28] Sie wurde in den USA entwickelt und in der Mitte des 19. Jahrhunderts zu einem beliebten Medium der Unterhaltung. Die Darsteller schwärzten ihre Gesichter mit angesengtem Kork, schminkten sich große Augen und Münder, zogen sich burlesk an, sprachen, was sie für schwarzes vernakuläres Englisch hielten und präsentierten sich als stereotypisierte Schwarze.

Der Auftritt des geschminkten Literaturkritikers trägt (zusammen mit anderen vergleichbaren Aktionen) dazu bei, dass ›blackfacing‹ zum Anglizismus des Jahres 2014 erklärt wird. Der damit verbundene Rassismus ist vielfach beschrieben worden. Die Camouflage im Kulturmagazin fügt sich in dieses Bild. Der Moderator verkleidet sich als Schwarzer, um den Anspruch von Weißen zu verteidigen, ihre zur Kultur geronnene rassistische Tradition guten Gewissens fortschreiben zu können.

Der alltägliche Rassismus ist in all seinen Formen Teil der deutschen Geschichte wie der deutschen Gegenwart. Von Aachen bis Zwickau durchzieht er Land und Stadt. In der einen können rechte Fußballfans ihre rassistische Ideologie verbreiten und werden rassistische Diskriminierungen innerhalb der Polizei erst nach Monaten aufgedeckt. In der anderen wohnt über zehn Jahre lang eine terroristische Mörderbande, kann auf Kontakte mit lokalen Neonazis zurückgreifen und pflegt nachbarschaftliche Beziehungen.[29]

Auch das immer wieder als unschuldige Tradition verteidigte ›blackfacing‹ gehört in diesen Kontext. In Aachen gibt es ein ›Café zum Mohren‹ und in Zwickau eine ›Mohren-Apotheke‹. Das ist ein von deutschen Arzneimittelverkäufern häufig gewählter Name.[30] Ihn gab und gibt es auch in Bayreuth. Die dortige ›Mohrenapotheke‹ führt noch immer diese Bezeichnung. Dabei hatte sie ursprünglich ›Zum Goldenen Greif‹ geheißen. Ihr altes Emblem, das ein solches Fabeltier mit Mörser und Stößel zeigt, hat sich erhalten und prangt noch heute an der Hauswand. Erst nach ihrer Wiedereröffnung 1672 bekam sie den neuen Namen, der im Zeitalter des transatlantischen Sklavenhandels und der Hofmohren gleichzeitig exotische und herrschaftliche Dimensionen hatte. Seine rassistische

Prägung steht außer Frage. Er kann sich nicht auf eine deutlich weiter zurückliegende Tradition berufen, in der das Wort ›Mohr‹ andere Konnotationen hatte.

Die Bezeichnung ›Mohr‹ wird in Bayreuth zudem durch eine Legende verbreitet, die gleich zwei Vereinen als Legitimation ihrer Namenswahl dient. Schon ihre höchst unterschiedlichen Versionen verweisen auf ihren fiktiven Charakter. Die Bayreuther, die angeblich noch nie einen schwarzen Menschen gesehen hätten, sollen (sei es im 17. oder 19. Jahrhundert) versucht haben, diesem, als er in ihrer Stadt auftauchte, die Farbe von der Haut zu waschen. Die als Persiflage ausgegebene Anekdote ist ein rassistischer Scherz auf Kosten anderer. Sie erzählt von der auf kolonialer Sklaverei und imperialem Kommerz beruhenden Anwesenheit schwarzer Menschen in der Stadt und von ihrer diskriminierenden Behandlung.

Nach dieser erfundenen Geschichte, die rassistisches Wissen als harmlose Unkenntnis auszugeben trachtet, hat sich noch zu Beginn dieses Jahrhunderts ein Bayreuther Faschingsverein den Namen ›Mohrenwäscher‹ gegeben. Doch selbst solcher Affront lässt sich überbieten. In Bayreuth ist dafür ausgerechnet ein Verein zuständig, der sich ›MenschenWürde‹ nennt und in Not geratene Bürger unterstützen will. Dazu betreibt er unter anderem eine Gastwirtschaft, die ›Mohren Bräu‹ heißt und ein Bier gleichen Namens ausschenkt. Auf dem Etikett der Flasche werden als Zutaten Hopfen, Wasser und Malz angegeben. Der erhebliche Anteil Rassismus wird nicht ausgewiesen. Er lässt sich aber der dort abgebildeten Werbefigur unschwer ablesen. Turban, Ohrringe, Pluderhosen und Schnabelschuhe machen sie als Verwandten des Sarotti-Mohren kenntlich. Das Tablett, auf dem er sein Bier anbietet, verdeutlicht die ihm zugedachte Rolle.

›Mohrenapotheke‹, ›Mohrenwäsche‹ und ›Mohren Bräu‹ betreiben allesamt ›blackfacing‹. Dabei inszenieren sie nicht nur schwarze Figuren aus weißer Perspektive. Sie bestehen ihnen gegenüber auch auf einer Deutungshoheit, die historische Zusammenhänge ignoriert, damit verbundenes Unrecht leugnet und kritische Reflexion verweigert. Das gilt nicht nur für diese Stadt. Bayreuth ist überall …

Anmerkungen

I Einleitung

1 Wilhelm Lindenschmit: Die Räthsel der Vorwelt, S. 37 u. 46. Die Überreichung von Lindenschmits Schrift ist verzeichnet in: Verhandlungen der Germanisten zu Frankfurt am Main, S. 230; zu Lindenschmit vgl. Hubert Fehr: Germanen und Romanen im Merowingerreich, v. a. S. 191–194.

2 Adolph Bastian: [Rezension von] Quatrefages, S. 60 f. Um seine These vom barbarischen Charakter der Preußen zu stützen, hatte Armand de Quatrefages: La Race Prusienne, S. 83–95 seiner Studie eigens ein Kapitel »Bombardement du Muséum« beigegeben. Sein Zitat über den ›anthropologischen Irrtum‹ findet sich a. a. O., S. 104. Zu der Auseinandersetzung, in die sich auf deutscher Seite auch Rudolf Virchow einschaltete, vgl. u. a. Léon Poliakov: Der arische Mythos, S. 294–306.

3 ›Daily Mail‹, 13. 11. 1918; zum Vorstehenden siehe Rudyard Kipling: For All We Have and Are; zur ›Hunnenrede‹ vgl. Bernd Sösemann: Die sog. Hunnenrede Wilhelms II.

4 Vgl. Frank Kämpfer: ›Destroy this mad brute‹.

5 Cf. Nicoletta F. Gullace: Barbaric Anti-Modernism, S. 68 f.; zum Affenvergleich siehe die Beiträge in Wulf D. Hund, Charles W. Mills, Silvia Sebastiani (Hg.): Simianization.

6 Otto Kirchheimer, John Herz: Das Statement on Atrocities der Moskauer Dreimächtekonferenz, S. 579; zur im Folgenden angesprochenen deutschen Propaganda siehe David M. Lubin: Grand Illusions, S. 28; das Plakat aus Leningrad kann unter http://riowang. blogspot.de/2013/03/dissolving-beast.html aufgerufen werden.

7 Ruth Benedict: Die Rassenfrage in Wissenschaft und Politik, S. 149 (›Konflikte‹), 177 f. (›Glauben‹, ›Basis‹), 12 (›nordische Rasse‹, ›mit allen Rassen‹), 181 (›Nazipropaganda‹), 7 (›Herrenrasse‹).

8 Vgl. Wilhem Marr: Der Sieg des Judenthums über das Germanenthum; siehe Moshe Zimmermann: Wilhelm Marr.

9 Nell Irvin Painter: The History of White People, S. 1 (›Nein‹), 21 (›dumm‹).

10 Vgl. dazu u. a. zwei umfangreiche Literaturberichte über neuere Studien zur Rassismusforschung – Wulf D. Hund: Vor, mit, nach und ohne ›Rassen‹ u. ders.: Rassismusanalyse in der Rassenfalle. Probleme der Rassismustheorie werden in den folgenden Kapiteln nicht dabattiert, die Auseinandersetzung mit deren verschiedenen Dimensionen liegt

ihnen als Metadiskussion zugrunde – siehe dazu u. a. Wulf D. Hund: Negative Vergesellschaftung u. ders.: Rassismus.

11 Ernst Bloch: Das Prinzip Hoffnung, S. 1628; Theodor W. Adorno: Auf die Frage: Was ist
deutsch, S. 102.

II Vorspiel auf dem Theater

1 [Sigmund von Birken]: Ballet der Natur, Teil 2.6; hinsichtlich der ›Köhler‹ und der
›Schornsteinfeger‹ siehe Teile 4.8 u. 4.10.

2 Die ersten Gesellschaftsbücher der Fruchtbringenden Gesellschaft, S. 10. Die erste Publikation der Gesellschaft war [Carl Gustav von Hille]: Der Teutsche Palmenbaum.

3 Uta Deppe: Die Festkultur am Dresdner Hof, S. 125; dort, S. 145, auch das Folgende.

4 Vgl. Rashid-S. Pegah: Real and Imagined Africans, S. 77–80; Anne Kuhlmann-Smirnov:
Schwarze Europäer im Alten Reich, S. 160 f. u. (zum Folgenden – ›Pesne‹) 157 f. Auch der
von seinem Herrn als ›Lakai‹ und auf Beschreibungen des Gemäldes, das ihn zusammen mit seiner Herrin Henriette Karoline von Hessen-Darmstadt zeigt, als ›Kammermohr‹ bezeichnete Schwarze (vgl. Abbildung 2 und das Umschlagbild) hatte womöglich familiäre Bindungen. Vermutet wurde, dass es sich bei ihm um Ludwig Carl Prenzlau handeln könnte (siehe Annika Nasz: Mohr, Soldat und Kammerhusar, S. 258). Diese
Zuordnung ist nicht gesichert und bedarf weiterer Forschung. Prenzlau wurde aus Su-
riname, Teil des damaligen kolonialen Niederländisch-Guayana, nach Deutschland gebracht und Teil des Hofstaats der Landgrafenfamilie von Hessen-Darmstadt. Weil die
sich damals in der Garnisonsstadt Prenzlau aufhielt, bekam er bei seiner Taufe deren
und die Namen von Graf (Ludwig) und Gräfin (Karoline). Später heiratete er Maria Susanna Aubimon, Tochter einer Einheimischen und eines ebenfalls aus Amerika stammenden schwarzen Regimentspfeifers. Sie hatte zahlreiche Geschwister und bekam mit
ihrem Mann vier Kinder.

5 Vgl. Monika Firla: Darstellungen von Afrikanern, S. 75; zum Folgenden siehe Magnus
Gottfried Lichtwer: Fabeln in vier Büchern, S. 27 und Sigmund von Birken: Singspiel,
Teil 3.2.

6 Vgl. den Abschnitt ›Der Große Kurfürst als Sklavenhändler‹ in Ulrich van der Heyden:
Rote Adler an Afrikas Küste, S. 44–58.

7 Sigmund von Birken: Der Donau-Strand, S. 48 (›TürkenHeer‹, ›Christenheit‹), 113 (›Erbfeind‹), 116 f. (›Tempel‹ – ›Moschea‹), 120 (›Barbaren‹, ›WiderChrist‹, ›Hölle‹).

8 Vgl. Eckhard Breitinger: African Presences and Representations, S. 130–135.

9 Johann von der Behr: Diarium, oder Tage-Buch, S. 45 (›schwarze Inder‹), 51 f. (›Indianer‹,
›Neger‹), 46 (Schätze). Behr sieht im übrigen auch noch andere Hautfarben und schreibt
über »[d]er Chinesen Weiber [...] zu Batavia« sie wären »nicht schwartz wie die Moh-
rinnen / sondern gelbe« (S. 31); die »Persianer« erscheinen ihm »schwartz-gelb« (S. 56).

10 Robert Knox: Ceylanische Reise-Beschreibung, S. 116; die weiteren Zitate finden sich
S. 126 (›Häfen‹, ›Cingulayen‹), 132 (Sitten etc.); zum Folgenden vgl. Kenneth Chase:
Firearms, S. 112 ff; Iqtidar Alam Khan: The Indian Response to Firearms.

11 Cf. Robert Knox: An Historical Relation of the Island Ceylon, S. 46 (dort, S. 63, auch die oben erwähnten ›civilized Inhabitants‹); zum Folgenden siehe [Erdmuthe Sophie von Sachsen]: Sonderbare Kirchen-Staat-und-Welt-Sachen, S. 3 f. (›Araber‹), 36 f. (›Heiden‹ etc.), 254 (›Teutschland‹).

12 Adolf Eckstein: Geschichte der Juden im Markgrafentum Bayreuth, S. 1 (›1298‹), 19 (›1451‹), 8, 12 f. (›1473‹), 14 (›Vogelfreiheit‹), 35 (›1672‹), 64 (›1687‹); Georg Wolfgang Augustin Fikenscher: Geschichte des Fürstenthums Bayreuth, S. 229 (›1441‹), 230 (›1496‹); Johann Wilhelm Holle: Alte Geschichte der Stadt Bayreuth, S. 50 (›1350‹), 127 (›1561‹), 53 (›Zigeuner‹).

13 Cf. Andreas Kappeler: The Russian Empire, S. 35 (›Okhotsk‹); Timothy Keegan: Colonial South Africa and the Origins of the Racial Order, S. 15 (›Station‹); William Eisler: The Furthest Shore, S. 78 ff. (›Tasman‹); Ralph M. Wiltgen: The Founding of the Roman Catholic Church in Oceania, S. 178 (›apostolische Präfektur‹).

14 So war zum Beispiel in Nordamerika der Anteil afrikanischer Sklaven oder ihrer Nachkommen noch sehr gering, auf einzelnen Inseln der Karibik hingegen machten sie mehr als die Hälfte der Bevölkerung aus (vgl. Russell R. Menard: The Africanization of the Workforce in English America). Transpazifischer Sklavenhandel wurde von den Spaniern vor allem zwischen Mexiko und den Philippinen betrieben (vgl. Dirk Hoerder: Cultures in Contact, S. 200), aber auch der Sklavenhandel der Portugiesen, der sich von Ostafrika bis Japan erstreckte, trug dazu bei (vgl. Tatiana Seijas: Asian Slaves in Colonial Mexico, S. 53 ff.). Zur Versklavung indigener Amerikaner vgl. u. a. Alan Gallay (Hg.): Indian Slavery in Colonial America. Zu Zwangsarbeitern unterschiedlicher Herkunft vgl. Piet C. Emmer: Colonialism and Migration.

15 Caspar Barlaeus: Brasilianische Geschichte, S. 87 (›Schwarze‹), 587 (›weiße Leute‹); zum folgenden siehe S. 517–523 (›Geldgeiz‹, ›Ebenbild‹), 66 f. (Gewinn), 127 (›Mohren und Sklaven‹), 187 (›Sklaven von Natur‹).

16 Cf. François Bernier: Travels in the Mogul Empire, S. 3 u. 48 – zum Folgenden siehe S. 404 (›Frauen aus Kaschmir‹), 209 (›Hautfarbe der Einheimischen‹).

17 [François Bernier]: Nouvelle Division de la Terre, S. 134 – zum Folgenden siehe a. a. O., S. 133 f. (›erste Rasse‹), 135 (›Afrika‹), 136 (›Asien‹, ›Amerika‹), 134 (›Inder/Spanier‹).

18 Jean de La Bruyère: Les caractères ou les mœurs de ce siècle, S. 165 (Abschnitt ›De l'homme‹). Vergleichbare Beobachtungen, bei denen sich ethnische, klassenbezogene und sexistische Aspekte überlagerten, gab es zur selben Zeit auch im Hinblick auf Ostasien – so schreibt etwa Samuel Baron über Tonkin, die Haut der dortigen Bevölkerung wäre im allgemeinen ›braun‹, »but the better sort, and women of quality are almost as fair as the Portuguese and Spaniards« – zit n. Rotem Kowner: From White to Yellow, S. 214.

19 David Armitage: John Locke, S. 86; zum Folgenden siehe John R. Milton: Locke and Gassendi, S. 99 (›Locke und Bernier‹); Peter Laslett: Introduction, S. 55, John Locke: A Catalogue, S. 548, Anna Winterbottom: Producing and using the Historical Relation of Ceylon (›Locke und Knox‹).

20 John Locke: Zwei Abhandlungen über die Regierung, S. 268 (II, § 108).

21 Cf. Bruce Buchan: Asia and the Moral Geography of European Enlightenment Political Thought.

22 Vgl. Gary Taylor: Buying Whiteness, S. 303–340; zum Folgenden siehe John Locke: Zwei Abhandlungen über die Regierung, S. 66 (I. § 1 – ›verächtlicher Zustand‹); [John Locke]: The Fundamental Constitutions of Carolina, S. 180 (›absolute Gewalt‹); John Locke: An Essay Concerning Human Understanding, S. 451 (III. VI, § 22 ›Mandrills‹), 607 (IV. VII, § 16 – ›Kind‹), 474, (III. VIII, § 1 – ›Essenz‹).

23 Siehe David M. Goldenberg: The Curse of Ham; Colin Kidd: The Forging of Races; David M. Whitford: The Curse of Ham in the Early Modern Era.

24 [Sigmund von Birken]: Winter-SchäferSpiel, S. 5; das vorangegangene Zitat stammt aus Volker Meid: Die deutsche Literatur im Zeitalter des Barock, S. 195 (›Schäfereien‹).

III Die Farben der Sünde

1 Heinrich Heine: Almansor, S. 16.

2 Heinrich Heine: Der Rabbi von Bacherach, S. 110 (›Judenverfolgung‹) – vgl. auch den umfangreichen Apparat zu dieser Erzählung a. a. O., S. 498–708; zum vorangegangenen Zitat siehe Heinrich Heine: [Brief an Moses Moser], S. 167.

3 Vgl. Friedrich Lotter: Innocens Virgo et Martyr, S. 67 ff.; Stefan Rohrbacher, Michael Schmidt: Judenbilder, S. 269–359, insb. 307–311; siehe auch Susanna Buttaroni, Stanisław Musiał (Hg.): Ritual Murder.

4 Heinrich Heine: Der Rabbi von Bacherach, S. 110; zur Damaskusaffäre siehe Jonathan Frankel: The Damascus Affair.

5 Hugo von Trimberg: Der Renner, S. 41 (10 409–10 412); zum Folgenden siehe William Jervies Jones: German Colour Terms, S. 401 ff.

6 Julius Fürst: Der Orient, S. 402 (›Afrika‹); Georg B. Depping: Die Juden im Mittelalter, S. 351 (›Malabar‹); ›Zeitung für die elegante Welt‹, 7. 5. 1833 (›Denkungsart‹ etc.).

7 Bruno Bauer: Das Judentum in der Fremde, S. 10 – zu Bauer vgl. Hermann-Peter Eberlein: Bruno Bauer; zum Folgenden siehe August Friedrich Gfrörer: Geschichte des Urchristenthums, S. 203 (›Sklaven‹), XXVII (›weiße Neger‹) und ders.: Gustav Adolph, König von Schweden, S. 432 (›Hessen‹) – zu Gfrörer vgl. Hans Liebeschütz: Das Judentum im deutschen Geschichtsbild, S. 101–110.

8 Siehe Pamela Berger: The Roots of anti-Semitism in Medieval Visual Imagery; M. Lindsay Kaplan: The Jewish Body in Black and White in Medieval and Early Modern England.

9 Cf. Ruth Mellinkoff: Judas's Red Hair and the Jews; zum Folgenden siehe Andrew Colin Gow: The Red Jews, S. 66 f.; vgl. allgemein Mitchell B. Merback (Hg.): Beyond the Yellow Badge.

10 Von ainer grosse meng unnd gewalt der Juden, S. A II, r/v.

11 Vgl. Marion Neiss: Kennzeichnung; siehe auch Norman Roth: Badge, Jewish sowie ders.: Clothing.

12 Theodor Fritsch: Handbuch der Judenfrage, S. 19 (unterschiedliches Erscheinungsbild, ›schwer zu beschreiben‹), 28 (›seelische Rasse‹), 21 (›Instinkt‹); zu Fritsch siehe Massimo Ferrari Zumbini: Die Wurzeln des Bösen, S. 321–422.

13 Werner Sombart: Die Juden und das Wirtschaftsleben, S. 325, 327. Der männerbündlerische Antisemit Hans Blüher: Secessio Judaica, S. 19, behauptete wenig später: »Die Juden sind das einzige Volk, das Mimikry treibt. Mimikry des Blutes, des Namens und der Gestalt. [...] Die jüdische Mimikry ist im Schicksal der Rasse verankert«; zu Blüher siehe Claudia Bruns: Politik des Eros, S. 191 ff.

14 Protokoll der Strafrechtskommission, zit. n. Alexandra Przyrembel: ›Rassenschande‹, S. 139 f.; hinsichtlich des im Folgenden angesprochenen Verhältnisses von Katholizismus und Antisemitismus siehe Robert Michael: A History of Catholic Antisemitism; zur Verordnung Friedrich II. vgl. Christine Magin: ›Wie es umb der iuden recht stet‹, S. 153.

15 Brief Himmlers an Kaltenbrunner vom 19. 5. 1943, zit. n. Stefan Rohrbacher, Michael Schmidt: Judenbilder, S. 359. Mit den Einsatzkommandos waren die Mordbataillone gemeint, die an der Ostfront die Liquidierung kommunistischer Kader und die Vernichtung von Juden durchführten. Das angesprochene Buch war Hellmut Schramm: Der jüdische Ritualmord. Es handelte sich um eine derart üble Kompilation antisemitischer Gerüchte, dass selbst der Rezensent der ›Nationalsozialistischen Monatshefte‹ das Buch »als Hohn auf jede ernste Geschichtsbetrachtung« verriss – zit. in Wolfgang Benz: Der jüdische Ritualmord, S. 378.

16 Joseph Goebbels: Michael, S. 82 (›Unrasse‹), 58 (›Teufel/Gott‹) und [Joseph Goebbels]: Das Tagebuch von Joseph Goebbels 1925/26, S. 85.

17 Zit. n. Stefan Flesch: Die Verfolgung und Vernichtung der jüdischen Gemeinde von Köln, S. 84; zum Folgenden vgl. Gerd Mentgen: Die Ritualmordaffäre um den ›Guten Werner‹ von Oberwesel; Friedrich Lotter: Die Judenverfolgung des ›König Rintfleisch‹; Friedrich Lotter: Hostienfrevelvorwurf und Blutwunderfälschung; František Graus: Pest – Geissler – Judenmorde; Klaus Bergdolt: Der Schwarze Tod in Europa, S. 129 (›Konstanz‹).

18 Friedrich Wilhelm Riemer: Mittheilungen über Goethe, S. 436 (›schmarotzerähnlich‹), 438 (›Doppelgänger‹), 440 (›foetor judaicus‹).

19 Immanuel Kant: Der Streit der Facultäten, S. 81; Johann Gottlieb Fichte: Beitrag zur Berichtigung der Urtheile des Publikums über die französische Revolution, S. 191.

20 Des Knaben Wunderhorn, S. 93–96, hier S. 93, 96; zum Vorangegangenen vgl. Clemens Brentano: Loreley, S. 391; zum Hintergrund siehe Marco Puschner: Antisemitismus im Kontext der Politischen Romantik.

21 Achim von Arnim: Über die Kennzeichen des Judentums; zum Folgenden siehe S. 363 (›heimlich‹, ›versteckt‹), 368 (›Kleiderauszeichnungen‹), 369 (›einschleichen‹), 384 (›Geruch‹), 385 (›Haut‹), 382 f. (›Analyse‹), 387 (›Kennzeichen‹); vgl. Stefan Nienhaus: Geschichte der Deutschen Tischgesellschaft.

22 Vgl. Irven M. Resnick: Marks of Distinction, S. 237–240.

23 Vgl. Elisheva Carlebach: Palaces of Time, S. 181.

24 David Nirenberg: Anti-Judaismus, S. 413; das folgende Zitat findet sich bei Arthur Schopenhauer: Senilia, S. 240 f.

25 Hans F. K. Günther: Rassenkunde des jüdischen Volkes, S. 261 (›Geruch‹), 265 f. (›Geruch der Juden‹ etc.), 266 f. (›Rassengeruch‹ etc.); zu seiner Berufung siehe Uwe Hoß-

feld: Die Jenaer Jahre des ›Rasse-Günther‹. Die folgenden Zitate finden sich in Adolf Hitler: Mein Kampf, S. 55 (›Deutsche‹, ›Wien‹), 60 (›Schriften‹), 61 (›Geruch‹).

26 Vgl. Paul Lawrence Rose: Richard Wagner und der Antisemitismus (dort, S. 264, auch Wagners Selbstcharakterisierung); Annette Hein: ›Es ist viel »Hitler« in Wagner‹ (dort, S. 115 u. 120, werden die Aufzeichnung Cosima Wagners und Hans von Wolzogens zitiert); Richard Wagner: Das Judenthum in der Musik, S. 32 (›Untergang‹).

IV Schwarze Ritter und Heilige Schwarze

1 Zur Mohrenapotheke in Bayreuth vgl. Johann Wilhelm Holle: Alte Geschichte der Stadt Bayreuth, S. 161; zu Cosmas und Damian als Schutzheiligen der Apotheker siehe Pierre Julien: Saint Côme et saint Damien.

2 Jacobi a Voragine: Legenda Aurea, S. 639; die deutsche Übertragung wird zitiert nach Gerhard Fichtner: Das verpflanzte Mohrenbein, S. 87; zur griechischen Urfassung siehe Douglas B. Price, Neil J. Twombly (Hg.): The Phantom Limb Phenomenon, S. 400 f.

3 Vgl. Harriet A. Washington: Medical Apartheid, S. 353 f.; Esther L. Jones: Medicine and Ethics in Black Women's Speculative Fiction, S. 97 (›mistreatment‹); David Brion Davis: Inhuman Bondage, S. 59 (›Opferung‹).

4 Das ›rechte‹ Bein stammt aus der Version des Gedichtes in Tin House, S. 47, das ›linke‹ aus der Version in Natasha Trethewey: Thrall, S. 12. Ein Vortrag des gesamten Gedichts durch die Autorin findet sich unter https://vimeo.com/66520143.

5 Vgl. Carmen Fracchia: Spanish Depictions of the Miracle of the Black Leg.

6 Eine Version des gesamten Bildes findet sich unter http://ncartmuseum.org/art/detail/ st._cosmas_and_st._damian; die beiden Predellas in vergrößerter Version sind (als erstes und letztes Bild) unter http://saint-lucy.com/slider/the-ethiopians-leg/ zu sehen.

7 Jean Devisse, Michel Mollat: Africans in the Christian Ordinance of the World, S. 37 (›Schwarze‹), 99 (›Dialektik‹); angesichts dieser Formulierung überrascht die undialektische Interpretation der beiden Predellas (S. 101), der ich mich aus guten Gründen nicht anschließe, um so mehr.

8 [Konrad der Pfaffe]: Das Rolandslied, Verse 6346 (›swarz‹), 6337 f. (›Karthago‹, ›Äthiopien‹), 60 (›kint‹), 3380 (›geswarme‹), 6353 (›kunter‹); zum Folgenden vgl. 5215 (›Sahsen‹), 5210 (›Ungeren‹), 8054 (›Mohren/Mauren‹); zum vorherigen Vergleich siehe Stephanie Seidl: Narrative Ungleichheiten, S. 52 (›Tinte‹).

9 Cf. Carole Hillenbrand: The Evolution of the Saladin Legend in the West (zu Saladin); Debra N. Prager: The Vision of the Eastern Other in Wolfram von Eschenbach's Parzival (zum Orientalismus); das folgende Zitat zu Feirefiz findet sich a. a. O., S. 56 (›gesprenkelter Sohn‹).

10 Vgl. Debra Higgs Strickland: Saracens, Demons, and Jews, S. 178 f., wo die angesprochene Kampfszene auch abgebildet ist. Zur Verortung der ›schwarzen‹ Welt bei Wolfram und in anderen zeitgenössischen Epen vgl. Anja Ulrike Augustin: ›Norden, Süden, Osten, Westen‹.

11 Wolfram von Eschenbach: Parzival, 17.24 (›Nacht‹), 19.18 (›Mohren‹), 20.6 (›Rabenfarbe‹),

35.21 (›Mohrin‹), 28.11 (›Heidin‹), 28.14 (›Taufe‹), 44.18 f. u. 27 ff. (›Minne‹), 54.21 f. (›Weib‹); das folgende findet sich 91.4 ff. (›schwarze Sonne‹), 57.15 ff. (›Zweifarbigkeit‹), 747.26 f. (›Pergament‹), 822.23 u. 25 (›Indien‹, ›Priester Johannes‹). Das Zitat zu den antirassistischen Worten stammt von Cyril Edwards: Wolfram von Eschenbach, S. 38. Im übrigen gibt es auch in Wolframs ›Willehalm‹ eine schwarzweiße Figur: Josweiz, wie Feirefiz ein untadeliger Ritter (vgl. Mareike Klein: Die Farben der Herrschaft, S. 144).

12 Vgl. Nicole Müller: Feirefiz; zum Folgenden siehe Joachim Bumke: Parzival und Feirefiz – Priester Johannes – Loherangrin.

13 Vgl. Bettina Wagner: Die ›Epistola presbiteri Johannis‹; Keagan Brewer: Prester John, S. 321 ff. (zu den frühen Weltkarten); Matteo Salvadore: The African Prester John, S. 1 (zu Carignano); siehe auch Michael E. Brooks: Visual Representations of Prester John and His Kingdom.

14 Siehe Andreas Waschbüsch: Das Paradoxon der doppelten Zerstörung, S. 164 (Feuer, Reliquien etc.); Anne Kuhlmann-Smirnov: Schwarze Europäer im Alten Reich, S. 103 f. (Kaiserchronik, Krönung).

15 Vgl. neben dem Kapitel ›A Sanctified Black: Maurice‹ in Jean Devisse: From Demonic Threat to the Incarnation of Sainthood, v. a. S. 139–194, u. a. Gude Suckale-Redlefsen: Mauritius; Geraldine Heng: An African Saint in Medieval Europe.

16 Jan Nederveen Pieterse: White on Black, S. 25 (›Ikonographie‹); Joachim Zeller: Weiße Blicke – Schwarze Körper, S. 124 (›positive Darstellungen‹); Jean Devisse: From Demonic Threat to the Incarnation of Sainthood, S. 194 (›Gleichheit‹).

17 Joseph Leo Koerner: The Epiphany of the Black Magus, S. 34 (›Herrschaft‹); Phillipe Wamba: Maurice, S. 762 (›Macht‹); Anu Mände: Black Soldier – Patron Saint, S. 59 (›Kreuzzüge‹) – siehe dort, S. 65 ff., auch zum Folgenden (›Schwarzhäupter‹); Peter Martin: Schwarze Teufel, edle Mohren, S. 37.

18 Das Gebetbuch der Hl. Elisabeth von Schönau, S. 40 (›Baltasar‹); [Johannes von Hildesheim]: Die Legende von den heiligen drei Königen, S. 19 (›Mohr‹); vgl. Paul H. D. Kaplan: The Rise of the Black Magus in Western Art, S. 29 (Elisabeth), 63 (Johannes); zum folgenden siehe Joseph L. Koerner: The Epiphany of the Black Magus u. Malte Hinrichsen, Wulf D. Hund: Metamorphosen des Mohren, S. 82.

19 Zur Frage der Modelle siehe Jean Devisse: From Demonic Threat to the Incarnation of Sainthood, S. 178 u. Patrick Manning: The African Diaspora, S. 68; eine Abbildung des Gemädes von Grünewald findet sich bei Devisse, S. 182; vgl. weiter Peter Martin: Schwarze Teufel, edle Mohren, S. 44 (›Dürer‹, ›Pontano‹), 102 (›Isabella d'Este‹); Jorge Fonseca: Black Africans in Portugal, S. 114 (›Hölle‹) u. 121 (›Affen‹); Michael Zeuske: Handbuch Geschichte der Sklaverei, S. 503 f. (›Fugger‹, ›Welser‹).

V ›Schwarzes Volk‹ als ›faules Gesindel‹

1 Die Chroniken der niedersächsischen Städte, S. 345. Bei den folgenden Ausführungen greife ich stellenweise zurück auf meine Beiträge in Wulf D. Hund (Hg.): Fremd, faul und frei.

2 Albert Krantz: Saxonia, Vorrede III (›Tacitus‹), S. 239 verso f. (›Zigeuner‹ etc.).

3 Zit. n. Klaus Michael Bogdal: Europa erfindet die Zigeuner; zum Folgenden siehe [Thomas Birck]: Ehespiegel, S. 105 (›Mor‹), 108 (›Teufel‹), 125 (›Hölle‹ etc.).

4 Zit. n. Reimer Gronemeyer (Hg.): Zigeuner im Spiegel früher Chroniken und Abhandlungen, S. 34 (Sebastian Münster), 39 (Christian Wurstisen), 46 (Johannes Guler); zu den folgenden Zitaten siehe S. 103 (Christoph Besold), 107 (Johann Limnäus).

5 Jacob Thomasius: Curiöser Tractat von Zigeunern, S. 20 (›Schwärze‹, ›Sonne‹, ›Sauberkeit‹), 25 (›Johannes‹), 26 (›Ägypten‹), 40 (›Nation‹), 41 (›Deutschland‹), 42 (›Farbe‹); zum Folgenden siehe Grosses vollständiges Universal-Lexikon Aller Wissenschaften und Künste, Bd. 62, Sp. 520–544, Sp. 520 (›Zieteinher‹), 525 (›Ziegeuner‹).

6 [Hans Jakob Christoffel von Grimmelshausen]: Trutz Simplex, S. 253.

7 Cf. Albert Cohn: Shakespeare in Germany, S. CXIX; vgl. auch Simon Williams: Shakespeare on the German Stage; William Shakespeare: Die beiden Veroneser, S. 155 (4.4); siehe u. a. Kim F. Hall: Things of Darkness, S. 181.

8 Joseph Jakob Plenk: Lehre von den Hautkrankheiten, S. 56. Das Wochenblatt ›Wahrheit und Dichtung‹ (S. 40) warnte 1794 seine Leserinnen vor jener »weißen Schminke [...] welche aus Quecksilber und Blei verfertigt« wird und empfahl statt ihrer pulverisierte Austernschalen oder geschlemmte Kreide.

9 Heinrich Cornelius Agrippa von Nettesheim: Ungewißheit und Eitelkeit aller Künste und Wissenschafften, S. 358 (›Bettler‹), 359 (›Zigeuner‹), 360 (›Chus‹); die Bezeichnung als ›Vortrab‹ stammt von Heinrich Grimm: Agrippa von Nettesheim, S. 105; siehe ferner Colin Kidd: The Forging of Races (Sklaverei); Paul Freedman: Images of the Medieval Peasant, Kapitel 4: ›The Curse of Noah‹, S. 86–104, zu Deutschland S. 100; Donald Kenrick: Gypsies, S. 5 (Agrippa); vgl. auch Leonardo Piasere: La stirpe di Cus.

10 Vgl. Katrin Ufen: Aus Zigeunern Menschen machen; Iris Wigger: Ein eigenartiges Volk; zum Folgenden siehe Heinrich Moritz Gottlieb Grellmann: Historischer Versuch über die Zigeuner, S. 4 (›Orient‹), 2 (›Afrika‹), 12 (›weiß‹ etc.), 327 (›niedrigste Klasse‹, ›Parias‹, ›Caste‹), 328 (›unrein‹ etc.), 227 (›Gesindel‹).

11 Michael Zimmermann: Rassenutopie und Genozid, S. 61–65; zu den folgenden Zitaten vgl. S. 61 (Dillmann), 126 (Erlass 1938), 127–131 (Ritter).

12 Alle Äußerungen von Robert Ritter sind zit. n. Erich Schmidt: Die Entdeckung der weißen Zigeuner, S. 130 f. u. 140 f.

13 Friedrich Bodenstedt: Die Zigeunerbande singt, S. 136 f.; zum Vorangegangenen vgl. Schlesische Volkslieder mit Melodien, S. 67.

14 Franz Liszt: Die Zigeuner und ihre Musik in Ungarn, S. 33 (›Durst‹), 30 (›Scheu‹), 52 (›Outcasts‹ etc.), 60 (›Abweisen jeder Arbeit‹ etc.).

15 [Hans Jakob Christoffel von Grimmelshausen]: Rathstübel Plutonis, S. 60 f.; das folgende Zitat findet sich in Verhandlungen des Reichstags, Bd. 236, Sitzung v. 31.3.1909, S. 7892.

16 Franz Hillmann: Lustig ist das Zigeunerleben; vgl. Claudia Breger: Ortlosigkeit des Fremden, S. 174.

17 Cf. http://f-films.deutsches-filminstitut.de/film/f000431.htm (Zensur 1935, 1939); Michael Williams: Anton Walbrook; Ernst Piper: Alfred Rosenberg, S. 383 (Zitat Goeb-

bels); zum Folgenden siehe Almut Hille: Identitätskonstruktionen, S. 94 (Operette); Otto Wolkerstorfer: Baden 1939, S. 16; Mariana Fellermayr: Das Linzer Landestheater als NS-Theater; Nina Urban: Die Oper im ›Dienst‹ der NS-Politik, Tabelle 5 (Stuttgart).

18 Vlastimil Louda: Die Lagerkapelle, S. 300; zum Folgenden vgl. Michael Zimmermann: Rassenutopie und Genozid, S. 342 (zit. Franz Wirbel); Ceija Stojka: Wir leben im Verborgenen, S. 23; Fania Fénelon: Das Mädchenorchester in Auschwitz, S. 277; siehe auch Guenter Lewy: The Nazi Persecution of the Gypsies; Anton Weiss-Wendt (Hg.): The Nazi Genocide of the Roma.

VI Rassen© made in Germany

1 Vgl. Michael Zeuske: Preußen und Westindien, S. 188; siehe auch Klaus Weber: Deutschland, der atlantische Sklavenhandel und die Plantagenwirtschaft der Neuen Welt.

2 Matthias Christian Sprengel: Vom Ursprung des Negerhandels, S. 10 f.; zum Folgenden siehe Grosses vollständiges Universal-Lexikon Aller Wissenschaften und Künste, Bd. 24, Sp. 888 f. (›Sklaverei‹ etc.) und Supplemente Bd. 1, Sp. 1369 (›Amo‹); zu Amo siehe Justin E. H. Smith: Nature, Human Nature, and Human Difference, v. a. S. 207–230.

3 Zur Revolution in Haiti siehe immer noch Cyril L. R. James: Schwarze Jakobiner; vgl. außerdem Carolyn E. Fick: The Making of Haiti; Laurent Dubois: Avengers of the New World (hier, S. 289 u. 300 auch die Hinweise auf die Unabhängigkeitserklärung von 1803 und die Verfassung von 1805); zum Folgenden siehe Matt D. Childs: The 1812 Aponte Rebellion in Cuba, S. 167.

4 Vgl. Robert C. Smith: Liberty Displaying the Arts and Sciences (das Bild ist u. a. unter http://explorepahistory.com/kora/files/1/2/1-2-282-25-OBJ-250.jpg zu finden); siehe auch Wulf D. Hund: Die Farbe der Herrschaft.

5 Léon Rosenthal: Du romantisme au réalisme, S. 364; zum Folgenden siehe Charles Baudelaire: Salon de 1846, S. 126; Arnaud Bertinet: Laemlein, Alexander; Hugh Honour: Slaves and Liberators, S. 143 (zu Laemleins ›Charité‹; dort auch der folgende Hinweis auf die Geistlichen); siehe weiter Julia Lovell: The Opium War.

6 Georg Forster: Vorläufige Schilderung des Nordens von Amerika, S. 134 f.; zur Frage, wie die Amerikaner rot und die Chinesen gelb gemacht wurden vgl. Alden T. Vaughan: From White Man to Redskin; Walter Demel: Wie die Chinesen gelb wurden (dort, S. 629, auch der Hinweis auf Du Halde); zum Gelben Kaiser vgl. Frank Dikötter: The Discourse of Race in Modern China, S. 35 und Michael Keevak: Becoming Yellow, S. 35.

7 Johann Wolfgang von Goethe: Zur Farbenlehre, S. 495 f.

8 Siehe Georg Wilhelm Friedrich Hegel: Sämtliche Werke – zu Asien: Bd. 11: Vorlesungen über die Philosophie der Geschichte, S. 145 (›Licht des Geistes‹), 150 (›von Osten nach Westen‹, ›Ende der Weltgeschichte‹); Bd. 10: System der Philosophie, S. 74 f. (›asiatische Race‹, ›Bewußtsein‹); Bd. 17: Vorlesungen über die Geschichte der Philosophie, S. 132 f. (›kein Erkennen‹, ›das Orientalische ausschließen‹); – zu Europa: System der Phi-

losophie, S. 77 (›Wissensdrang‹), 76 (›Einheit‹, ›Fortschritt), 78 (›Geist‹, ›Herrschaft‹); Bd. 7: Grundlinien der Philosophie des Rechts oder Naturrecht und Staatswissenschaft im Grundrisse, S. 321 / § 248 (›Kolonien‹); – zu *Amerika*: System der Philosophie, S. 78 (›Amerikaner‹, ›schwaches Geschlecht‹, ›nicht behaupten‹, ›neue Kultur‹); Vorlesungen über die Philosophie der Geschichte, S. 122 f. (›Cultur‹, ›untergehen‹, ›Eingeborene‹, ›Hauch‹); – zu *Afrika* a. a. O., S. 145 (›Welttheil‹), 135 (›jenseits des Tages‹), 137 (›Wildheit‹, ›nichts Menschliches‹), 144 (keine ›Entwicklung‹ etc.); System der Philosophie, S. 73 (›Kindernation‹), 74 (›Kultur‹).

9 Johann Heinrich Gottlob von Justi: Vergleichungen der Europäischen mit den Asiatischen und andern vermeintlich Barbarischen Regierungen, S. 3 r/v.

10 Johann Gottfried von Herder: Kolumbus; vgl. Susanne M. Zantop: Colonial Fantasies; zum Folgenden siehe Johann Gottfried Herder: Briefe zu Beförderung der Humanität, S. 9 (›schämen‹), 13 (›weiße Teufel‹).

11 Johann Gottfried Herder: Ideen zur Philosophie der Geschichte der Menschheit, Bd. 2, S. 93 f. (Buch 7.1: ›Racen‹), Bd. 3, S. 12 (Buch 11.1: ›Chinesen‹), 120 (Buch 12.3: ›Juden‹), Bd. 4, S. 48 (Buch 16.5: ›Türken‹), 415 (Buch 20.6: ›Europa‹).

12 Friedrich Schiller: Was heißt und zu welchem Ende studiert man Universalgeschichte?, S. 11; siehe auch Friedrich Schiller: Kolumbus.

13 Johann Caspar Bluntschli: Lehre vom modernen Staat, S. 382 (›Kinder‹), 195 (›Sklaverei‹); vgl. Marcel Senn: Rassistische und antisemitische Elemente im Rechtsdenken von Johann Caspar Bluntschli.

14 Samuel Thomas Soemmerring: Über die körperliche Verschiedenheit des Negers vom Europäer, S. XIV (›anatomisch dartun‹), 67 (›Gehirn‹); die folgenden Zitate finden sich S. 2 (›Farbe‹) u. in [Georg Forster]: Leifaden zu einer künftigen Geschichte der Menschheit; vgl. Tanja von Hoorn: Dem Leibe abgelesen (zu Forster); Sigrid Oehler-Klein: Einleitung (zu Soemmering); zur Fehlvermessung siehe Stephen Jay Gould: Der falsch vermessene Mensch.

15 Cf. Sara Eigen, Mark Larrimore (Hg.): The German Invention of Race; siehe auch Peter K. J. Park: Africa, Asia, and the History of Philosophy.

16 Christoph Meiners: Grundriß der Geschichte der Menschheit, Vorrede (›Kaukasier‹, ›Körper und Geist‹, ›Kelten und Slawen‹, aufgeklärte Europäer), S. 6 f. (›Wiege‹ der Menschheit, ›Sintflut‹), 9 (Kaukasus in Asien), 17 f. (Termonologie), 26 (›Hindostan‹), 43 (›Schönheit‹), 45 (weiße Kaukasier); siehe Friedrich Lotter: Christoph Meiners und die Lehre von der unterschiedlichen Wertigkeit der Menschenrassen.

17 Johann Friedrich Blumenbach: Beyträge zur Naturgeschichte, S. 60; vgl. Sabine Ritter: Natural Equality and Racial Systematics; zur Kategorie Kaukasier einschließlich ihrer Popularisierung in den USA siehe Bruce Baum: The Rise and Fall of the Caucasian Race.

18 Conversationslexikon mit vorzüglicher Rücksicht auf die gegenwärtigen Zeiten, s. v. ›Racen der Menschen‹, S. 13–29, hier 17 ff.

19 Immanuel Kant: Gesammelte Schriften – Bd. 8: Bestimmung des Begriffs einer Menschenrace, S. 89–106, hier 93 (›Hautfarben‹); – Bd. 15: Entwürfe zu dem Colleg über Anthropologie, S. 655–899, hier 877 f. (›Freyheitsliebe‹ der Amerikaner, ›keine Cultur‹; Afrikaner als ›Kinder‹; Hindus als ›Schüler‹; ›alle Anlagen‹ der Weißen, ›Vollkommen-

heit‹); – Bd. 25: Die Vorlesungen des Wintersemesters 1781/82 [?] aufgrund der Nachschriften, S. 849–1203, hier 1187 f. (›Amerikaner‹, ›Triebfeder‹; ›Race der Neger‹, ›Triebfedern‹, ›Knechte‹, ›abrichten‹; ›Bildung‹ der Hindus, ›abstrakte Begriffe‹; ›Race der Weißen‹, ›alle Triebfedern‹); – Bd. 2: Von den verschiedenen Racen der Menschen, S. 427–443, hier 432 (›hindustanische Rasse‹); zum Folgenden siehe – Bd. 25: Die Vorlesungen des Wintersemesters 1781/82 [?] aufgrund der Nachschriften, S. 1188 (westliche und östliche ›Weiße‹); – Bd. 7: Anthropologie in pragmatischer Hinsicht, S. 117–333, hier 205 (›Palästiner‹, ›Betrüger‹); Johann Friedrich Abegg: Reisetagebuch von 1798, S. 190 (›Vampire‹); vgl. insgesamt Wulf D. Hund: ›It must come from Europe‹.

20 Christoph Meiners: Ueber die Natur der Afrikanischen Neger, und die davon abhangende Befreyung, oder Einschränkung der Schwarzen. In: Göttingisches Historisches Magazin, 6, 1790, S. 385–456, hier S. 386 f.; Johann Friedrich Blumenbach: Über die natürlichen Verschiedenheiten im Menschengeschlechte, hg. u. übersetzt v. Johann Gottfried Gruber. Leipzig: Breitkopf und Härtel 1798, S. 142 f.

21 Immanuel Kant: Gesammelte Schriften – Bd. 15: Entwürfe zu dem Colleg über Anthropologie, S. 781 (›Europa‹); – Bd. 8: Idee zu einer allgemeinen Geschichte in weltbürgerlicher Absicht, S. 15–31, hier 29 (›unser Weltteil‹).

22 Patrick Colquhoun: Ueber Londons Fluß- und Hafen-Polizey, S. 169 f. (›Wasserarbeiter‹); Franz Stromeyer: Die Folgen der Aufhebung der englischen Korngesetze, S. 42 (›Arbeiterrasse‹); [Karl Marx, Friedrich Engels]: Manifest der Kommunistischen Partei, S. 7.

VII ›Völkerschau‹ mit ›Kolonialwaren‹

1 Max Nordau: Der erste Fünfzigkreuzertag, S. 173 f. (›Popularisierung‹, ›Philister‹), 176 (›Mundvorrat‹), 178 (›vornehme Besucher‹).

2 Zit. n. Adolf Wolff: Berliner Revolutions-Chronik, S. 67; zur sozialen Herkunft der angesprochenen Toten siehe Ruth Hoppe, Jürgen Kuczynski: Eine Berufs- bzw. auch Klassen- und Schichtenanalyse der Märzgefallenen; dort, S. 203 f. u. 208, Angaben zu den gefallenen Männern und Frauen.

3 Georg Herwegh: Bundeslied für den Allgemeinen deutschen Arbeiterverein, S. 473; Johann Hinrich Wichern: Die Proletarier und die Kirche, S. 208 (›Kommunismus‹); die folgenden Zitate stammen aus ders.: Welches ist die Aufgabe der Inneren Mission für die wandernde Bevölkerung, S. 537 f. (›Satanismus‹ etc.).

4 Friedrich Engels: Die Lage der arbeitenden Klasse in England, S. 156.

5 Vgl. Claude Keisch, Marie Ursula Riemann-Reyher (Hg.): Adolf Menzel, S. 313.

6 Johann Wolfgang von Goethe: Die Wahlverwandtschaften, S. 149 (›Papageien‹), 150 (›Palmen‹).

7 Vgl. Heike Thode-Arora: Hagenbeck, S. 251 (›Massenunterhaltung‹), 254 (Inszenierung); die Eintrittspreise stammen aus einer Annonce im ›Hamburger Fremdenblatt‹ vom 9. 5. 1913; zum Schlager vgl. Puppchen, S. 9 f.; die Zahlen zu Besuchern und Ausgestellten finden sich in Anne Dreesbach: Gezähmte Wilde, S. 11.

8 Zit. n. Nana Badenberg: Die Bildkarriere eines kulturellen Stereotyps, S. 174; die folgenden Zitate stammen aus Max Jordan: Beschreibendes Verzeichniss der Kunstwerke, S. 45 f.

9 Die Schwarzkopf-Reklame findet sich unter http://www.hairweb.de/images-05/prodschwarzk-kopf.jpg; die Lilienmilch-Reklame ist abgebildet in David Ciarlo: Advertising Empire, S. 284.

10 Vgl. das Kapitel ›Kaloderma gewinnt Weltruf. So entstand die Firma F. Wolff & Sohn‹. In: Wie sie sich emporarbeiteten, S. 65–72; dort, S. 65 auch die Zitate (›Germanen) u. S. 68 der Hinweis zu Wien. Abbildungen der im Folgenden angesprochenen Annoncen einschließlich der Reklame für Rasierseife gibt es im Internet; Holweins Graphik wurde auf dem Umschlag von Jan Nederveen Pieterse: White on Black als Titelbild verwendet.

11 Vgl. David Ciarlo: Advertising Empire; zum Folgenden siehe Rita Gudermann: Der Sarotti-Mohr.

12 Vgl. Helmuth Stoecker (Hg.): Drang nach Afrika, S. 248 ff. (zur kolonialen Kriegszielplanung); Catherine Higges: Chocolate Islands (zu São Tomé).

13 Eugen Oberhummer: Die Türken und das Osmanische Reich, S. 18 ff. u. 92 f.; siehe weiter Malte Fuhrmann: Die Bagdadbahn; Lothar Gall u. a.: Die Deutsche Bank, S. 76 ff. (zur Konzessionsvergabe); Jörg Berlin, Adrian Klenner: Völkermord oder Umsiedlung, S. 59 ff. u. 362 ff.

14 Vgl. Wulf D. Hund: Advertising White Supremacy; Anne McClintock: Imperial Leather; Anandi Ramamurthy: Imperial Persuaders.

15 Joachim Zeller: Bilderschule der Herrenmenschen; dort, S. 95, 144 u. 222 auch Abbildungen von Sarotti-Sammelbildern; zum Folgenden siehe Gustav Freytag: Soll und Haben, S. 66.

16 Vgl. Anja Weiß: Racist Symbolic Capital.

17 W. E. Burghardt Du Bois: Evolution of the Race Problem, S. 152 ff. (›Recht von Weißen‹); ders.: Black Reconstruction, S. 700 f. (›psychologischer Lohn‹); Max Weber: Wirtschaft und Gesellschaft, S. 216 (›Gemeinschaft‹, ›negativ‹, ›Absonderung‹), 221 (›Grenzen‹, ›Ehre‹ etc.); siehe Wulf D. Hund: Racism in White Sociology.

18 Internationaler Sozialisten-Kongreß, S. 26 (van Kol), 28 f. (Bernstein), 31 (David); vgl. Markku Hyrkkänen: Sozialistische Kolonialpolitik; zu Kol siehe http://www.iisg.nl/collections/vankol/intro.php.

19 Sigmund Freud: Die Zukunft einer Illusion; S. 9 (›Kulturarbeit‹, ›Beherrschung der Masse‹, 13 (›Triebverzicht‹), 18 (›Vergleich‹), 19 (›Identifizierung‹, ›Berechtigung‹); ders.: Der Mann Moses und die monotheistische Religion, S. 163 (›Feindseligkeit‹).

20 Vgl. Iris Hamel: Völkischer Verband und nationale Gewerkschaft; die Zitate finden sich S. 83 (Satzung), 61 (›Judenfrage‹), 60 (›Feind‹); zum Folgenden siehe Dirk Stegmann: Zwischen Repression und Manipulation, dort auch die Zitate von Claß: S. 408 (›Unwille abgeleitet‹), 413 (›Hitler‹). Das Parteiprogramm der NSDAP von 1920 wird zitiert nach dem Abdruck in Ulrike Hörster-Philipps: Wer war Hitler wirklich, S. 29–32.

VIII ›Gelbe Gefahr‹ und ›Schwarze Schmach‹

1 Vgl. Peter Utz: Effi Briest, der Chinese und der Imperialismus; zum Roman siehe Theodor Fontane: Effi Briest, S. 70 (›Kaschuben‹, ›Exotisches‹ etc.), 71 (›Gruseliges‹), 142 f. (Geschichte des ›Chinesen‹), 231 (›Angstapparat‹) und, weiter untern, 98 (›Abziehbildchen‹).

2 Vgl. Martin Baer, Olaf Schröter: Eine Kopfjagd, v. a. S. 49–60 (›Ostafrika‹); Jürgen Zimmerer, Joachim Zeller (Hg.): Völkermord in Deutsch-Südwestafrika (›Westafrika‹); Klaus Mühlhahn: Herrschaft und Widerstand in der ›Musterkolonie‹ Kiautschou (›China‹).

3 Vgl. Philipp Gassert: ›Völker Europas, wahrt Eure heiligsten Güter‹.

4 Ein ›Klassiker‹ dieser Literatur, der die zentralen Schlagworte des Diskurses im Titel trug, war Lothrop Stoddard: The Rising Tide of Color Against White World-Supremacy.

5 Vgl. u. a. Marilyn Lake, Henry Reynolds: Drawing the Global Colour Line; Ute Mehnert: Deutschland, Amerika und die ›gelbe Gefahr‹.

6 Vgl. die Beiträge in Wenchao Li, Hans Poser (Hg.): Das Neueste über China; Weijian Liu: Kulturelle Exklusion und Identitätsentgrenzung; zum Folgenden siehe Anne Dreesbach: Gezähmte Wilde, S. 23 (zu Friedrich II. von Hessen-Kassel).

7 [Albert Berg]: Die preussische Expedition nach Ost-Asien, S. 167; zum folgenden Zitat siehe Franz Maurer: Die Nikobaren, S. III.

8 Vgl. Andreas Stehen: Deutschland, China und die ›Kuli-Frage‹, S. 249 f.; zu den folgenden zeitgenössischen Zitaten siehe Sebastian Conrad: Globalisierung und Nation im Deutschen Kaiserreich, S. 170.

9 Emil Fischer: Die Verwendung von Kuli als Lohnarbeiter in der deutschen Seeschiffahrt, S. 792 (›Kulturbedürfnisse‹), 793 ff. (›Sitten‹ etc.).

10 Curt Abel: Chinesen in Deutschland, S. 22; zum Folgenden siehe John Soennichsen: The Chinese Exclusion Act (›USA‹); Melanie Yap, Dianne Leong Man: Colour, Confusion and Concessions, S. 62 f. (›Südafrika‹); David Walker: Anxious Nation (›Australien‹); Stefanie Affeldt: ›White‹ Nation – ›White‹ Angst (›Invasion‹ Australiens); Michael Georg Conrad: In purpurner Finsterniß (›Invasion‹ Deutschlands); Friedrich Bruno Krane: Die Ziele des Bolschewismus, S. 17 (›jüdische Asiaten‹).

11 Johannes V. Jensen: Unser Zeitalter, S. 121 (›Rassenherrschaft‹); ders.: Das Reich der Mitte, S. 1317 (›Germanenkraft‹, ›Riesenkampf‹), 1318 (›Nebel‹ etc.). Siehe Helwig Schmidt-Glintzer: Die gelbe Gefahr, S. 47 f.

12 Zit. n. John C. G. Röhl: Kaiser, Hof und Staat, S. 213; die folgenden Zitate stammen aus Christian Sielmann: Arier und Mongolen, S. IV (›Dschingis Khan‹) u. ders.: Der neue Mongolensturm, S. 58 (›asiatische Macht‹); Albrecht Wirth: Die gelbe und die slawische Gefahr, S. 34.

13 Vgl. Sarah Panzer: The Prussians of the East; im Folgenden wird zit. n. Regine Mathias-Pauer: Deutsche Meinungen zu Japan, S. 131 (›abgelauscht‹).

14 Zit. n. Tobias Becker: Inszenierte Moderne, S. 190; zum Vorstehenden siehe Wulf D. Hund: Rassismus im Film (›Yoshiwara‹).

15 [Fritz Oswald Bilse]: Afim Assanga, S. 115; vgl. Wolfgang Struck: Die Eroberung der Phantasie, S. 193 ff.; zum bildungsbürgerlichen Aperçu siehe Thomas Mann: Bilse und ich.

16 Die Zitate finden sich bei Christian Koller: ›Von Wilden aller Rassen niedergemetzelt‹, S. 213 (Kanzler), 215 (Außenminister), 242 (Abgeordneter); die Zusammenstellung der folgenden Charakterisierungen stammt aus Iris Wigger: Die ›Schwarze Schmach am Rhein‹, S. 109 (›Horden‹ bis ›Teufel‹), 111 (›Blicke‹ bis ›Amok‹), 115 (›Vergewaltigung‹), 145–149 (›Verbreitung‹ bis ›verunreinigt‹), 140 (›Erniedrigung‹, ›Rassenschande‹).

17 Zum ideologischen Hintergrund vgl. Wulf D. Hund: Racist King Kong Fantasies. Abbildungen aus dem zeitgenössischen deutschen Diskurs sind in Peter Martin, Christine Alonzo (Hg.): Zwischen Charleston und Stechschritt, v. a. S. 103–169, dokumentiert.

18 Vgl. die Abbildungen in Britta Lange: Echt. Unecht. Lebensecht, S. 125 u. 126; zu ›King Kong‹ siehe Ian Kershaw: Hitler, S. 293; Stefanie Affeldt: Examinating the Brute.

19 Kladderadatsch, 73, (30. Mai) 1920, 22, Titelblatt. Zu Frémiets Skulptur und ihrer Vorgeschichte vgl. Ted Gott: Clutch of the Beast; Marek Zgórniak: Frémiet's Gorillas.

20 Die folgenden zeitgenössischen Zitate finden sich bei Iris Wigger: Die ›Schwarze Schmach am Rhein‹, S. 124 (›gewisse Weiber‹), 127 (›weiße Schmach‹, ›Würdelosigkeit‹, ›keine Rasse‹), 129 (›Rassenschande‹).

21 Verhandlungen des Reichstags, Bd. 285, Sitzung vom 7. 5. 1912, S. 1729 (›Rasseninstinkt‹, ›Zuneigung‹), 1731 (›exotische Trupps‹), 1733 (›Rassenschande‹), 1737 (›Entartung‹).

22 Vgl. Tobias Nagl: Die umheimliche Maschine, S. 291 f. (›Tropenfieber‹; dort auch das Zitat aus der ›Ersten Internationalen Filmzeitung‹ von 1919); Ian Donaldson: The Rapes of Lucretia; die folgenden Zitate finden sich in Friedrich Wilhelm Hausmann: Die Kindsmörderin, S. 3 (›Wechselbalg‹); Reiner Pommerin: ›Sterilisierung der Rheinlandbastarde‹, S. 30 (Zitat Jolas) – dort, passim, auch die anschließenden Hinweise.

23 Vgl. Peter Weingart, Jürgen Kroll, Kurt Bayertz: Rasse, Blut und Gene.

24 Friedrich Nietzsche: Jenseits von Gut und Böse, Drittes Hauptstück, 62 (›Erhaltung‹ bis ›Entartung‹); ders.: Götzendämmerung, ›Die ›Verbesserer‹ der Menschheit, 4 (›Gegenbewegung‹ etc.).

25 Karl Philipp Theodor Schwencken: Aktenmäßige Nachrichten von dem Gauner- und Vagabundengesindel [etc.]. Cassel: Hampesche Buchdruckerey 1822, S. 67.

26 Alfred Ploetz: Zum Wettbewerb der Rassen in Südafrika, S. 635 f.; zum Folgenden vgl. Alfred Ploetz: Die Tüchtigkeit unserer Rasse und der Schutz der Schwachen.

27 Karl Valentin Müller: Lebensraum und Geburtenregelung, S. 419 (›Aufstieg‹), 418 (›Untermenschen‹); Alfred Beyer, sozialdemokratisches Mitglied des Ausschusses für Bevölkerungspolitik der Verfassungsgebenden Preußischen Landesversammlung im Februar 1920, zit. n. Michael Schwartz: Sozialistische Eugenik, S. 183 (›ausschalten‹).

28 Oda Olberg: Bemerkungen über Rassenhygiene und Sozialismus, S. 726 (›Damm‹); dies.: Rassenhygiene und Sozialismus, S. 887 (›Aussterben‹); dies.: Die Entartung in ihrer Kulturbedingtheit, S. 44 (›Rassenselbstmord‹), 50 (›Abortus‹), 67 (›Gefahr‹, ›Recht‹).

29 Vgl. Gerhart Hauptmann: Vor Sonnenaufgang; die folgenden Zitate finden sich S. 40.

1 Vgl. Annette Eberle: Häftlingskategorien und Kennzeichnungen.

2 Vgl. Lothrop Stoddard: The Rising Tide of Color Against White World-Supremacy; ders.: The Revolt Against Civilization; zum Folgenden vgl. ders.: Racial Realities in Europe, S. 20 f. (›ernstes Problem‹), 24 f. (›Alpinisierung‹).

3 Fritz Merkenschlager: Götter, Helden und Günther, S. 43; zum Folgenden siehe Hans F. K. Günther: Rassenkunde des deutschen Volkes, S. 155 (›Ostrasse‹), 306 (›Entnordung‹), 335 (›Mischlingszeitalter‹), 361 (›Aussterben‹), 354 (›Wiedervernordung‹); vgl. Cornelia Essner: Die ›Nürnberger Gesetze‹, v. a. S. 61–75.

4 Vgl. das Kapitel ›Reine und Unreine‹ in Wulf D. Hund: Rassismus, S. 43–53.

5 Zu den kategorialen Hintergründen vgl. Matthew Gerber: Bastards (in die Bezeichnung Bastard geht vor allem die illegitime, aber oft auch die nicht standesgemäße Herkunft ein); John Beusterien: Canines in Cervantes and Velásques (dabei stammt das Muli als Namensgeber aus der Mischung eines ›edler‹ bewerteten Reittiers mit einem ›niedriger‹ eingestuften Arbeitstier. Im übrigen ist es nicht Produkt einer Rassenmischung, sondern der Kreuzung zweier Arten aus der Gattung der Pferde. Das Wort ›Mulatta/o‹ wurde zunächst zur Bezeichnung einer Mischung aus Afrikanern und indigenen Amerikanern benutzt und von ›Mestiza/o‹ als Bezeichnung für eine Mischung aus letzteren und Europäern unterschieden. Das wiederum war ein älteres Wort für alle möglichen Arten von Mischung: auch der von Christen mit Muslimen. Die Geschichte der Verurteilung von Kontamination lässt sich in dieser Lexik vom religiösen bis zum rassenbezogenen Rassismus verfolgen – vgl. Curtis Marez: Mestizo/a).

6 Adolf Hitler: Mein Kampf, S. 357; Alfred Rosenberg: Der Mythus des 20. Jahrhunderts, S. 666 (›Erwachen‹), 667 (›Du Bois‹), 668 (›Vorsorge‹), 675 (›Herrschaft der weißen Rasse‹) – dort, S. 462, auch der weiter unten zitierte Begriff ›Gegenrasse‹.

7 Zit. n. Werner Schubert: Das imaginäre Kolonialreich, S. 119 (›Reinhaltung‹), 120 (›artfremde Rasse‹), 121 (›weiße Frau‹ etc.); das ›Gesetz zum Schutze des deutschen Blutes und der deutschen Ehre‹ findet sich im Reichsgesetzblatt 1935, Teil 1. Nr. 100, S. 1146 f.

8 Hans F. K. Günther: Rassenkunde des jüdischen Volkes, S. 14; zum Folgenden siehe die Langfassung des Korherr-Berichts, S. 3 (http://www.ns-archiv.de/verfolgung/korherr/korherr-lang.php).

9 Zit. n. Alexandra Przyrembel: ›Rassenschande‹, S 139 (›Täuschung‹) und Cornelia Essner: Die ›Nürnberger Gesetze‹, S. 103 (›Mulattenkinder‹ etc.).

10 Vgl. Saul Friedländer: Das Dritte Reich und die Juden, S. 31 ff. (Wirtschaftsboykott), 40 (Gesetz); Alexandra Przyrembel: ›Rassenschande‹, S. 65 ff. (Prangerumzüge); zum im Folgenden angesprochenen ›Reichserbhofgesetz‹ siehe Reichsgesetzblatt 1933, Teil 1, Nr. 108, S. 686, zur ›Ersten Verordnung zum Reichsbürgergesetz‹ siehe Reichsgesetzblatt 1935, Teil 1. Nr. 125. S. 1334.

11 Zit. n. Alexandra Przyrembel: ›Rassenschande‹, S. 164.

12 Der Große Brockhaus, Bd. 12, S. 401 (s. v. Menschenrassen) und die Tafeln ›Menschrassen‹, V u. VI (›Europäide‹); zum Folgenden siehe Der Große Brockhaus, Bd. 4, S. 548 f. (s. v. ›Deutsche‹).

13 Vgl. Michael Burleigh: Tod und Erlösung; Henry Friedlander: Der Weg zum NS-Genozid.

14 Vgl. Wolfangang Ayaß: ›Asoziale‹ im Nationalsozialismus; der Gesetzesentwurf ist dokumentiert in ders. (Bearb.): Materialien aus dem Bundesarchiv, Dokument Nr. 141.

15 Zit. n. Christine Alonzo: Rassenhygiene im Klassenzimmer, S. 509 (›Wessel‹); Michael Burleigh, Wolfgang Wippermann: The Racial State, S. 49 f. (›Zigeuner‹ etc.); Elisa von Joeden-Forgey: Die ›Deutsche Afrika-Schau‹ und der NS-Staat, S. 456 (›Kontrolle‹); siehe auch Susann Lewerenz: Die Deutsche Afrika-Schau.

16 Vgl. Marianne Bechhaus-Gerst: Treu bis in den Tod; siehe auch Robbie Aitken, Eve Rosenhaft: Black Germany; zum Folgenden siehe Clarence Lusane: Hitler's Black Victims, S. 144.

17 Zit. n. Hans-Joachim Bieber: SS und Samurai, S. 258; zum Folgenden vgl. Harumi Shidehara Furuya: Nazi Racism Toward the Japanese, S. 50 u. 64 (›Aoki‹); Gerhard Krebs: Racism under Negotiation, S. 226 (Zitate aus ›Volk und Rasse‹), Carol Bergman: Searching for Fritzi Redux (›jüdische Herkunft‹).

18 Reichsgesetzblatt 1941, Teil 1. Nr. 100, S. 547.

19 Vgl. Peter Junk, Wendelin Zimmer: Ortswechsel, Fluchtpunkte.

20 Max Horkheimer, Theodor W. Adorno: Dialektik der Aufklärung, S. 219.

21 Zit. n. Magnus Brechtken: ›Madagaskar für die Juden‹, S. 168 (›Kampforgansisation‹ etc.); Isabel Heinemann: ›Rasse, Siedlung, deutsches Blut‹, S. 476 (›Rassenvermischung‹ etc.); Rainer F. Schmidt: Die Außenpolitik des Dritten Reiches, S. 95 f. (Broschüre etc.); Peter Longerich: Politik der Vernichtung, S. 298 (›Dezimierung‹).

22 Vgl. Giulio Cogni: Il Razzismo; Mario Avagliano: Offen rassistisch, S. 57 (›Es ist an der Zeit‹); Alfred Rosenberg: [Tagebucheinrag].

23 Meyers Lexikon, Bd. 9, (Lemma Rassismus), Sp. 78; id.: (Lemma Rasse), Sp. 22 (›Rasse‹/›Volk‹), 58 (›Rechtsbegriffe‹, USA).

24 Vgl. Lawrence Dennis: The Coming of American Fascism, S. 109 f.; siehe Gerald Horne: The Color of Fascism, S. 18 (Eltern), 64 (›racism‹).

25 Vgl. Magnus Hirschfeld: Racism, S. 100 (›follies‹), 262 (›Rassismus‹); vgl. Ina Kerner: Differenzen und Macht, S. 97 ff.

26 Vgl. Edmond Vermeil: Le Racisme Allemand; zu den einzelnen Rassismen siehe Edmond Vermeil: Doctrinaires de la révolution allemande, passim; vgl. Pierre-André Taguieff: Die Macht des Vorurteils, der S. 112 f. darauf verweist, dass Vermeil schon 1925 die Worte ›raciste‹ und ›racisme‹ zur Charakterisierung der völkischen Bewegung in Deutschland benutzte.

27 Hugo Iltis: Der Mythos von Blut und Rasse, S. 10 (›zum ersten Mal‹); ders.: Rassenforschung und Rassenfrage, S. 50 (›bloß gegen Juden‹ etc.); ders.: Der Rassismus im Mantel der Wahrheit, S. 5 (›neudeutscher Rassismus‹ etc.); vgl. Wulf D. Hund: »Die Befreiung der unterdrückten Rassen kann nur das Werk der unterdrückten Rassen selbst sein«.

1 Vgl. Wulf D. Hund, Christian Seegert: Bürgerliche Hegemonie und konservative Kontinuität der Justiz, S. 53 (›Hamburg‹); Ernst Klee: Persilscheine und falsche Pässe, S. 14 (›Fulda‹); Jürgen Leinemann: ›Wie ein kleiner König‹ (›Herberger‹).

2 Vgl. Henry Leide: NS-Verbrecher und Staatssicherheit; Peggy Piesche: Schwarz und deutsch?; Harry Waibel: Der gescheiterte Anti-Faschismus der SED; Almut Zwengel (Hg.): Die ›Gastarbeiter‹ der DDR.

3 Gerhard Paul: ›Alle Wege des Marxismus führen nach Moskau‹, S. 95 (das angesprochene Plakat ist dort abgebildet).

4 Zit. n. http://www.persil.de/de/ueber-persil/geschichte.html.

5 Gisela Blomberg: Henkel immer dabei (Parteimitgliedschaft, Wehrwirtschaftsführer, ›Musterbetrieb‹); Wilfried Feldenkirchen, Susanne Hilger: Menschen und Marken, S. 69 (›zum Nationalsozialismus bekannt‹), 88 (›Friedensproduktion‹, ›Einheitswaschmittel‹), 97 f. (Fremdarbeiter), 124 (Nachkrieg).

6 Vgl. Rita Gudermann: Der Sarotti-Mohr; Clarence Lusane: Hitler's Black Victims, S. 182 f. (›Wilhelm Panzer‹); Marie Nejar: Mach nicht so traurige Augen, weil du ein Negerlein bist, S. 210 (›Schokoladenkind‹); Helga Emde: I too am German, S. 34 f. (›Sarotti-Mohr‹).

7 Vgl. Gerhard Paul (Hg.): Das Jahrhundert der Bilder. Bd. 1, S. 276–291.

8 Eingespielte Persilwerbung in Bettina Mittelstraß: Reinigungsarbeit, S. 21 – ›unheimliche Konjunktur‹ ist Teil eines eingespielten Zitats von Barbara Thums, a. a. O.

9 Der Film kann unter https://www.youtube.com/watch?v=5_JkH2bT_Jg aufgerufen werden; zum Folgenden siehe Angelica Fenner: Race under Reconstruction in German Cinema; Werner Sollors: Von A Foreign Affair zu Toxi; Marie Nejar: Mach nicht so traurige Augen.

10 Fatima El-Tayeb: Schwarze Deutsche, S. 208 (Politik), 210 (Wissenschaft); vgl. Heide Fehrenbach: Race after Hitler; Yara-Colette Lemke Muniz de Faria: Zwischen Fürsorge und Ausgrenzung.

11 ›Ebony‹, 2, 1946, 10 vom 10. 10. 1946, S. 5–11.

12 Arthur Rosenberg: Was denken die Neger von Deutschland? In: ›Die Zeit‹, 9. 8. 1951.

13 Gunar Ortlepp: Die lange Nacht der Kinder Afrikas. In: ›Der Spiegel‹, 1981, 4, S. 128–146, S. 144 (›tribales Universum‹ etc), 145 (›Pigmente der Autorität‹); zum Folgenden siehe ›Kongo/Söldner/Weiße Riesen‹. In: ›Der Spiegel‹, 1967, 35, S. 97; vgl. Felix Lösing: Nachrichten aus dem ›Herz der Finsternis‹.

14 Das Plakat ist abgebildet in Ruth Schneeberger: Wie viel Nazi steckt in Deutschland? (http://www.sueddeutsche.de/politik/entnazifizierung-wieviel-nazi-steckt-in-deutschland-1.2694869).

15 Siehe Wolfgang Wippermann: Wie die Zigeuner, S. 173 ff., speziell S. 185 (›nicht aus rassischen Gründen‹); Arno Schmidt: Lustig ist das Zigeunerleben; zum Folgenden vgl. Wulf D. Hund (Hg.): Fremd, faul und frei, S. 22 f. (›Schlager‹).

16 Paul Merker: Deutschland – Sein oder Nichtsein?, S. 47; vgl. Wolfgang Kießling: Partner im ›Narrenparadies‹.

17 Paul Merker: An die Zentrale Kontrollkommission des ZK der SED, S. 653; vgl. den Abschnitt »Der ›Fall Merker‹« in Mario Keßler: Die SED und die Juden, S. 85–99; zur ›Wiedergutmachung‹ in beiden Teilen Deutschlands siehe Constantin Goschler: Schuld und Schulden.

18 Vgl. Werner Bergmann: Antisemitismus in öffentlichen Konflikten, passim (›Zurückdrängung‹); dort, S. 86–117, Ausführungen zum ›Fall Harlan‹; zu Walser vgl. Matthias N. Lorenz: ›Auschwitz drängt uns auf einen Fleck‹; siehe auch Wulf D. Hund: Der scheußlichste aller Verdächte.

19 Vgl. Lutz Niethammer: Die Mitläuferfabrik; Clemens Vollnhals (Hg.): Entnazifizierung; zum Folgenden vgl. Bernd Mayer, Helmut Paulus: Eine Stadt wird entnazifiziert; siehe auch Michael Biddis: Father of Racist Ideology; Udo Bermbach: Houston Stewart Chamberlain.

20 Theodor W. Adorno: Zur Bekämpfung des Antisemitismus heute, S. 90 (›Abwehr‹); Martin Walser: Erfahrungen beim Verfassen einer Sonntagsrede, S. 12 (›Schande‹); Rudolf Augstein: ›Wir sind alle verletzbar, S. 32 (›Schandmal‹); siehe auch Micha Brumlik, Hajo Funke, Lars Rensmann: Umkämpftes Vergessen.

21 Die Zitate der Nachrichtenagentur wie des Außenministers Heinrich von Brentano finden sich in ›Abendland. Die missionäre Monarchie‹. In: ›Der Spiegel‹, 1955, 33, S. 12–14, S. 12; vgl. hierzu und zum Folgenden Axel Schildt: Zwischen Abendland und Amerika, S. 38 und passim.

22 George W. Bush: State of the Union Address, 29. 1. 2002 (›axis of evil‹ – https://georgew bush-whitehouse.archives.gov/news/releases/2002/01/20020129-11.html); vgl. u. a. Iman Attia (Hg.): Orient- und IslamBilder; Fanny Müller-Uri: Antimuslimischer Rassismus; Thorsten Gerald Schneiders (Hg.): Islamfeindlichkeit; Yasemin Shooman: ›… weil ihre Kultur so ist‹.

23 Hans-Ulrich Wehler: Das Türkenproblem; Otfried Höffe: Das Übermorgenland; Helmut Schmidt: Sind die Türken Europäer; vgl. Andreas Wimmel: Transnationale Diskurse in Europa.

24 Vgl. ›Koalition streitet über Türkei-Beitritt‹. In: ›Spiegel online‹, 8. 10. 2006 (zit. Günther Oettinger – ›Kulturgemeinschaft‹); das Plakat der FPÖ von 2009 ist abgebildet in Dieter Gosewinkel: Antiliberales Europa, S. 363 (›Christenhand‹); siehe auch Ruth Wodak, Bernhard Forchtner: Embattled Vienna; Fabian Virchow: Gegen den Zivilismus, S. 191 (zit. Horst Mahler – ›weißer Mann‹).

25 Vgl. Sarrazins Aussage in ›Es war ein langer und lauter Furz‹. Henryk M. Broder interviewt Thilo Sarrazin. In: ›die tageszeitung‹, 7. 12. 2010: »Irgendwann in einer Spätphase meinte der Verlag, ich sollte doch überall das Wort ›Rasse‹ durch ›Ethnie‹ ersetzen. Das habe ich dann auch gemacht«; das folgende Zitat findet sich in Thilo Sarrazin: Deutschland schafft sich ab, S. 266 (›Abendland‹).

26 Vgl. ›Pegidisch für Anfänger‹. In: ›die tageszeitung‹ online, 11. 12. 2014 (›Positionspapier‹); ›Mohammeds Lehre: Religion im Angriff‹. In: ›Der Spiegel‹, 1973, 17, S. 110–124, S. 110 (›Abendland‹, ›Re-Islamisierung‹), 113 (›Religion der Weißen‹) 116 (›neues Selbstbewußtsein‹); zum Folgenden siehe Franz Ansprenger: Politik im Schwarzen Afrika, S. 428 (›weiße Ägypter‹); Scott Trafton: Egypt Land (›Entafrikanisierung‹); Alain Fro-

ment: Race et histoire (›Verteidigung‹). Der antimuslimische Rassismus zeigt exemplarisch, dass sich Rassismus heute in der Regel einer Mischung vieler seiner historischen Formen bedient und schon deswegen nicht auf eine von ihnen reduziert werden kann.

27 Vgl. Margret Jäger, Siegfried Jäger (Hg.): Aus der Mitte der Gesellschaft; Andreas Speit: Bürgerliche Scharfmacher; zum vorangegangenen Zitat siehe http://www.amadeu-antonio-stiftung.de/wir-ueber-uns/.

28 Vgl. Georg Felix Harsch: Starrkopfrassismus. Denis Scheck weiß, was er tut. In: ›Publicative‹ online, 30.1.2013; Hannah Pilarczyk: Die Maske des Denis Scheck. In: ›Spiegel‹ online, 30.1.2013; Sally McGrance: A Fight in Germany over Racist Language. In: ›The New Yorker‹ online, 31.1.2013; der Fernsehspot ist abrufbar via http://www.daserste.de/information/wissen-kultur/druckfrisch/sendung/denis-scheck-sprache100.html (›feiger Gehorsam‹); zum Folgenden siehe Annemarie Bean, James V. Hatch, Brooks McNamara (Hg.): Inside the Minstrel Mask; Tahir Della, Jamie Schearer, Hadija Haruna: Warum Blackfacing auch 2015 noch rassistisch ist. In: ›Migazin‹ online, 18.2.2015 (›Anglizismus des Jahres‹).

29 Vgl. Auf dem rechten Auge blind. In: ›Deutschlandfunk‹ online, 1.11.2014 (›Fußball‹); Nazi-Skandal erschüttert Polizei in Aachen. In: ›RP‹ online, 11.9.2014 (›Polizei‹); Andrea Röpke, Andreas Speit (Hg.): Blut und Ehre, passim (›Zwickau‹, ›NSU‹).

30 Vgl. http://www.zeit.de/zeit-magazin/2016/21/mohren-apotheke-deutschlandkarte; zum Folgenden siehe Wolfgang von Brocke, Hans Mayer: Zur Geschichte der Apotheken der Markgrafenstadt Bayreuth; für die verschiedenen Versionen der Geschichte von der ›Mohrenwäsche‹ siehe http://www.bayreuther-mohrenwaescher.de/die-mohrenwaescher/geschichte/ und http://www.mohrenbraeu.de/website/Legende%20vom%20Mohren.html; vgl. auch Eckhard Breitinger: African Presences and Representations, S. 128 ff. Der in Marburg geborene und in Göttingen aufgewachsene Philipp Khabo Köpsell schreibt dazu, »dass antirassistische Diskurse in der Provinz zu Staub zerkrümeln« (http://james-knopf.blogspot.de/2010/11/bayreuther-mohrenwasche.html).

Literatur

Abegg, Johann Friedrich: Reisetagebuch von 1798, hg. v. Walter u. Jolanda Abegg in Zusammenarbeit mit Zwi Batscha. Frankfurt: Insel 1976.

Abel, Curt: Chinesen in Deutschland? Eine zeitgemäße Betrachtung. Berlin: C. F. Conrads Buchhandlung 1890.

Adorno, Theodor W.: Auf die Frage: Was ist deutsch. In: ders., Stichworte. Kritische Modelle 2. Frankfurt: Suhrkamp 1969, S. 102–112.

–: Zur Bekämpfung des Antisemitismus heute. In: Das Argument, 29, 1964, S. 88–104.

Affeldt, Stefanie: Examinating the Brute. Sexism and Racism in ›King Kong‹. In: Simianization. Apes, Gender, Class, and Race, hg. v. Wulf D. Hund, Charles W. Mills, Silvia Sebastiani. Zürich [et al.]: Lit 2015, S. 139–169.

–: ›White‹ Nation – ›White‹ Angst. The Literary Invasion of Australia. In: Racism and Modernity. Festschrift for Wulf D. Hund, hg. v. Iris Wigger, Sabine Ritter. Berlin [et al.]: Lit 2011, S. 222–235.

Agrippa von Nettesheim, Heinrich Cornelius: Ungewißheit und Eitelkeit aller Künste und Wissenschafften [etc.]. Cölln [i. e. Nürnberg]: [Monath] 1713.

Aitken, Robbie, Eve Rosenhaft: Black Germany. The Making and Unmaking of a Diaspora Community, 1884–1960. Cambridge [et al.]: Cambridge University Press 2013.

Alonzo, Christine: Rassenhygiene im Klassenzimmer. Ein Hakenkreuzzug gegen die Kinder im Namen der Rasse. In: Zwischen Charleston und Stechschritt. Schwarze im Nationalsozialismus, hg. v. Peter Martin, Christine Alonzo. München: Dölling und Galitz 2004, S. 509–529.

Ansprenger, Franz: Politik im Schwarzen Afrika. Die modernen politischen Bewegungen im Afrika französischer Prägung. Wiesbaden: Springer 1961.

Armitage, David: John Locke. Theorist of Empire? In: Empire and Modern Political Thought, hg. v. Sankar Muthu. Cambridge [et al.]: Cambridge University Press 2012, S. 84–111.

Arnim, Achim von: Über die Kennzeichen des Judentums. In: ders., Werke in 6 Bänden. Bd. 6, Schriften. Frankfurt: Deutscher Klassiker Verlag 1992, S. 362–387.

Attia, Iman (Hg.): Orient- und IslamBilder. Interdisziplinäre Beiträge zu Orientalismus und antimuslimischem Rassismus. Münster: Unrast 2007.

Augstein, Rudolf: ›Wir sind alle verletzbar‹. In: Der Spiegel, 1998, 49, S. 32–33.

Augustin, Anja Ulrike: ›Norden, Süden, Osten, Westen‹. Länder und Bewohner der Heidenwelt in deutschen Romanen und Epen des 12. bis 14. Jahrhunderts. Masch. Diss. 2 Bde. Würzburg: Philosophische Fakultät der Julius-Maximilians-Universität 2014.

Avagliano, Mario: Offen rassistisch? Die ›arischen‹ Italiener und die Rassengesetze. In: Die Shoah in Geschichte und Erinnerung. Perspektiven medialer Vermittlung in Italien und Deutschland, hg. v. Claudia Müller, Patrick Ostermann, Karl-Siegbert Rehberg. Bielefeld: transcript 2015, S. 57–74.

Ayaß, Wolfgang: ›Asoziale‹ im Nationalsozialismus. Stuttgart: Klett-Cotta 1995.

– (Bearb.): Materialien aus dem Bundesarchiv. Heft 5. ›Gemeinschaftsfremde‹. Quellen zur Verfolgung von ›Asozialen‹ 1933–1945. Koblenz: Bundesarchiv 1998.

Badenberg, Nana: Die Bildkarriere eines kulturellen Stereotyps. Mohrenwäsche im Leipziger Zoo. In: Mit Deutschland um die Welt. Eine Kulturgeschichte des Fremden in der Kolonialzeit, hg. v. Alexander Honold, Klaus R. Schärpe. Stuttgart [et al.]: J. B. Metzler 2004, S. 173–182.

Baer, Martin, Olaf Schröter: Eine Kopfjagd. Deutsche in Ostafrika. Berlin: Ch. Links 2001.

Barlaeus, Caspar: Brasilianische Geschichte / Bey Achtjähriger in selbigen Landen geführter Regierung Seiner Fürstlichen Gnaden Herrn Johann Moritz / Fürstens zu Nassau. Cleve: Tobias Silberling 1659.

Bastian, Adolph: [Rezension von] Quatrefages: La Race Prussienne. Paris 1871. In: Zeitschrift für Ethnologie, 4, 1872, 1, S. 45–64.

Baudelaire, Charles: Salon de 1846. In: ders., Curiosités esthétique. Paris: Michel Lévy Frères 1868, S. 77–198.

Bauer, Bruno: Das Judenthum in der Fremde. Berlin: Heinicke 1863.

Baum, Bruce: The Rise and Fall of the Caucasian Race. A Political History of Racial Identity. New York [et al.]: New York University Press 2006.

Bean, Annemarie, James V. Hatch, Brooks McNamara (Hg.): Inside the Minstrel Mask. Readings in Nineteenth-Century Blackface Minstrelsy. Hanover [et al.]: Wesleyan University Press 1996.

Bechhaus-Gerst, Marianne: Treu bis in den Tod. Von Deutsch-Ostafrika nach Sachsenhausen – Eine Lebensgeschichte. Berlin: Ch. Links 2007.

Becker, Tobias: Inszenierte Moderne. Populäres Theater in Berlin und London, 1880–1930. München: Oldenbourg 2014.

Behr, Johann von der: Diarium, oder Tage-Buch über [... die] Zeit einer neun-jährigen Reise zu Wasser und Lande [...] in Dienst der [...] Niederländischen Ost-Indianischen Compagnie [etc.]. Jena: Urbani Spaltholtzen 1668.

Benedict, Ruth: Die Rassenfrage in Wissenschaft und Politik. Bergen: Müller und Kiepenheuer 1947.

Benz, Wolfgang: Der jüdische Ritualmord (Hellmut Schramm, 1943). In: Handbuch des Antisemitismus. Judenfeindschaft in Geschichte und Gegenwart, hg. v. Wolfgang Benz. Bd. 6. Berlin [et al.]: de Gruyter 2013, S. 378.

[Berg, Albert]: Die preussische Expedition nach Ost-Asien. Nach amtlichen Quellen. Bd. 2. Berlin: Verlag der Königlichen Geheimen Ober-Hofbuchdruckerei 1866.

Bergdolt, Klaus: Der Schwarze Tod in Europa. Die Große Pest und das Ende des Mittelalters. München: C. H. Beck 1994.

Berger, Pamela: The Roots of anti-Semitism in Medieval Visual Imagery. An Overview. In: Religion and the Arts, 4, 2000, 1, S. 4–42.

Bergman, Carol: Searching for Fritzi Redux. In: Chilufim. Zeitschrift für jüdische Kulturgeschichte, 5, 2008, S. 121–128.

Bergmann, Werner: Antisemitismus in öffentlichen Konflikten. Kollektives Lernen in der politischen Kultur der Bundesrepublik 1949–1989. Frankfurt [et al.]: Campus 1997.

Berlin, Jörg, Adrian Klenner: Völkermord oder Umsiedlung. Das Schicksal der Armenier im Osmanischen Reich. Darstellung und Dokumente. Köln: PapyRossa 2006.

Bermbach, Udo: Houston Stewart Chamberlain. Wagners Schwiegersohn – Hitlers Vordenker. Stuttgart: J. B. Metzler 2015.

[Bernier, François]: Nouvelle Division de la Terre, par les differentes Especes ou Races qui l'habitent [etc.]. In: Journal des Sçavans, 12, 1684, S. 133–140.

–: Travels in the Mogul Empire, 1656–1668. Westminster: Constable 1891.

Bertinet, Arnaud: Laemlein, Alexander. In: Pariser Lehrjahre. Ein Lexikon zur Ausbildung deutscher Maler in der französischen Hauptstadt. Bd. 1: 1793–1843, hg. v. France Nerlich, Bénédicte Savoy u. a. Berlin [et al.]: de Gruyter 2013, S. 164–167.

Beusterien, John: Canines in Cervantes and Velásques. An Animal Studies Reading of Early Modern Spain. Farnham [et al.]: Ashgate 2013.

Biddis, Michael: Father of Racist Ideology. The Social and Political Thought of Count Gobineau. London: Weidenfeld & Nicolson 1970.

Bieber, Hans-Joachim: SS und Samurai. Deutsch-japanische Kulturbeziehungen 1933–1945. München: Iudicium 2014.

[Bilse, Fritz Oswald]: Afim Assanga. Die schwarze Welle. Ein Negerroman, bearbeitet und herausgegeben von F. O. Bilse. Regensburg [et al.]: Habbel & Naumann 1925.

[Birck, Thomas]: Ehespiegel. Ein sehr lustige und lehrhaffte Comedi [etc.]. Tübingen: Gruppenbach 1598.

[Birken, Sigmund von]: Ballet der Natur [etc.]. Bayreuth: Gebhardt [1662].

–: Der Donau-Strand [etc.] vorgestellet auch samt kurzer Verfassung einer […] Türkischen Chronik und Heutigen Türken-Kriegs [etc.]. Nürnberg: Sandrart 1664.

–: Singspiel, betitelt Sophia [etc.]. Bayreuth: Gebhardt [1662].

[–]: Winter-SchäferSpiel [etc.]. Nürnberg: Knortzen 1677.

Bloch, Ernst: Das Prinzip Hoffnung. 3 Bde. Frankfurt: Suhrkamp 1959.

Blomberg, Gisela: Henkel immer dabei – und mit ihm die Wehrwirtschaftsführer von Düsseldorf (http://www.verbrechen-der-wirtschaft.de/texte/0028_du_sseldorf.htm).

Blüher, Hans: Secessio Judaica. Philosophische Grundlegung der historischen Situation des Judentums und der antisemitischen Bewegung. Berlin: Der weisse Ritter 1922.

Blumenbach, Johann Friedrich: Beyträge zur Naturgeschichte. Erster Theil. Göttingen: Dieterich 1790.

Bluntschli, Johann Caspar: Lehre vom modernen Staat. Erster Theil. Allgemeine Staatslehre. Stuttgart: Cotta'sche Buchhandlung 1875.

Bodenstedt, Friedrich: Die Zigeunerbande singt. In: Friedrich Bodenstedt's Gesammelte Schriften. Bd. 9. Berlin: Verlag der Königlichen Geheimen Ober-Hofbuchdruckerei 1867, S. 136 f.

Bogdal, Klaus Michael: Europa erfindet die Zigeuner. Eine Geschichte von Faszination und Verachtung. Frankfurt: Suhrkamp 2011.

Brechtken, Magnus: ›Madagaskar für die Juden‹. Antisemitische Idee und politische Praxis 1885–1945. München: Oldenbourg 1997.

Breger, Claudia: Ortlosigkeit des Fremden. ›Zigeunerinnen‹ und ›Zigeuner‹ in der deutschsprachigen Literatur um 1800. Köln [et al.]: Böhlau 1998.

Breitinger, Eckhard: African Presences and Representations in the Principality/Markgrafschaft Bayreuth. In: Exit. Endings and New Beginnings in Literature and Life, hg. v. Stefan Hegelsson. Amsterdam [et al.]: Rodopi 2011, S. 107–145.

Brentano, Clemens: Loreley. In: Clemens Brentano's Gesammelte Werke, hg. v. Christian Brentano. Bd. 2. Frankfurt: Sauerländer's Verlag 1852, S. 391–395.

Brewer, Keagan: Prester John. The Legend and its Sources. Farnham [et al.]: Ashgate 2015.

Brocke, Wolfgang von, Hans Mayer: Zur Geschichte der Apotheken der Markgrafenstadt Bayreuth. II. Die Mohrenapotheke [etc.]. In: Süddeutsche Apotheker-Zeitung, 69, 1929, 7, S. 46–48.

Brooks, Michael E.: Visual Representations of Prester John and His Kingdom. In: Quidditas, 35, 2014, S. 147–176.

Brumlik, Micha, Hajo Funke, Lars Rensmann: Umkämpftes Vergessen. Walserdebatte, Holocaustmahnmal und neuere deutsche Geschichtspolitik. Berlin: Das Arabische Buch 2000.

Bruns, Claudia: Politik des Eros. Der Männerbund in Wissenschaft, Politik und Jugendkultur (1880–1934). Köln [et al.]: Böhlau 2008.

Buchan, Bruce: Asia and the Moral Geography of European Enlightenment Political Thought c. 1600–1800. In: Western Political Thought in Dialogue with Asia, hg. v. Takashi Shogimen, Carl J. Nederman. Lanham [et al.]: Lexington Books 2009, S. 65–86.

Bumke, Joachim: Parzival und Feirefiz – Priester Johannes – Loherangrin. Der offene Schluß des Parzival von Wolfram von Eschenbach. In: Vierteljahresschrift für Literaturwissenschaft und Geistesgeschichte, 65, 1991, 2, S. 236–264.

Burleigh, Michael: Tod und Erlösung. Euthanasie in Deutschland 1900–1945. Zürich [et al.]: Pendo 2002.

–, Wolfgang Wippermann: The Racial State. Germany 1933–1945. Cambridge [et al.]: Cambridge University Press 1991.

Buttaroni, Susanna, Stanisłav Musiał (Hg.): Ritual Murder. Legend in European History. Kraków: Association for Cultural Initiatives 2003.

Carlebach, Elisheva: Palaces of Time. Jewish Calendar and Culture in Early Modern Europe. Cambridge [et al.]: Belknap Press of Harvard University Press 2011.

Chase, Kenneth: Firearms. A Global History. Cambridge [et al.]: Cambridge University Press 2003.

Childs, Matt D.: The 1812 Aponte Rebellion in Cuba and the Struggle against Atlantic Slavery. Chapel Hill: University of North Carolina Press 2006.

Ciarlo, David: Advertising Empire. Race and Visual Culture in Imperial Germany. Cambridge [et al.]: Harvard University Press 2011.

Cogni, Giulio: Il Razzismo. Milano: Fratelli Bocca Editori 1936.

Cohn, Albert: Shakespeare in Germany in the Sixteenth and Seventeenth Centuries [etc.]. London [et al.]: Asher 1865.

Colquhoun, Patrick: Ueber Londons Fluß- und Hafen-Polizey. Leipzig: Baumgärtnersche Buchhandlung [1801].

Conrad, Michael Georg: In purpurner Finsterniß. Roman-Improvisation aus dem dreißigsten Jahrhundert. Berlin: Verein für Freies Schriftthum 1895.

Conrad, Sebastian: Globalisierung und Nation im Deutschen Kaiserreich. München: C. H. Beck 2006.

Conversationslexikon mit vorzüglicher Rücksicht auf die gegenwärtigen Zeiten. Vierter Theil. Leipzig: Leupold 1800.

Das Gebetbuch der Hl. Elisabeth von Schönau, hg. v. Ferdinand W. E. Roth. Augsburg: Huttler 1886.

Davis, David Brion: Inhuman Bondage. The Rise and Fall of Slavery in the New World. Oxford [et al.]: Oxford University Press 2006.

de La Bruyère, Jean: Les caractères ou les mœurs de ce siècle. In: ders., Œuvres complètes. Paris: Belin 1818, S. 3–264.

Demel, Walter: Wie die Chinesen gelb wurden. Ein Beitrag zur Frühgeschichte der Rassentheorien. In: Historische Zeitschrift, 255, 1992, 3, S. 625–666.

Dennis, Lawrence: The Coming of American Fascism. New York: Harper & Brothers 1936.

Deppe, Uta: Die Festkultur am Dresdner Hof Johann Georgs II. von Sachsen (1660–1679). Kiel: Ludwig 2006.

Depping, Georg B.: Die Juden im Mittelalter [etc.]. Stuttgart: Schweizerbart's Verlagshandlung 1834.

de Quatrefages, Armand: La Race Prusienne. Paris: Hachette 1871.

Der Große Brockhaus. Handbuch des Wissens in zwanzig Bänden. Bde. 4 u. 12. Leipzig: Brockhaus 1929 u. 1932.

Des Knaben Wunderhorn. Alte deutsche Lieder gesammelt von Ludwig Achim von Arnim und Clemens Brentano. Heidelberg [et al.]: Mohr und Zimmer 1806.

Devisse, Jean: From Demonic Threat to the Incarnation of Sainthood. In: The Image of the Black in Western Art. From the Early Christian Era to the ›Age of Discovery‹. Bd. 2.1, hg. v. David Bindman, Henry Louis Gates, Jr. Cambridge [et al.]: The Belknap Press of Harvard University Press 2010, S. 31–194.

–, Michel Mollat: Africans in the Christian Ordinance of the World. In: The Image of the Black in Western Art. From the Early Christian Era to the ›Age of Discovery‹. Bd. 2.2, hg. v. David Bindman, Henry Louis Gates, Jr. Cambridge [et al.]: The Belknap Press of Harvard University Press 2010, S. 31–284.

Die Chroniken der niedersächsischen Städte. Magdeburg. 1. Bd.: Die Magdeburger Schöppenchronik, bearb. v. Karl Janicke. Leipzig: Hirzel 1869.

Die ersten Gesellschaftsbücher der Fruchtbringen Gesellschaft, hg. v. Klaus Conermann. Tübingen: Niemeyer 1992.

Dikötter, Frank: The Discourse of Race in Modern China. 2. überarb. u. erw. Auflage. Oxford [et al.]: Oxford University Press 2015.

Donaldson, Ian: The Rapes of Lucretia. A Myth and its Tranformations. Oxford: Clarendon Press 1982.

Dreesbach, Anne: Gezähmte Wilde. Die Zurschaustellung ›exotischer‹ Menschen in Deutschland 1870–1940. Frankfurt [et al.]: Campus 2005.

Dubois, Laurent: Avengers of the New World. The Story of the Haitian Revolution. Cambridge (Mass.): The Belknap Press of Harvard University Press 2004.

Du Bois, W. E. Burghardt: Evolution of the Race Problem. In: Proceedings of the National Negro Conference. New York: o. V. 1909, S. 142–158.

–: Black Reconstruction. An Essay Toward a History of the Part Which Black Folk Played in the Attempt to Reconstruct Democracy in America, 1860–1880. New York: Harcourt Brace 1935.

Eberle, Annette: Häftlingskategorien und Kennzeichnungen. In: Der Ort des Terrors. Geschichte der nationalsozialistischen Konzentrationslager, hg. von Wolfgang Benz, Barbara Distel. Bd. 1: Die Organisation des Terrors. München: C. H. Beck 2005, S. 91–109.

Eberlein, Hermann-Peter: Bruno Bauer. Vom Marx-Freund zum Antisemiten. Berlin: Dietz 2009.

Eckstein, Adolf: Geschichte der Juden im Markgrafentum Bayreuth. Bayreuth: Seligsberg 1907.

Edwards, Cyril: Wolfram von Eschenbach, Islam, and the Crusades. In: Encounters with Islam in German Literature and Culture, hg. v. James Hodkinson, Jeffrey Morrison. Rochester (N. Y.) [et al.]: Camden House 2009, S. 36–54.

Eigen, Sara, Mark Larrimore (Hg.): The German Invention of Race. Albany: State University of New York Press 2006.

Eisler, William: The Furthest Shore. Images of Terra Australis from the Middle Ages to Captain Cook. Cambridge [et al.]: Cambridge University Press 1995.

El-Tayeb, Fatima: Schwarze Deutsche. Der Diskurs um ›Rasse‹ und nationale Identität 1890–1933. Frankfurt [et al.]: Campus 2001.

Emde, Helga: I too am German – An Afro-German Perspective. In: Who is German? Historical and Modern Perspectives on Africans in Germany, hg. v. Leroy T. Hopkins, Jr. Washington: American Institute for Contemporary Studies, Johns Hopkins University 1999, S. 33–42.

Emmer, Piet C.: Colonialism and Migration. Indentured Labour Before and After Slavery. Dordrecht: Nijhoff 1986.

Engels, Friedrich: Die Lage der arbeitenden Klasse in England. Nach eigner Anschauung und authentischen Quellen. Leipzig: Wigand 1845.

[Erdmuthe Sophie von Sachsen]: Sonderbare Kirchen-Staat-und-Welt-Sachen [etc.] vormals unter dem Titul / Handlung von der Welt Alter [etc.] heraus gegeben [etc.]. Nürnberg: Endter 1689.

Essner, Cornelia: Die ›Nürnberger Gesetze‹ oder Die Verwaltung des Rassenwahns 1933–1945. Paderborn [et al.]: Schöningh 2002.

Fehr, Hubert: Germanen und Romanen im Merowingerreich. Frühgeschichtliche Archäologie zwischen Wissenschaft und Zeitgeschehen. Berlin [at al.]: de Gruyter 2010.

Fehrenbach, Heide: Race after Hitler. Black Occupation Children in Postwar Germany and America. Princeton [et al.]: Princeton University Press 2005.

Feldenkirchen, Wilfried, Susanne Hilger: Menschen und Marken. 125 Jahre Henkel 1876–2001. Düsseldorf: Henkel 2001.

Fellermayr, Mariana: Das Linzer Landestheater als NS-Theater. Diplomarbeit. Wien: Universität Wien 2015.

Fénelon, Fania: Das Mädchenorchester in Auschwitz. München: Deutscher Taschenbuchverlag 1981.

Fenner, Angelica: Race under Reconstruction in German Cinema. Robert Stemmle's Toxi. Toronto [et al.]: University of Toronto Press 2011.

Fichte, Johann Gottlieb: Beitrag zur Berichtigung der Urtheile des Publikums über die französische Revolution. Erster Theil. [Zürich]: o. V. 1793.

Fichtner, Gerhard: Das verpflanzte Mohrenbein. Zur Interpretation der Kosmas-und-Damian-Legende. In: Medizinhistorisches Journal, 3, 1968, 2, S. 87–100.

Fick, Carolyn E.: The Making of Haiti. The Saint Domingue Revolution from Below. Knoxville: University of Tennessee Press 1990.

Fikenscher, Georg Wolfgang Augustin: Geschichte des Fürstenthums Bayreuth. München: Jakob Giel 1813.

Firla, Monika: Darstellungen von Afrikanern im Württemberg des 17. und 18. Jahrhunderts. In: Tribus, 46, 1997, S. 57–79.

Fischer, Emil: Die Verwendung von Kuli als Lohnarbeiter in der deutschen Seeschiffahrt. In: Die Neue Zeit. Wochenschrift der Deutschen Sozialdemokratie, 25, 1906/07, 50, S. 790–796.

Flesch, Stefan: Die Verfolgung und Vernichtung der jüdischen Gemeinde von Köln während des Ersten Kreuzzugs. In: Der Erste Kreuzzug 1096 und seine Folgen. Die Verfolgung von Juden im Rheinland. Düsseldorf: Archiv der Evangelischen Kirche im Rheinland 1996, S. 77–94.

Fonseca, Jorge: Black Africans in Portugal During Cleynaerts's Visit (1533–1538). In: Black Africans in Renaissance Europe, hg. v. Thomas F. Earle, Kate J. P. Lowe. Cambridge [et al.]: Cambridge University Press 2005, S. 113–121.

Fontane, Theodor: Effi Briest. Berlin: F. Fontane 1896.

[Forster, Georg]: Leifaden zu einer künftigen Geschichte der Menschheit. In: Neues Deutsches Museum, hg. v. Heinrich Christian Boie. Bd. 1.3. Leipzig: Göschen 1789, S. 269–283.

–: Vorläufige Schilderung des Nordens von Amerika. In: ders., Kleine Schriften. Ein Beytrag zur Völker- und Landeskunde, Naturgeschichte und Philosophie des Lebens. Berlin: Vossische Buchhandlung 1794, S. 1–158.

Fracchia, Carmen: Spanish Depictions of the Miracle of the Black Leg. In: One Leg in the Grave Revisited. The Miracle of the Transplantation of the Black Leg by the Saints Cosmas and Damian, hg. v. Kees Zimmerman. Groningen: Barkhuis 2013, S. 79–91.

Frankel, Jonathan: The Damascus Affair. ›Ritual Murder‹, Politics, and the Jews in 1840. Cambridge [et al.]: Cambridge University Press 1997.

Freedman, Paul: Images of the Medieval Peasant. Stanford: Stanford University Press 1999.

Freud, Sigmund: Der Mann Moses und die monotheistische Religion. Drei Abhandlungen. Amsterdam: Allert de Lange 1939.

–: Die Zukunft einer Illusion. Leipzig [et al.]: Internationaler Psychoanalytischer Verlag 1927.

Freytag, Gustav: Soll und Haben. Roman in sechs Büchern. 31. Aufl. Leipzig: Hirzel 1886.

Friedländer, Saul: Das Dritte Reich und die Juden. Bd. 1. Die Jahre der Verfolgung 1933–1939. München: C. H. Beck 1998.

Friedlander, Henry: Der Weg zum NS-Genozid. Von der Euthansie zur Endlösung. Berlin: Berlin Verlag 1997.

Fritsch, Theodor: Handbuch der Judenfrage. Die wichtigsten Tatsachen zur Beurteilung des jüdischen Volkes. 35. Aufl. Leipzig: Hammer-Verlag 1933.

Froment, Alain: Race et histoire. La recomposition idéologique de l'image des Égyptiens anciens. In: Journal des africanistes, 64, 1994, 1, pp. 37–64.

Fürst, Julius: Der Orient. Berichte, Studien und Kritiken für jüdische Geschichte und Literatur. 6. Jg. Leipzig: Fritzsche 1845.

Fuhrmann, Malte: Die Bagdadbahn. In: Kein Platz an der Sonne. Erinnerungsorte der deutschen Kolonialgeschichte, hg. v. Jürgen Zimmerer. Frankfurt [et al.]: Campus 2013, S. 190–207.

Furuya, Harumi Shidehara: Nazi Racism Toward the Japanese. Ideology vs. Realpolitik. In: Nachrichten der Gesellschaft für Natur- und Völkerkunde Ostasiens. Zeitschrift für Kultur und Geschichte Ost- und Südostasiens, 157/158, 1995, S. 17–75.

Gall, Lothar, Gerald D. Feldman, Harold James, Carl-Ludwig Holtfrerich, Hans E. Büschgen: Die Deutsche Bank 1870–1995. München: C. H. Beck 1995.

Gallay, Alan (Hg.): Indian Slavery in Colonial America. Lincoln: University of Nebraska Press 2009.

Gassert, Philipp: ›Völker Europas, wahrt Eure heiligsten Güter‹. Die Alte Welt und die japanischer Herausforderung. In: Der Russisch-Japanische Krieg 1904/05. Anbruch einer Neuen Zeit?, hg. v. Maik Hendrik Sprotte, Wolfgang Seifert, Heinz-Dietrich Löwe. Wiesbaden: Harrassowitz 2007, S. 277–293.

Gerber, Matthew: Bastards. Politics, Familiy, and Law in Early Modern France. Oxford [et al.]: Oxford University Press 2012.

Gfrörer, August Friedrich: Geschichte des Urchristenthums. Stuttgart: Schweizerbart's Verlagsbuchhandlung 1838.

–: Gustav Adolph, König von Schweden und seine Zeit. 2. Aufl. Stuttgart: Krabbe 1845.

[Goebbels, Joseph]: Das Tagebuch von Joseph Goebbels 1925/26. Mit weiteren Dokumenten hg. v. Helmut Heiber. 2. Aufl. Stuttgart: Deutsche Verlagsanstalt 1961.

–: Michael. Ein deutsches Schicksal in Tagebuchblättern. 17. Aufl. München: Zentralverlag der NSDAP 1942.

Goethe, Johann Wolfgang von: Die Wahlverwandtschaften. Ein Roman. 2. Teil. Tübingen: Cottaische Buchhandlung 1809.

–: Zur Farbenlehre. Didaktischer Teil. In: ders. Werke (Hamburger Ausgabe). 11. Aufl. München: C. H. Beck 1981, Bd. 13, S. 314–523.

Goldenberg, David M.: The Curse of Ham. Race and Slavery in Early Judaism, Christianity, and Islam. Princeton [et al.]: Princeton University Press 2003.

Goschler, Constantin: Schuld und Schulden. Die Politik der Wiedergutmachung für NS-Verfolgte seit 1945. Göttingen: Wallstein 2005.

Gosewinkel, Dieter: Antiliberales Europa – eine andere Integrationsgeschichte. In: Zeithistorische Forschungen. Studies in Contemporary History, 9, 2012, 3, S. 351–364.

Gott, Ted: Clutch of the Beast. Emmanuel Frémiet, Gorilla-Scupture. In: Kiss of the Beast. From Paris Salon to King Kong. South Brisbane: Queensland Art Gallery 2005, S. 14–57.

Gould, Stephen Jay: Der falsch vermessene Mensch. Frankfurt: Suhrkamp 1988.

Gow, Andrew Colin: The Red Jews. Antisemitism in an Apocalyptic Age 1200–1600. Leiden [et al.]: Brill 1995.

Graus, František: Pest – Geissler – Judenmorde. Das 14. Jahrhundert als Krisenzeit. 3. Aufl. Göttingen: Vandenhoeck und Ruprecht 1994.

Grellmann, Heinrich Moritz Gottlieb: Historischer Versuch über die Zigeuner [etc.]. 2. verm. Aufl. Göttingen: Dieterich 1787.

Grimm, Heinrich: Agrippa von Nettesheim. In: Neue Deutsche Biographie, hg. v. d. Historischen Kommission der Bayerischen Akademie der Wissenschaften. Bd. 1. Berlin: Dunker & Humblot 1953, S. 105–106.

[Grimmelshausen, Hans Jakob Christoffel von]: Rathstübel Plutonis Oder Kunst Reich zu werden [etc.]. Samarien [Straßburg]: o. V. 1672.

[–]: Trutz Simplex: Oder Ausführliche und wunderseltzame Lebensbeschreibung Der Ertzbetrügerin und Landstörtzerin Courasche [etc.]. Utopia [i. e. Nürnberg]: Stratiot [i. e. Felßecker] [1670].

Gronemeyer, Reimer (Hg.): Zigeuner im Spiegel früher Chroniken und Abhandlungen. Quellen vom 15. bis zum 18. Jahrhundert. Gießen: Focus 1987.

Grosses vollständiges Universal-Lexikon Aller Wissenschaften und Künste [etc.]. Bde. 24, 62, Nöthige Supplemente Bd. 1. Leipzig [et al.]: Zedler 1740, 1749, 1751.

Gudermann, Rita unter Mitarbeit von Bernhard Wulff: Der Sarotti-Mohr. Die bewegte Geschichte einer Werbefigur. Berlin: Ch. Links 2004.

Günther, Hans F. K.: Rassenkunde des deutschen Volkes. München: Lehmanns 1922.

–: Rassenkunde des jüdischen Volkes. 2. Aufl. München: Lehmanns 1930.

Gullace, Nicoletta F.: Barbaric Anti-Modernism. Representations of the ›Hun‹ in Britain, North America, Australia, and Beyond. In: Picture This. World War I Posters and Visual Culture, hg. v. Pearl James. Lincoln [et al.]: University of Nebraska Press 2009, S. 61–78.

Hall, Kim F.: Things of Darkness. Economics of Race and Gender in Early Modern England. Ithaca [et al.]: Cornell University Press 1995.

Hamel, Iris: Völkischer Verband und nationale Gewerkschaft. Der Deutschnationale Handlungsgehilfen-Verband 1893–1933. Frankfurt: Europäische Verlagsanstalt 1967.

Hauptmann, Gerhart: Vor Sonnenaufgang. Soziales Drama. Berlin: S. Fischer 1892.

Hausmann, Friedrich Wilhelm: Die Kindsmörderin. Gerichtsszene. (Typoskript). München: Deutscher Notbund gegen die Schwarze Schmach 1922.

Hegel, Georg Wilhelm Friedrich: Sämtliche Werke. Jubiläumsausgabe, hg. v. Hermann Glockner. Stuttgart-Bad Canstatt: Frommann 1927–1940.

Hein, Annette: ›Es ist viel ›Hitler‹ in Wagner‹. Rassismus und antisemitische Deutschtumsideologie in den ›Bayreuther Blättern‹ (1878–1938). Tübingen: Niemeyer 1996.

Heine, Heinrich: Almansor. Eine Tragödie. In: ders., Werke. Bd. 5, bearb. von Manfred Windfuhr. Hamburg: Hoffmann und Campe 1994, S. 7–68.

–: [Brief an Moses Moser vom 25. 6. 1824]. In: ders., Werke, Briefwechsel, Lebenszeugnisse. Bd. 20. Berlin [et al.]: Akademie-Verlag 1970, S. 167–170.

–: Der Rabbi von Bacherach. (Ein Fragment). In: ders., Werke. Bd. 5, bearb. von Manfred Windfuhr. Hamburg: Hoffmann und Campe 1994, S. 107–145.

Heinemann, Isabel: ›Rasse, Siedlung, deutsches Blut‹. Das Rasse- und Siedlungshauptamt der SS und die rassenpolitische Neuordnung Europas. Göttingen. Wallstein 2003.

Heng, Geraldine: An African Saint in Medieval Europe. The Black Saint Maurice and the Enigma of Racial Sanctity. In: Sainthood and Race. Marked Flesh, Holy Flesh, hg. v. Molly H. Bassett, Vincent W. Lloyd. New York [et al.]: Routledge 2015, S. 18–44.

Herder, Johann Gottfried: Briefe zu Beförderung der Humanität. Bd. 10. Riga: Hartknoch 1797.

–: Ideen zur Philosophie der Geschichte der Menschheit. 4 Bde. Riga [et al.]: Hartknoch 1784–1791.

– von: Kolumbus. In: ders., Gedichte, hg. v. Johann Georg Müller. Stuttgart [et al.]: Cotta'sche Buchhandlung 1817, S. 238.

Herwegh, Georg: Bundeslied für den Allgemeinen deutschen Arbeiterverein. In: Vorwärts! Eine Sammlung von Gedichten für das arbeitende Volk. Zürich: Verlag der Volksbuchhandlung in Hottingen 1886, S. 472–473.

Heyden, Ulrich van der: Rote Adler an Afrikas Küste. Die brandenburgisch-preußische Kolonie Großfriedrichsburg in Westafrika. 2. veränd. Aufl. Berlin: Selignow 2001.

Hille, Almut: Identitätskonstruktionen. Die ›Zigeunerin‹ in der deutschsprachigen Literatur des 20. Jahrhunderts. Würzburg: Königshausen & Neumann 2005.

Higges, Catherine: Chocolate Islands. Cocoa, Slavery, and Colonial Africa. Athens: Ohio University Press 2012.

[Hille, Carl Gustav von]: Der Teutsche Palmenbaum [etc.]. Nürnberg: Endtern 1647.

Hillenbrand, Carole: The Evolution of the Saladin Legend in the West. In: Mélanges de l'université Saint-Joseph, 58, 2005, S. 497–512.

Hillmann, Franz: Lustig ist das Zigeunerleben. Heiteres Volksstück mit Gesang in vier Aufzügen. Warendorf: Wulf 1924.

Hinrichsen, Malte, Wulf D. Hund: Metamorphosen des Mohren. Rassistische Sprache und historischer Wandel. In: Sprache – Macht – Rassismus, hg. v. Gudrun Hentges u. a. Berlin: Metropol 2014, S. 69–96.

Hirschfeld, Magnus: Racism. Übersetzt u. hg. v. Eden and Cedar Paul. London: Victor Gollancz 1938.

Hitler, Adolf: Mein Kampf. Zwei Bde. in einem Bd. 11. Aufl. München: Eher Nachf. 1932.

Höffe, Otfried: Das Übermorgenland. So schnell wird die Türkei nicht europäisch. In: ›Frankfurter Allgemeine Zeitung‹, 11.12.2002.

Hoerder, Dirk: Cultures in Contact. World Migrations in the Second Millennium. Durham [et al.]: Duke University Press 2002.

Hörster-Philipps, Ulrike: Wer war Hitler wirklich? Großkapital und Faschismus 1918–1945. Dokumente. Köln: Pahl-Rugenstein 1978, S. 29–32.

Holle, Johann Wilhelm: Alte Geschichte der Stadt Bayreuth [etc.]. Bayreuth: Buchner 1833.

Honour, Hugh: Slaves and Liberators. In: The Image of the Black in Western Art. Bd. 4/1: From the American Revolution to World War 1, hg. v. David Bindman, Henry Louis Gates, Jr. Cambridge [et al.]: The Belknap Press of Harvard University Press 2012, S. 11–265.

Hoorn, Tanja van: Dem Leibe abgelesen. Georg Forster im Kontext der physischen Anthropologie des 18. Jahrhunderts. Tübingen: Niemeyer 2004.

Hoppe, Ruth, Jürgen Kuczynski: Eine Berufs- bzw. auch Klassen- und Schichtenanalyse der Märzgefallenen 1848 in Berlin. In: Jahrbuch für Wirtschaftsgeschichte 1964/IV, S. 200–277.

Horkheimer, Max, Theodor W. Adorno: Dialektik der Aufklärung. Philosophische Fragmente. Amsterdam: Querido 1947.

Horne, Gerald: The Color of Fascism. Lawrence Dennis, Racial Passing, and the Rise of Right Wing Extremism in the United States. New York [et al.]: New York University Press 2006.

Hoßfeld, Uwe: Die Jenaer Jahre des ›Rasse-Günther‹ von 1930–1935. Zur Gründung des Lehrstuhls für Sozialanthropologie an der Universität Jena. In: Medizinhistorisches Journal, 34, 1999, 1, S. 47–103.

Hugo von Trimberg: Der Renner, hg. v. Gustav Ehrismann. Bd. 1. Tübingen: H. Laupp für den Literarischen Verein 1908.

Hund, Wulf D.: Advertising White Supremacy. Capitalism, Colonialism and Commodity Racism. In: Colonial Advertising & Commodity Racism, hg. v. Wulf D. Hund, Michael Pickering, Anandi Ramamurthy. Berlin [et al.]: Lit 2013, S. 21–67.

–: Der scheußlichste aller Verdächte. Martin Walser und der Antisemitismus. In: Geistige Brandstiftung. Die neue Sprache der Berliner Republik, hg. v. Johannes Klotz, Gerd Wiegel. Berlin: Aufbau Taschenbuch Verlag 2001, S. 183–232.

–: »Die Befreiung der unterdrückten Rassen kann nur das Werk der unterdrückten Rassen selbst sein«. Marginalie zur Kritik des Rassismus durch Hugo Iltis. In: Das Argument, 57, 2015, 4/5 (314), S. 493–502.

–: Die Farbe der Herrschaft. Weißheit als Eigentum und Privileg. In: Freiheit, Gleichheit, Solidarität. Beiträge zur Dialektik der Demokratie, hg. v. Werner Goldschmidt, Bettina Lösch, Jörg Reitzig. Frankfurt [et al.]: Peter Lang 2009, S. 207–222.

–: ›It must come from Europe‹. The Racisms of Immanuel Kant. In: Racisms Made in Germany, hg. v. Wulf D. Hund, Christian Koller, Moshe Zimmermann. Berlin [et al.]: Lit 2011, S. 69–98.

–: Negative Vergesellschaftung. Dimensionen der Rassismusanalyse. 2. erw. Aufl. Münster: Westfälisches Dampfboot 2014.

–: Racism in White Sociology. From Adam Smith to Max Weber. In: Racism and Sociology, hg. v. Wulf D. Hund, Alana Lentin. Zürich [et al.]: Lit 2014, S. 23–67.

–: Racist King Kong Fantasies. From Shakespeare's Monster to Stalin's Ape-Man. In: Simianization. Apes, Gender, Class, and Race, hg. v. Wulf D. Hund, Charles W. Mills, Silvia Sebastiani. Zürich [et al.]: Lit 2015, S. 43–73.

–: Rassismus. Bielefeld: transcript 2007.

–: Rassismus im Film. Dokumentation, Fiktion, Indoktrination. In: Handbuch Filmsoziologie, hg. v. Alexander Geimer, Carsten Heinze, Rainer Winter. Wiesbaden: Springer VS 2017 (in Vorbereitung).

–: Rassismusforschung in der Rassenfalle. Zwischen ›raison nègre‹ und ›racialization‹. In: Archiv für Sozialgeschichte, 56, 2016, S. 511–548.

–: Vor, mit, nach und ohne ›Rassen‹. Reichweiten der Rassismusforschung. In: Archiv für Sozialgeschichte, 52, 2012, S. 723–761.

– (Hg.): Fremd, faul und frei. Dimensionen des Zigeunerstereotyps. Neuausg. in einem Bd. Münster: Unrast 2014.

–, Charles W. Mills, Silvia Sebastiani (Hg.): Simianization. Apes, Gender, Class, and Race. Zürich [et al.]: Lit 2015.

–, Christian Seegert: Bürgerliche Hegemonie und konservative Kontinuität der Justiz. Das Beispiel der Wiedereröffnung des Hanseatischen Oberlandesgerichts in Hamburg 1945. In: Jahrbuch für Sozialökonomie und Gesellschaftstheorie. Restauration im Recht. Opladen: Westdeutscher Verlag 1988, S. 7–72.

Hyrkkänen, Markku: Sozialistische Kolonialpolitik. Eduard Bernsteins Stellung zur Kolonialpolitik und zum Imperialismus 1882–1914. Helsinki: Suomen Historiallinen Seura 1986.

Iltis, Hugo: Der Mythos von Blut und Rasse. Wien: Harand 1936.

–: Der Rassismus im Mantel der Wahrheit. In: Rasse in Wissenschaft und Politik. Prag: Verlag der ›Wahrheit‹ o. D. [1935], S. 3–9.

–: Rassenforschung und Rassenfrage. In: Sozialistische Bildung, 1929, 1, S. 12–21 u. 1929, 2, S. 45–52.

Internationaler Sozialisten-Kongreß. Stuttgart 1907 [Protokoll]. Berlin: Buchhandlung Vorwärts 1907.

Jacobi a Voragine: Legenda Aurea, hg. v. Theodor Graesse. Leipzig: Arnold 1850.

Jäger, Margret, Siegfried Jäger (Hg.): Aus der Mitte der Gesellschaft. Zu den Ursachen von Rechtsextremismus und Rassismus in Europa. 4 Teile. Duisburg: Diss 1991/92.

James, Cyril L. R.: Schwarze Jakobiner. Toussaint L'Ouverture und die Unabhängigkeitsrevolution in Haiti. Köln: Pahl-Rugenstein Verlag 1984.

Jensen, Johannes V.: Das Reich der Mitte. In: Neue Rundschau, 25, 1914, 9, S. 1316–1318.

–: Unser Zeitalter. In: Neue Rundschau, 25, 1914, 1, S. 110–126.

Joeden-Forgey, Elisa von: Die ›Deutsche Afrika-Schau‹ und der NS-Staat. In: Zwischen Charleston und Stechschritt. Schwarze im Nationalsozialismus, hg. v. Peter Martin, Christine Alonzo. München: Dölling und Galitz 2004, S. 451–460.

[Johannes von Hildesheim]: Die Legende von den heiligen drei Königen, hg. v. Karl Simrock. Frankfurt: Brönner 1842.

Jones, Esther L.: Medicine and Ethics in Black Women's Speculative Fiction. New York [et al.]: Palgrave Macmillan 2015.

Jones, William Jervis: German Colour Terms. A Study in their Historical Evolution from the Earliest Times to the Present. Amsterdam [et al.]: John Benjamins Publishing Company 2013.

Jordan, Max: Beschreibendes Verzeichniss der Kunstwerke in der Königlichen National-Galerie zu Berlin. 4. neu bearb. Aufl. Berlin: Mittler & Sohn 1878.

Julien, Pierre: Saint Côme et saint Damien de la médecine à la pharmacie. In: Revue d'histoire de la pharmacie, 84, 1996, 312, S. 477–496.

Junk, Peter, Wendelin Zimmer: Ortswechsel, Fluchtpunkte. Felix Nussbaum. Die Biographie. Bramsche: Rasch 2009.

Justi, Johann Heinrich Gottlob von: Vergleichungen der Europäischen mit den Asiatischen und andern vermeintlich Barbarischen Regierungen. Berlin [et al.]: Rüdigers 1762.

Kämpfer, Frank: ›Destroy this mad brute‹. Emotionale Mobilmachung in den USA 1917. In: Das Jahrhundert der Bilder, hg. v. Gerhard Paul. 2 Bde. Göttingen: Vandenhoeck & Ruprecht 2009, Bd. 1, S. 212–219.

Kant, Immanuel: Der Streit der Facultäten in drey Abschnitten. Königsberg: Nicolovius 1798.

–: Gesammelte Schriften, hg. von der Königlich Preußischen Akademie der Wissenschaften, Akademie der Wissenschaften der DDR, Akademie der Wissenschaften zu Göttingen, Berlin Brandenburgischen Akademie der Wissenschaften. Berlin: Reimer u. de Gruyter 1900 ff.

Kaplan, M. Lindsay: The Jewish Body in Black and White in Medieval and Early Modern England. In: Philological Quarterly, 92, 2013, 1, S. 41–65.

Kaplan, Paul H. D.: The Rise of the Black Magus in Western Art. Ann Arbor: UMI Research Press 1985.

Kappeler, Andreas: The Russian Empire. A Multiethnic History. London [et al.]: Routledge 2001.

Keegan, Timothy: Colonial South Africa and the Origins of the Racial Order. London: Leicester University Press 1996.

Keevak, Michael: Becoming Yellow. A Short History of Racial Thinking. Princeton [et al.]: Princeton University Press 2011.

Keisch, Claude, Marie Ursula Riemann-Reyher (Hg.): Adolf Menzel 1815–1905. Between Romanticism and Impressionism. New Haven [et al.]: Yale University Press 1996.

Kenrick, Donald: Gypsies. From the Ganges to the Thames. Hatfield: University of Hertfordshire Press 2004.

Kerner, Ina: Differenzen und Macht. Zur Anatomie von Rassismus und Sexismus. Frankfurt: Campus 2009.

Kershaw, Ian: Hitler. A Biography. New York [et al.]: Norton 2008.

Keßler, Mario: Die SED und die Juden – zwischen Repression und Toleranz. Politische Entwicklungen bis 1967. Berlin: Akademie Verlag 1995.

Khan, Iqtidar Alam: The Indian Response to Firearms, 1300–1750. In: Gunpowder, Explosives and the State. A Technological History, hg. v. Brenda J. Buchanan. Aldershot [et al.]: Ashgate 2006, S. 51–65.

Kidd, Colin: The Forging of Races. Race and Scripture in the Protestant Atlantic World, 1600–2000. Cambridge [et al.]: Cambridge University Press 2006.

Kießling, Wolfgang: Partner im ›Narrenparadies‹. Der Freundeskreis um Noel Field und Paul Merker. Berlin: Dietz 1994.

Kipling, Rudyard: For All We Have and Are. In: ›The Times‹, 2.9.1914.

Kirchheimer, Otto, John Herz: Das Statement on Atrocities der Moskauer Dreimächtekonferenz. In: Franz Neumann, Herbert Marcuse, Otto Kirchheimer: Im Kampf gegen Nazideutschland. Die Berichte der Frankfurter Schule für den amerikanischen Geheimdienst 1943–1949, hg. v. Raffaele Laudani. Frankfurt [et al.]: Campus 2016, S. 577–583.

Klee, Ernst: Persilscheine und falsche Pässe. Wie die Kirchen den Nazis halfen. Frankfurt: Fischer Taschenbuch-Verlag 1991.

Klein, Mareike: Die Farben der Herrschaft. Imagination, Semantik und Poetologie in heldenepischen Texten des deutschen Mittelalters. Berlin: Akademie Verlag 2014.

Knox, Robert: An Historical Relation of the Island Ceylon [etc.]. London: Chiswell 1681.

–: Ceylanische Reise-Beschreibung [etc.]. Leipzig: Gleditsch 1689.

Koerner, Joseph Leo: The Epiphany of the Black Magus circa 1500. In: The Image of the Black in Western Art. From the ›Age of Discovery‹ to the Age of Abolition. Bd. 3.1, hg. v. David Bindman, Henry Louis Gates, Jr. Cambridge [et al.]: The Belknap Press of Harvard University Press 2010, S. 7–92.

Koller, Christian: ›Von Wilden aller Rassen niedergemetzelt‹. Die Diskussion um die Verwendung von Kolonialtruppen in Europa zwischen Rassismus, Kolonial- und Militärpolitik (1914–1930). Stuttgart: Steiner 2001.

[Konrad der Pfaffe]: Das Rolandslied, hg. v. Karl Bartsch. Leipzig: Brockhaus 1874.

Kowner, Rotem: From White to Yellow. The Japanese in European Racial Thought, 1300–1735. Montreal [et al.]: McGill-Queen's University Press 2014.

Krane, Friedrich Bruno: Die Ziele des Bolschewismus und die Gefahr ihrer Verwirklichung. Nach Selbsterlebtem erzählt. München: Lehmann 1919.

Krantz, Albert: Saxonia. Weitleufftige / Fleissige und richtige Beschreibung [etc.]. Leipzig: Vögelin 1563.

Krebs, Gerhard: Racism under Negotiation. The Japanese Race in the Nazi-German Perspective. In: Race and Racism in Modern East Asia. Interactions, Nationalism, Gender and Lineage, hg. v. Rotem Kowner, Walter Demel. Leiden [et al.]: Brill 2015, S. 217–241.

Kuhlmann-Smirnov, Anne: Schwarze Europäer im Alten Reich. Handel, Migration, Hof. Göttingen: V & R unipress 2013.

Lake, Marilyn, Henry Reynolds: Drawing the Global Colour Line. White Men's Countries and the International Challenge of Racial Equality. Cambridge [et al.]: Cambridge University Press 2008.

Lange, Britta: Echt. Unecht. Lebensecht. Menschenbilder im Umlauf. Berlin: Kadmos 2006.

Laslett, Peter: Introduction. In: John Locke: Two Treatises of Government. A critical edition, hg. v. Peter Laslett. 2. Aufl. Cambridge [et al.]: Cambridge University Press 1970, S. 1–145.

Leide, Henry: NS-Verbrecher und Staatssicherheit. Die geheime Vergangenheitspolitik der SED. Göttingen: Vandenhoeck & Ruprecht 2005.

Leinemann, Jürgen: ›Wie ein kleiner König‹. Über die lange Karriere des Trainers Sepp Herberger. II. Aus dem Jammertal zur Weltmeisterschaft. In: Jürgen Leinemann 1937–2013. Hamburg: Spiegel E-Book 2013.

Lemke Muniz de Faria, Yara-Colette: Zwischen Fürsorge und Ausgrenzung. Afrodeutsche ›Besatzungskinder‹ im Nachkriegsdeutschland. Berlin: Metropol 2002.

Lewerenz, Susann: Die Deutsche Afrika-Schau (1935–1940). Rassismus, Kolonialrevisionismus und postkoloniale Auseinandersetzungen im nationalsozialistischen Deutschland. Frankfurt [et al.]: Peter Lang 2006.

Lewy, Guenter: The Nazi Persecution of the Gypsies. Oxford [et al.]: Oxford University Press 2000.

Li, Wenchao, Hans Poser (Hg.): Das Neueste über China. G. W. Leibnizens Novissima Sinica von 1679. Stuttgart: Steiner 2000.

Lichtwer, Magnus Gottfried: Fabeln in vier Büchern. 3. Aufl. Berlin: Lange 1762.

Liebeschütz, Hans: Das Judentum im deutschen Geschichtsbild von Hegel bis Max Weber. Tübingen: Mohr-Siebeck 1967.

Lindenschmit, Wilhelm: Die Räthsel der Vorwelt, oder: Sind die Deutschen eingewandert? Mainz: Seifert'sche Buchdruckerei 1846.

Liszt, Franz: Die Zigeuner und ihre Musik in Ungarn. Deutsch bearbeitet von Peter Cornelius. Pesth: Heckenast 1861.

Liu, Weijian: Kulturelle Exklusion und Identitätsentgrenzung. Zur Darstellung Chinas in der deutschen Literatur 1870–1930. Bern [et al.]: Peter Lang 2007.

Locke, John: A Catalogue and Character of most Books of Voyages and Travels. In: The Works of John Locke. Bd. 10. London: Otridge [et al.] 1812, S. 513–564.

–: An Essay Concerning Human Understanding, hg. v. Peter H. Nidditch. Oxford [et al.]: Oxford University Press 1975.

–: The Fundamental Constitutions of Carolina. In: ders., Political Essays, hg. v. Mark Goldie. Cambridge [et al.]: Cambridge University Press 1997, S. 160–181.

–: Zwei Abhandlungen über die Regierung, hg. v. Walter Euchner. Frankfurt: Suhrkamp 1977.

Lösing, Felix: Nachrichten aus dem ›Herz der Finsternis‹. Rassismus im ›Spiegel‹. In: Sprache – Macht – Rassismus, hg. v. Gudrun Hentges u. a. Berlin: Metropol 2014, S. 97–125.

Longerich, Peter: Politik der Vernichtung. Eine Gesamtdarstellung der nationalsozialistischen Judenverfolgung. München [et al.]: Piper 1998.

Lorenz, Matthias N.: ›Auschwitz drängt uns auf einen Fleck‹. Judendarstellung und Auschwitzdiskurs bei Martin Walser. Stuttgart: J. B. Metzler 2005.

Lotter, Friedrich: Christoph Meiners und die Lehre von der unterschiedlichen Wertigkeit der Menschenrassen. In: Geschichtswissenschaft in Göttingen. Eine Vorlesungsreihe, hg. v. Hartmut Boockmann, Hermann Wellenreuther. Göttingen: Vandenhoeck & Ruprecht 1987, S. 30–75.

–: Die Judenverfolgung des ›König Rintfleisch‹ in Franken um 1298. Die endgültige Wende in den christlich-jüdischen Beziehungen im Deutschen Reich des Mittelalters. In: Zeitschrift für Historische Forschung, 15, 1988, 4, S. 385–422.

–: Hostienfrevelvorwurf und Blutwunderfälschung bei den Judenverfolgungen von 1298 (›Rintfleisch‹) und 1336–1338 (›Armleder‹). In: Fälschungen im Mittelalter. Teil V. Hannover 1988: Hahnsche Buchhandlung, S. 533–583.

–: Innocens Virgo et Martyr. Thomas von Monmouth und die Verbreitung der Ritualmordlegende im Hochmittelalter. In: Die Legende vom Ritualmord. Zur Geschichte der Blutbeschuldigung gegen Juden, hg. v. Rainer Erb. Berlin: Metropol 1993, S. 25–72.

Louda, Vlastimil: Die Lagerkapelle. In: Der Buchenwald-Report. Bericht über das Konzentrationslager Buchenwald bei Weimar, hg. v. David A. Hackett. 2. Aufl. München: C. H. Beck 2010, S. 300 f.

Lovell, Julia: The Opium War. Drugs, Dreams and the Making of China. London [et al.]: Picador 2011.

Lubin, David M.: Grand Illusions. American Art and the First World War. Oxford [et al.]: Oxford University Press 2016.

Lusane, Clarence: Hitler's Black Victims. The Historical Experiences of Afro-Germans, European Blacks, Africans, and African Americans in the Nazi Era. New York [et al.]: Routledge 2013.

Mände, Anu: Black Soldier – Patron Saint. St Maurice and the Livonian Merchants. In: Iconographisk Post. Nordic Review of Iconography, 2014, 1, S. 57–75.

Magin, Christine: ›Wie es umb der iuden recht stet‹. Der Status der Juden in spätmittelalterlichen deutschen Rechtsbüchern. Göttingen: Wallstein 1999.

Mann, Thomas: Bilse und ich. 3. Aufl. München: Bonsels 1906.

Manning, Patrick: The African Diaspora. A History Through Culture. New York [et al.]: Columbia University Press 2009.

Marez, Curtis: Mestizo/a. In: Keywords for American Cultural Studies, hg. v. Bruce Burgett, Glenn Hendler. New York [et al.]: New York University Press 2007, S. 156–160.

Marr, Wilhem: Der Sieg des Judenthums über das Germanenthum. Vom nicht confessionellen Standpunkt aus betrachtet. 8. Aufl. Bern: Costenoble 1879.

Martin, Peter: Schwarze Teufel, edle Mohren. Afrikaner in Bewußtsein und Geschichte der Deutschen. Hamburg: Junius 1993.

–, Christine Alonzo (Hg.): Zwischen Charleston und Stechschritt. Schwarze im Nationalsozialismus. Hamburg [et al.]: Dölling und Galitz 2004.

[Marx, Karl, Friedrich Engels]: Manifest der Kommunistischen Partei. London: Birghard 1848.

Mathias-Pauer, Regine: Deutsche Meinungen zu Japan. Von der Reichsgründung bis zum Dritten Reich. In: Deutschland – Japan. Historische Kontakte, hg. v. Josef Kreiner. Bonn: Bouvier 1984, S. 115–140.

Maurer, Franz: Die Nikobaren. Colonial-Geschichte und Beschreibung nebst motivirtem Vorschlage zur Colonisation dieser Inseln durch Preussen. Berlin: Heymann's Verlag 1867.

Mayer, Bernd, Helmut Paulus: Eine Stadt wird entnazifiziert. Die Gauhauptstadt Bayreuth vor der Spruchkammer. Bayreuth: Ellwanger Druck und Verlag 2008.

McClintock, Anne: Imperial Leather. Race, Gender and Sexuality in the Colonial Contest. New York [et al.]: Routledge 1995.

Mehnert, Ute: Deutschland, Amerika und die ›gelbe Gefahr‹. Zur Karriere eines Schlagworts in der großen Politik, 1905–1917. Stuttgart: Steiner 1995.

Meid, Volker: Die deutsche Literatur im Zeitalter des Barock. Vom Späthumanismus zur Frühaufklärung. München: C. H. Beck 2009.

Meiners, Christoph: Grundriß der Geschichte der Menschheit. Lemgo: Verlag der Meyerschen Buchhandlung 1785.

–: Ueber die Natur der Afrikanischen Neger, und die davon abhangende Befreyung, oder Einschränkung der Schwarzen. In: Göttingisches Historisches Magazin, 6, 1790, S. 385–456.

Mellinkoff, Ruth: Judas's Red Hair and the Jews. In: Journal of Jewish Art, 9, 1982, S. 31–46.

Mentgen, Gerd: Die Ritualmordaffäre um den ›Guten Werner‹ von Oberwesel und ihre Folgen, in: Jahrbuch für westdeutsche Landesgeschichte, 21, 1995, S. 159–198.

Menard, Russell R.: The Africanization of the Workforce in English America. In: Debt and Slavery in the Mediterranean and Atlantic Worlds, hg. v. Gwyn Campbell, Alessandro Stanziani. Abingdon [et al.]: Routledge 2016, S. 93–103.

Merback, Mitchell B. (Hg.): Beyond the Yellow Badge. Anti-Judaism and Antisemitism in Medieval and Early Modern Visual Culture. Leiden [et al.]: Brill 2008.

Merkenschlager, Fritz: Götter, Helden und Günther. Eine Abwehr der Güntherschen Rassenkunde. Nürnberg: Spindler 1927.

Merker, Paul: An die Zentrale Kontrollkommission des ZK der SED. (Brief vom 1. 7. 1956). In: Jeffrey Herf: Antisemitismus in der SED. Geheime Dokumente zum Fall Paul Merker aus SED- und MfS-Archiven. In: Vierteljahreshefte für Zeitgeschichte, 42, 1994, 4, S. 635–667, hier S. 652–667.

–: Deutschland – Sein oder Nichtsein? 2. Bd. Das 3. Reich und sein Ende. Mexiko D. F.: El Libro Libre 1945.

Meyers Lexikon. 8. Aufl. in völlig neuer Bearbeitung und Bebilderung. Leipzig: Bibliographisches Institut 1936–1942.

Michael, Robert: A History of Catholic Antisemitism. The Dark Side of the Church. New York [et al.]: Palgrave Macmillan 2008.

Milton, John R.: Locke and Gassendi. A Reappraisal. In: English Philosophy in the Age of Locke, hg. v. M. A. Stewart. Oxford: Clarendon Press 2000, S. 87–109.

Mittelstraß, Bettina: Reinigungsarbeit. Von äußerer und innerer Sauberkeit. Deutschlandradio, 10. 8. 2014. Manuskript.

Mühlhahn, Klaus: Herrschaft und Widerstand in der ›Musterkolonie‹ Kiautschou. Interaktionen zwischen China und Deutschland. München: Oldenbourg 2000.

Müller, Karl Valentin: Lebensraum und Geburtenregelung. In: Süddeutsche Monatshefte, 25, 1928, 6, S. 415–419.

Müller, Nicole: Feirefiz – Das Schriftstück Gottes. Frankfurt [et al.]: Peter Lang 2008.

Müller-Uri, Fanny: Antimuslimischer Rassismus. Eine Einführung. Wien: Mandelbaum 2014.

Nagl, Tobias: Die unheimliche Maschine. Rasse und Repräsentation im Weimarer Kino. München: edition text + kritik 2009.

Nasz, Annika: Mohr, Soldat und Kammerhusar. Eine Sammelleidenschaft am Hof der Darmstädter Landgrafen. In: Archiv für hessische Geschichts- und Altertumskunde, 47, 2016, S. 255–271.

Nederveen Pieterse, Jan: White on Black. Images of Africa and Blacks in Western Popular Culture. New Haven [et al.]: Yale University Press 1992.

Neiss, Marion: Kennzeichnung. In: Handbuch des Antisemitismus. Judenfeindschaft in Geschichte und Gegenwart, hg. v. Wolfgang Benz. Bd. 3. Berlin [et al.]: de Gruyter 2010, S. 174–176.

Nejar, Marie: Mach nicht so traurige Augen, weil du ein Negerlein bist. Meine Jugend im Dritten Reich, Reinbek bei Hamburg: Rowohlt Taschenbuch Verlag 2007.

Nienhaus, Stefan: Geschichte der Deutschen Tischgesellschaft. Tübingen: Niemeyer 2003.

Niethammer, Lutz: Die Mitläuferfabrik. Die Entnazifizierung am Beispiel Bayerns. 2. Aufl. Berlin [et al.]: Dietz Nachf. 1982.

Nietzsche, Friedrich: Götzendämmerung oder Wie man mit dem Hammer philosophiert. Leipzig: Naumann 1889.

–: Jenseits von Gut und Böse. Vorspiel einer Philosophie der Zukunft. Leipzig: Naumann 1886.

Nirenberg, David: Anti-Judaismus. Eine andere Geschichte des westlichen Denkens. München: C. H. Beck 2015.

Nordau, Max: Der erste Fünfzigkreuzertag. In: Hedvig Ujvári: Zwischen Bazar und Weltpolitik. Die Wiener Weltausstellung 1873 in Feuilletons von Max Nordau im Pester Lloyd. Berlin: Frank & Timme 2011, S. 173–178.

Oberhummer, Eugen: Die Türken und das Osmanische Reich. Leipzig [et al.]: Teubner 1917.

Oehler-Klein: Sigrid: Einleitung. In: Samuel Thomas Soemmerring: Anthropologie, hg. v. Sigrid Oehler-Klein. Stuttgart [et al.]: Gustav Fischer 1998, S. 11–142.

Olberg, Oda: Bemerkungen über Rassenhygiene und Sozialismus. In: Die Neue Zeit. Wochenschrift der Deutschen Sozialdemokratie, 24, 1905/06, 48, S. 725–733.

–: Die Entartung in ihrer Kulturbedingtheit. Bemerkungen und Anregungen. München: Reinhardt 1926.

–: Rassenhygiene und Sozialismus. In: Die Neue Zeit. Wochenschrift der Deutschen Sozialdemokratie, 25, 1906/07, 26, S. 882–887.

Painter, Nell Irvin: The History of White People. New York [et al.]: Norton 2010.

Panzer, Sarah: The Prussians of the East. Samurai, Bushido, and Japanese Honor in the German Imagination, 1905–1945. In: Bulletin of the German Historical Institute (Washington), 58, 2016, S. 47–69.

Park, Peter K. J.: Africa, Asia, and the History of Philosophy. Racism in the Formation of the Philosophical Canon, 1780–1830. Albany: State University of New York Press 2013.

Paul, Gerhard: ›Alle Wege des Marxismus führen nach Moskau‹. Schlagbilder antikommunistischer Bildrhetorik. In: Das Jahrhundert der Bilder. Bd. 2: 1949 bis heute, hg. v. Gerhard Paul. Göttingen: Vandenhoeck & Ruprecht 2008, S. 88–97.

– (Hg.): Das Jahrhundert der Bilder. Bd. 1: 1900–1949. Göttingen: Vandenhoeck & Ruprecht 2009.

Pegah, Rashid-S.: Real and Imagined Africans in Baroque Court Divertissements. In: Germany and the Black Diaspora. Points of Contact, 1250–1914, hg. v. Mischa Honeck, Martin Klimke, Anne Kuhlmann. New York [et al.]: Berghahn 2013, S. 74–91.

Piasere, Leonardo: La stirpe di Cus. Construzioni e storie di un'alterità. Rom: CISU 2011.

Piesche, Peggy: Schwarz und deutsch? Eine ostdeutsche Jugend vor 1989. Retrospektive auf ein ›nichtexistentes‹ Thema in der DDR (https://heimatkunde.boell.de/2006/05/01/schwarz-und-deutsch-eine-ostdeutsche-jugend-vor-1989-retrospektive-auf-ein).

Piper, Ernst: Alfred Rosenberg. Hitlers Chefideologe. München: Blessing 2005.

Ploetz, Alfred: Die Tüchtigkeit unserer Rasse und der Schutz der Schwachen. Ein Versuch über Rassenhygiene und ihr Verhältnis zu den humanen Idealen, besonders zum Sozialismus. Berlin: S. Fischer 1895.

–: Zum Wettbewerb der Rassen in Südafrika. In: Archiv für Rassen- und Gesellschaftsbiologie, 1, 1904, 4, S. 635–636.

Plenk, Joseph Jakob: Lehre von den Hautkrankheiten und ihren Klassen, Geschlechtern und Gattungen. Wien: Gräffer 1777.

Pohl, Manfred: Das Ende des Weißen Mannes. Eine Handlungsaufforderung. Berlin [et al.]: Westkreuz 2007.

Poliakov, Léon: Der arische Mythos. Zu den Quellen von Rassismus und Nationalismus. Hamburg: Junius 1993.

Pommerin, Reiner: ›Sterilisierung der Rheinlandbastarde‹. Das Schicksal einer farbigen deutschen Minderheit 1918–1937. Düsseldorf: Droste 1979.

Prager, Debra N.: The Vision of the Eastern Other in Wolfram von Eschenbach's Parzival. In: dies., Orienting the Self. The German Literary Encounter with the Eastern Other. Rochester (N.Y.) [et al.]: Camden House 2014, S. 29–73.

Price, Douglas B., Neil J. Twombly (Hg.): The Phantom Limb Phenomenon. A Medical, Folkloric, and Historical Study. Texts and Translations of 10th to 20th Century Accounts of the Miraculous Restoration of Lost Body Parts. Washington: Georgetown University Press 1978.

Przyrembel, Alexandra: ›Rassenschande‹. Reinheitsmythos und Vernichtungslegitimation im Nationalsozialismus. Göttingen: Vandenhoeck & Ruprecht 2003.

Puppchen. Posse mit Gesang und Tanz in 3 Akten […]. Musik von Jean Gilbert. Berlin: Thalia-Theater Verlag 1912.

Puschner, Marco: Antisemitismus im Kontext der Politischen Romantik. Konstruktionen des ›Deutschen‹ und des ›Jüdischen‹ bei Arnim, Brentano und Saul Ascher. Tübingen: Niemeyer 2008.

Ramamurthy, Anandi: Imperial Persuaders. Images of Africa and Asia in British Advertising. Manchester [et al.]: Manchester University Press 2003.

Resnick, Irven M.: Marks of Distinction. Christian Perceptions of Jews in the High Middle Ages. Washington: Catholic University of America Press 2012.

Riemer, Friedrich Wilhelm: Mittheilungen über Goethe. Aus mündlichen und schriftlichen, gedruckten und ungedruckten Quellen. 1. Bd. Berlin: Duncker und Humblot 1841.

Ritter, Sabine: Natural Equality and Racial Systematics. Selected Aspects of Blumenbach's Anthropology. In: Racism and Modernity. Festschrift for Wulf D. Hund, hg. v. Iris Wigger, Sabine Ritter. Zürich [et al.]: Lit 2011, S. 102–116.

Röhl, John C. G.: Kaiser, Hof und Staat. Wilhelm II. und die deutsche Politik. Erw. Aufl. München: C. H. Beck. 1995.

Röpke, Andrea, Andreas Speit (Hg.): Blut und Ehre. Geschichte und Gegenwart rechter Gewalt in Deutschland. Berlin 2013.

Rohrbacher, Stefan, Michael Schmidt: Judenbilder. Kulturgeschichte antijüdischer Mythen und antisemitischer Vorurteile. Reinbek bei Hamburg: Rowohlt Taschenbuch Verlag 1991.

Rose, Paul Lawrence: Richard Wagner und der Antisemitismus. Zürich [et al.]: Pendo 1999.

Rosenberg, Alfred: Der Mythus des 20. Jahrhunderts. Eine Wertung der seelisch-geistigen Gestaltenkämpfe unserer Zeit. 33.–34. Aufl. München: Hoheneichen 1934.

–: [Tagebucheinrag vom 10. 7. 1938]. In: Alfred Rosenberg Diary, (https://collections.ush mm.org/view/2001.62.14?page=205).

Rosenthal, Léon: Du romantisme au réalisme. Essai sur l'évolution de la peinture en France de 1830 a 1848. Paris: Renouard 1914.

Roth, Norman: Badge, Jewish. In: Medieval Jewish Civilization. An Encyclopedia, hg. v. Norman Roth. New York [et al.]: Routledge 2003, S. 67–70.

–: Clothing. In: Medieval Jewish Civilization. An Encyclopedia, hg. v. Norman Roth. New York [et al.]: Routledge 2003, 172–176.

Salvadore, Matteo: The African Prester John and the Birth of Ethiopian-European Relations, 1402–1555. Milton Park [et al.]: Routledge 2017.

Sarrazin, Thilo: Deutschland schafft sich ab. Wie wir unser Land aufs Spiel setzen. München: DVA 2010.

Schildt, Axel: Zwischen Abendland und Amerika. Studien zur westdeutschen Ideenlandschaft der 50er Jahre. München: Oldenbourg 1999.

Schiller, Friedrich: Kolumbus. In: ders., Gedichte. Erster Theil. 3. durchges. Auflage. Leipzig: Crusius 1807, S. 32.

–: Was heißt und zu welchem Ende studiert man Universalgeschichte? Eine Akademische Antrittsrede. Jena: Akademische Buchhandlung 1789.

Schlesische Volkslieder mit Melodien. Aus dem Munde des Volks gesammelt und hg. v. Hoffmann von Fallersleben, Ernst Friedrich Richter. Leipzig: Breitkopf und Härtel 1842.

Schmidt, Arno: Lustig ist das Zigeunerleben. In: ders., Trommler beim Zaren. Karlsruhe: Stahlberg 1966, S. 29–32.

Schmidt, Erich: Die Entdeckung der weißen Zigeuner. Robert Ritter und die Zigeunerforschung als Rassenhygiene. In: Fremd, faul und frei. Dimensionen des Zigeunerstereotyps, hg. v. Wulf D. Hund. Neuausg. in einem Bd. Münster: Unrast 2014, S. 124–143.

Schmidt, Helmut: Sind die Türken Europäer? Nein, sie passen nicht dazu. Zu einem möglichen EU-Beitritt der Türkei. In: ›Die Zeit‹, 12.12.2002.

Schmidt, Rainer F.: Die Außenpolitik des Dritten Reiches 1933–1939. Stuttgart: Klett-Cotta 2002.

Schmidt-Glintzer, Helwig: Die gelbe Gefahr. In: Zeitschrift für Ideengeschichte, 8, 2014, 1, S. 43–58.

Schneiders, Thorsten Gerald (Hg.): Islamfeindlichkeit. Wenn die Grenzen der Kritik verschwimmen. 2. erw. Aufl. Wiesbaden: VS Verlag für Sozialwissenschaften 2010.

Schopenhauer, Arthur: Senilia. Gedanken im Alter, hg. v. Franco Volpi, Ernst Ziegler. München: C.H. Beck 2010.

Schramm, Hellmut: Der jüdische Ritualmord. Eine historische Untersuchung. Berlin: Theodor Fritsch Verlag 1943.

Schubert, Werner: Das imaginäre Kolonialreich. Die Vorbereitung der Kolonialgesetzgebung durch den Kolonialrechtsausschuß der Akademie für Deutsches Recht, das Reichskolonialamt und die Reichsministerien (1937–1942). In: Zeitschrift der Savigny-Stiftung für Rechtsgeschichte, Germanistische Abteilung, 115, 1998, S. 86–149.

Schwartz, Michael: Sozialistische Eugenik. Eugenische Sozialtechnologien in Debatten und Politik der deutschen Sozialdemokratie 1890–1933. Bonn: Dietz Nachf. 1995.

Seidl, Stephanie: Narrative Ungleichheiten. Heiden und Christen, Helden und Heilige in der Chanson de Roland und im Rolandslied des Pfaffen Konrad. In: Zeitschrift für Literaturwissenschaft und Linguistik, 29, 2009, 156, S. 46–64.

Seijas, Tatiana: Asian Slaves in Colonial Mexico. From Chinos to Indians. Cambridge [et al.]: Cambridge University Press 2014.

Senn, Marcel: Rassistische und antisemitische Elemente im Rechtsdenken von Johann Caspar Bluntschli. In: Zeitschrift der Savigny-Stiftung für Rechtsgeschichte. Germanistische Abteilung, 110, 1993, S. 372–405.

Shakespeare, William: Die beiden Veroneser. In: Shakspeare's dramatische Werke. Übersetzt von August Wilhelm von Schlegel, ergänzt und erläutert von Ludwig Tieck. Siebenter Theil. Berlin: Reimer 1832, S. 95–166.

Shooman, Yasemin: ›... weil ihre Kultur so ist‹. Narrative des antimuslimischen Rassismus. Bielefeld: transcript 2014.

Sielmann, Christian: Arier und Mongolen. Weckruf an die europäischen Kontinentalen unter historischer und politischer Beleuchtung der Gelben Gefahr. Halle: Gesenius 1905.

–: Der neue Mongolensturm [etc.]. Braunschweig: Schwetschke und Sohn 1895.

Smith, Justin E.H.: Nature, Human Nature, and Human Difference. Race in Early Modern Philosophy. Princeton [et al.]: Princeton University Press 2015.

Smith, Robert C.: Liberty Displaying the Arts and Sciences. A Philadelphia Allegory by Samuel Jennings. In: Winterthur Portfolio, 2, 1965, S. 84–105.

Soemmerring, Samuel Thomas: Über die körperliche Verschiedenheit des Negers vom Europäer. Frankfurt [et al.]: Varrentrapp und Wenner 1785.

Soennichsen, John: The Chinese Exclusion Act of 1882. Santa Barbara [et al.]: Greenwood 2011.

Sösemann, Bernd: Die sog. Hunnenrede Wilhelms II. Textkritische und interpretatorische Bemerkungen zur Ansprache des Kaisers vom 27. Juli 1900 in Bremerhaven. In: Historische Zeitschrift, 222, 1976, S. 342–358.

Sollors, Werner: Von A Foreign Affair zu Toxi. Zur Kulturgeschichte der Besatzungszeit. In: Amerika und Deutschland. Ambivalente Begegnungen, hg. v. Frank Kelleter, Wolfgang Knöbl. Göttingen: Wallstein 2006, S. 118–142.

Sombart, Werner: Die Juden und das Wirtschaftsleben. Leipzig [et al.]: Duncker und Humblot 1911.

Speit, Andreas: Bürgerliche Scharfmacher. Deutschlands neue rechte Mitte – von AfD bis Pegida. Zürich: Orell Füssli 2016.

Sprengel, Matthias Christian: Vom Ursprung des Negerhandels. Ein Antrittsprogramm. Halle: Hendel 1779.

Stegmann, Dirk: Zwischen Repression und Manipulation. Konservative Machteliten und Arbeiter- und Angestelltenbewegung 1910–1918. Ein Beitrag zur Vorgeschichte der DAP/ NSDAP. In: Archiv für Sozialgeschichte, 12, 1972, S. 351–432.

Stehen, Andreas: Deutschland, China und die ›Kuli-Frage‹. Transfer, Anwerbung und Widerstand, 1850–1914. In: Preußen, Deutschland und China. Entwicklungslinien und Akteure (1842–1911), hg. v. Mechthild Leutner u. a. Berlin [et al.]: Lit 2014, S. 231–293.

Stoddard, Lothrop: Racial Realities in Europe. New York: Scribner's Sons 1924.

–: The Revolt Against Civilization. The Menace of the Under Man, New York: Scribner's Sons 1922 (dtsch. als: Der Kulturumsturz. Die Drohung des Untermenschen, München: Lehmanns 1925).

–: The Rising Tide of Color Against White World-Supremacy. With an Introduction by Madison Grant. New York: Scribner 1920.

Stoecker, Helmuth (Hg.): Drang nach Afrika. Die deutsche koloniale Expansionspolitik und Herrschaft in Afrika von den Anfängen bis zum Verlust der Kolonien. 2., überarb. Aufl. Berlin: Akademie Verlag 1991.

Stojka, Ceija: Wir leben im Verborgenen. Erinnerungen einer Rom-Zigeunerin. Wien: Picus 1988.

Strickland, Debra Higgs: Saracens, Demons, and Jews. Making Monsters in Medieval Art. Princeton [et al.]: Princeton University Press 2003.

Stromeyer, Franz: Die Folgen der Aufhebung der englischen Korngesetze [etc.]. Stuttgart: Verlag der J. B. Metzler'schen Buchhandlung 1846.

Struck, Wolfgang: Die Eroberung der Phantasie. Kolonialismus, Literatur und Film zwischen deutschem Kaiserreich und Weimarer Republik. Göttingen: V & R unipress 2010.

Suckale-Redlefsen, Gude: Mauritius. Der Heilige Mohr. The Black Saint. Unter Mitarbeit von Robert Suckale. Zürich [et al.] Schnell und Steiner 1987.

Taguieff, Pierre-André: Die Macht des Vorurteils. Der Rassismus und sein Double. Hamburg: Hamburger Edition 2000.

Taylor, Gary: Buying Whiteness. Race, Culture, and Identity from Columbus to Hip-Hop. New York [et al.]: Palgrave Macmillan 2005.

Thode-Arora, Heike: Hagenbeck. Tierpark und Völkerschau. In: Kein Platz an der Sonne.

Erinnerungsorte der deutschen Kolonialgeschichte, hg. v. Jürgen Zimmerer. Frankfurt [et al.]: Campus 2013, S. 244–256.

Thomasius, Jacob: Curiöser Tractat von Zigeunern, Dresden [et al.]: Miethen 1702.

Trafton, Scott: Egypt Land. Race and Nineteenth-Century American Egyptomania. Durham [et al.]: Duke University Press 2004.

Trethewey, Natasha: Miracle of the Black Leg. In: Tin House, 12, 2011, 3 (47), S. 45–47.

–: Miracle of the Black Leg. In: dies., Thrall. Poems. Boston [et al.]: Mariner Books 2012, S. 9–12.

Ufen, Katrin: Aus Zigeunern Menschen machen. Heinrich Moritz Gottlieb Grellmann und das Zigeunerbild der Aufklärung. In: Fremd, faul und frei. Dimensionen des Zigeunerstereotyps, hg. v. Wulf D. Hund. Neuausg. in einem Bd. Münster: Unrast 2014, S. 70–90.

Urban, Nina: Die Oper im ›Dienst‹ der NS-Politik – dargestellt am Beispiel der Württembergischen Staatsoper in Stuttgart 1933–1944. Diplomarbeit. Universität Hildesheim 2002.

Utz, Peter: Effi Briest, der Chinese und der Imperialismus. Eine ›Geschichte‹ im geschichtlichen Kontext. In: Zeitschrift für deutsche Philologie, 103, 1984, 2, S. 212–225.

Vaughan, Alden T.: From White Man to Redskin. Changing Anglo-American Perceptions of the American Indian. In: The American Historical Review, 87, 1982, 4, S. 917–953.

Verhandlungen der Germanisten zu Frankfurt am Main [...] 1846. Frankfurt: Sauerländer 1847.

Verhandlungen des Reichstags. Stenographische Berichte. Bde. 236, 285. Berlin: Norddeutsche Buchdruckerei und Verlags-Anstalt 1909 u. 1912.

Vermeil, Edmond: Doctrinaires de la révolution allemande, 1918–1938. 2. Aufl. Paris: Nouvelles Éditions Latines 1948 [1. Aufl. 1937].

–: Le Racisme Allemand. Essai de mise au point. Paris: Sorlot 1939.

Virchow, Fabian: Gegen den Zivilismus. Internationale Beziehungen und Militär in den politischen Konzeptionen der extremen Rechten. Wiesbaden: VS Verlag für Sozialwissenschaften 2006.

Vollnhals, Clemens (Hg.): Entnazifizierung. Politische Säuberung und Rehabilitierung in den vier Besatzungszonen 1945–1949. München: Deutscher Taschenbuch Verlag 1991.

Von ainer grosse meng unnd gewalt der Juden [etc.]. O. O.: o. V. 1523.

Wagner, Bettina: Die ›Epistola presbiteri Johannis‹. Lateinisch und deutsch. Überlieferung, Textgeschichte, Rezeption und Übertragungen im Mittelalter. Tübingen: Niemeyer 2000.

Wagner, Richard: Das Judenthum in der Musik. Leipzig: Verlagsbuchhandlung Weber 1869.

Wahrheit und Dichtung. Ein unterhaltendes Wochenblatt für den Bürger und Landmann. Weißenfels: Severin 1794.

Waibel, Harry: Der gescheiterte Anti-Faschismus der SED. Rassismus in der DDR. Frankfurt [et al.]: Peter Lang 2014.

Walker, David: Anxious Nation. Australia and the Rise of Asia 1850–1939. St. Lucia: Queensland University Press 1999.

Walser, Martin: Erfahrungen beim Verfassen einer Sonntagsrede. In: Friedenspreis des Deutschen Buchhandels. 1998 Martin Walser, hg. v. Börsenverein des Deutschen Buchhandels, o. O., o. J., S. 9–14.

Wamba, Phillipe: Maurice, Saint. In: Africana. The Encyclopedia of the African and African American Experience, hg. v. Kwame Anthony Appiah, Henry Louis Gates, Jr. 5 Bde. 2. Aufl. Oxford [et al.]: Oxford University Press 2005, Bd. 3, S. 761 f.

Waschbüsch, Andreas: Das Paradoxon der doppelten Zerstörung. Zur Neukonzeption des Magdeburger Domchores um 1220. In: Der Sturm der Bilder. Zerstörte Kunst von der Antike bis in die Gegenwart, hg. v. Uwe Fleckner, Maike Steinkamp, Hendrik Ziegler. Berlin: Akademie Verlag 2011, S. 155–175.

Washington, Harriet A.: Medical Apartheid. The Dark History of Medical Experimentation on Black Americans from Colonial Times to the Present. New York: Harlem Moon 2006.

Weber, Klaus: Deutschland, der atlantische Sklavenhandel und die Plantagenwirtschaft der Neuen Welt (15. bis 19. Jahrhundert). In: Journal of Modern European History, 7, 2009, 1, S. 37–67.

Weber, Max: Wirtschaft und Gesellschaft. Grundriß der Sozialökonomik. 3. Abteilung. Tübingen: Mohr Siebeck 1922.

Wehler, Hans-Ulrich: Das Türkenproblem. In: ›Die Zeit‹, 12. 9. 2002.

Weingart, Peter, Jürgen Kroll, Kurt Bayertz: Rasse, Blut und Gene. Geschichte der Eugenik und Rassenhygiene in Deutschland. Frankfurt: Suhrkamp 1992.

Weiß, Anja: Racist Symbolic Capital. A Bourdieuian Approach to the Analysis of Racism. In: Wages of Whiteness & Racist Symbolic Capital, hg. v. Wulf D. Hund, Jeremy Krikler, David Roediger. Berlin [et al.]: Lit 2010, S. 37–56.

Weiss-Wendt, Anton (Hg.): The Nazi Genocide of the Roma. Reassessment and Commemoration. New York [et al.]: Berghahn 2013.

Whitford, David M.: The Curse of Ham in the Early Modern Era. The Bible and the Justifications for Slavery. Farnham [et al.]: Ashgate 2009.

Wichern, Johann Hinrich: Die Proletarier und die Kirche. In: ders.: Gesammelte Schriften. Bd. 3. Hamburg: Agentur des Rauhen Hauses 1902, S. 208–233.

–: Welches ist die Aufgabe der Inneren Mission für die wandernde Bevölkerung? In: ders., Gesammelte Schriften. Bd. 3. Hamburg: Agentur des Rauhen Hauses 1902, S. 536–548.

Wie sie sich emporarbeiteten. Idee und Tatkraft führen zum Erfolg, hg. v. d. Schriftleitung des ›Aufstiegs‹. 3. Aufl. Wiesbaden: Springer Fachmedien 1964, S. 65–72.

Wigger, Iris: Die ›Schwarze Schmach am Rhein‹. Rassistische Diskriminierung zwischen Geschlecht, Klasse, Nation und Rasse. Münster: Westfälisches Dampfboot 2007.

–: Ein eigenartiges Volk. Die Ethnisierung des Zigeunerstereotyps im Spiegel von Enzyklopädien und Lexika. In: Fremd, faul und frei. Dimensionen des Zigeunerstereotyps, hg. v. Wulf D. Hund. Neuausg. in einem Bd. Münster: Unrast 2014, S. 44–69.

Williams, Michael: Anton Walbrook. The Continental Consort. In: Destination London. German-speaking Emigrés and British Cinema, 1925–1950, hg. v. Tim Bergfelder, Christian Cargnelli. New York [et al.]: Berghahn 2008, S. 155–171.

Williams, Simon: Shakespeare on the German Stage. Bd. 1: 1586–1914. Cambridge [et al.]: Cambridge University Press 1990.

Wiltgen, Ralph M.: The Founding of the Roman Catholic Church in Oceania, 1825 to 1850. Eugene: Pickwick 2010.

Wimmel, Andreas: Transnationale Diskurse in Europa. Der Streit um den Türkei-Beitritt in Deutschland, Frankreich und Großbritannien. Frankfurt [et al.]: Campus 2006.

Winterbottom, Anna: Producing and using the Historical Relation of Ceylon. Robert Knox, the East India Company and the Royal Society. In: British Journal for the History of Science, 42, 2009, 4, S. 515–538.

Wippermann, Wolfgang: Wie die Zigeuner. Antisemitismus und Antiziganismus im Vergleich. Berlin: Elefanten Press 1997.

Wirth, Albrecht: Die gelbe und die slawische Gefahr. Berlin: Gose & Tetzlaff 1905.

Wodak, Ruth, Bernhard Forchtner: Embattled Vienna 1683/2010. Right-Wing Populism, Collective Memory and the Fictionalisation of Politics. In: Visual Communication, 13, 2014, 2, S. 231–255.

Wolff, Adolf: Berliner Revolutions-Chronik. Darstellung der Berliner Bewegungen im Jahre 1848 nach politischen, socialen und literarischen Beziehungen. Bd. 2. Berlin: Hempel 1852.

Wolfram von Eschenbach: Parzival. Studienausgabe nach der Edition von Karl Lachmann. Berlin: de Gruyter 1965.

Wolkerstorfer, Otto: Baden 1939. Das Tor zur Zerstörung. Der Alltag im Nationalsozialismus. Baden: Katalogblätter des Rollettmuseums Baden, 19, 1999.

Yap, Melanie, Dianne Leong Man: Colour, Confusion and Concessions. The History of the Chinese in South Africa. Hong Kong: Hong Kong University Press 1996.

Zeller, Joachim: Bilderschule der Herrenmenschen. Koloniale Reklamesammelbilder. Berlin: Ch. Links 2008.

–: Weiße Blicke – Schwarze Körper. Afrikaner im Spiegel westlicher Alltagskultur. Erfurt: Sutton Verlag 2010.

Zeuske, Michael: Handbuch Geschichte der Sklaverei. Eine Globalgeschichte von den Anfängen bis zur Gegenwart. Berlin [et al.]: de Gruyter 2013.

–: Preußen und Westindien. Die vergessenen Anfänge der Handels- und Konsularbeziehungen Deutschlands mit der Karibik und Lateinamerika 1800–1870. In: Preußen und Lateinamerika. Im Spannungsfeld von Kommerz, Macht und Kultur, hg. v. Sandra Carreras, Günther Maihold. Münster: Lit 2004, S. 145–215.

Zantop, Susanne M.: Colonial Fantasies. Conquest, Family, and Nation in Precolonial Germany, 1770–1870. Durham [et al.]: Duke University Press 1997.

Zgórniak, Marek: Frémiet's Gorillas. Why Do They Carry Off Women? In: Artibus et historiae, 27, 2006, 54, S. 219–237.

Zimmerer, Jürgen, Joachim Zeller (Hg.): Völkermord in Deutsch-Südwestafrika. Der Kolonialkrieg (1904–1908) in Namibia und seine Folgen. Berlin: Ch. Links 2003.

Zimmermann, Michael: Rassenutopie und Genozid. Die nationalsozialistische ›Lösung der Zigeunerfrage‹. Hamburg: Christians 1996.

Zimmermann, Moshe: Wilhelm Marr. The Patriarch of Anti-Semitism. New York [et al.]: Oxford University Press 1986.

Zumbini, Massimo Ferrari: Die Wurzeln des Bösen. Gründerjahre des Antisemitismus. Von
    der Bismarckzeit zu Hitler. Frankfurt: Klostermann 2003.
Zwengel, Almut (Hg.): Die ›Gastarbeiter‹ der DDR. Politischer Kontext und Lebenswelt.
    Berlin: Lit 2011.

Abbildungsverzeichnis

Printed by Wilco bv, the Netherlands